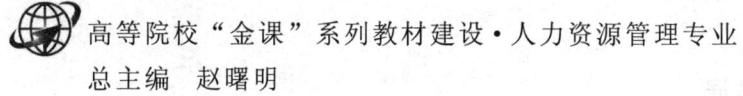

高等院校"金课"系列教材建设·人力资源管理专业

总主编 赵曙明

人力资源战略与规划

刘 燕 程德俊 赵曙明 主 编

立体化资源

南京大学出版社

图书在版编目(CIP)数据

人力资源战略与规划 / 刘燕，程德俊，赵曙明主编
. 一 南京：南京大学出版社，2021.11
ISBN 978 - 7 - 305 - 24228 - 1

Ⅰ. ①人… Ⅱ. ①刘… ②程… ③赵… Ⅲ. ①人力资源管理－高等学校－教材 Ⅳ. ①F243

中国版本图书馆 CIP 数据核字(2021)第 025898 号

出版发行	南京大学出版社
社　　址	南京市汉口路22号　　邮　编　210093
出 版 人	金鑫荣
书　　名	**人力资源战略与规划**
主　　编	刘　燕　程德俊　赵曙明
责任编辑	尤　佳　　　　编辑热线　025 - 83592315
照　　排	南京南琳图文制作有限公司
印　　刷	南京人民印刷厂有限责任公司
开　　本	787×1092　1/16　印张 13.75　字数 309 千
版　　次	2021 年 11 月第 1 版　2021 年 11 月第 1 次印刷
ISBN	978 - 7 - 305 - 24228 - 1
定　　价	42.00 元

网址：http://www.njupco.com
官方微博：http://weibo.com/njupco
官方微信号：njupress
销售咨询热线：(025) 83594756

* 版权所有，侵权必究
* 凡购买南大版图书，如有印装质量问题，请与所购
　图书销售部门联系调换

高等院校"金课"系列教材建设·人力资源管理专业

编委会

主 任 委 员　赵曙明
副主任委员　刘　洪　李燕萍　龙立荣　刘善仕
　　　　　　唐宁玉　罗瑾琏
委　　　员　（按姓氏笔画排序）
　　　　　　王德才　龙立荣　刘　洪　刘　燕
　　　　　　刘善仕　刘嫦娥　孙甫丽　杜　娟
　　　　　　杜鹏程　李燕萍　杨　东　张　弘
　　　　　　张　捷　张正堂　张戌凡　陈志红
　　　　　　罗瑾琏　周路路　赵宜萱　赵曙明
　　　　　　秦伟平　贾建锋　唐宁玉　黄昱方
　　　　　　曹大友　蒋建武　蒋昀洁　蒋春燕
　　　　　　程德俊　潘燕萍　瞿皎姣

总　序

改革开放后,我国一些学者将西方人力资源管理理论和方法引进国内,率先在个别高校开设人力资源管理课程,如我1991年由美国学成回国后,在南京大学率先开设"人力资源管理与开发"课程。后来,一些高校开设人力资源管理专业培养专门人才,如1993年中国人民大学在全国首次开设人力资源管理专业招收本科生。在这些高校的带动下,我国高等院校人力资源管理专业教育经历了一个从无到有、从课程到专业、从单一性到综合性的发展过程,现在又呈现出从独立专业到学科方向的良好发展态势。从事人力资源管理问题研究的学者越来越多,人力资源管理已成为一个独立的、专门的研究领域。目前越来越多的高校开设了人力资源管理本科专业,不少高校还开设了人力资源管理学科方向的硕士、博士研究生专业,甚至建立了人力资源管理方向的博士后流动站,为国家经济建设和社会发展培养了一大批人力资源管理专门人才。

作为实践性很强的专业,人力资源管理专业的发展离不开国内企事业组织人力资源管理的持续变革与创新实践。1978年改革开放以来,中国经济快速发展,市场竞争日趋激烈,企业经营管理面临着日益复杂多变的环境,人力资源管理实践更是实现了从计划经济体制下的劳动人事管理向现代人力资源管理的巨大跨越,并依次经历了人力资源管理理念的导入、人力资源管理的探索、人力资源管理的系统深化以及近年来的人力资源管理创新时期,相应地,人力资源管理专业教育教学也顺势而变,进入了一个前所未有的变革时代。

回顾过去,才能更好地理解现在,展望未来。作为国内较早开展人力资源管理教学和研究的学者,我有幸亲历了整个过程。20世纪80年代初期,人力资源管理在美国兴起,并迅速成为美国管理研究的热点之一。然而在20世纪90年代初期的中国,无论是政府管理部门还是企业界,仍以为"人力资源管理"就是"人事管理",很多人甚至连"人力资源"这个词都没有听过。我当时就深切地感觉到,要改变这种状况,首要任务就是要系统地了解和研究发达国家在人力资源管理领域的理论、思想与方法。于是,我倾力撰写了《国际企业:人力资源管理》一书(1992年由南京大学出版社出版第一版,到2016年出版了第五版),系统地介绍西方发达国家在该领域的研究成果和发展趋势,以使读者不仅能够概括了解西方人力资源管理的全貌,而且能够接触到学术研究的前沿,把握其发展规律。

人力资源管理在当时的我国还是新兴的研究领域,最大的困难在于如何构建具有中国特色的知识体系。于是从1993年开始,我的主要精力都集中在解决这一关键问题上。受国家自然科学基金科研项目资助,经过两年多的研究,我于1995年完成并出版了《中国企业人力资源管理》这部专著,从宏观的角度探讨了我国人力资源的配置机制和政策体系,从微观的角度分析了中国企业人力资源管理各环节的优势和劣势。自1995年起,我开始集中研究中国企业人力资源管理的模式选择,这是中国国有企业推行科学管理所面临的紧迫课题。到20世纪90年代末期,我着手进行"中国企业集团人力资源管理战略"等国家自然科学基金资助的课题的研究,力求从战略人力资源管理的视角,探索中国企业的战略人力资源管理模式。21世纪以来,我和我的研究团队又相继开展了"企业人力资源开发的理论基础与管理对策""转型经济下我国企业人力资源管理若干问题研究""中国企业雇佣关系模式与人力资源管理创新研究""基于创新导向的中国企业人力资源管理模式研究"等国家自然科学基金重点课题的研究,着手对中国情境下的人力资源管理理论与实践问题进行更加深入的研究和探讨,以期在中国的人力资源管理领域做出一些贡献。

回顾这些年来中国人力资源管理发展之路,我最深刻的印象就是变化无处不在,人力资源管理的运作环境、管理职能和运行边界正日益复杂化、动态化和模糊化。首先,人力资源管理的环境发生了极大改变。经济全球化、信息网络化、知识社会化、人口城镇化、货币电子化等构成了这个时代的主要特征。每个人都身处移动互联网、大数据、云计算、物联网、人工智能之中,这些正在影响着我们的工作和生活方式,甚至取代了许多人赖以为生的岗位。这些变化对组织人力资源管理的能力提升提出了新的、更高的要求,例如,如何通过培训帮助员工尽快适应转岗等现实问题已迫在眉睫。

其次,组织结构和组织管理体系发生了变化。伴随着创新驱动发展带来的新业态、新组织、新技术的出现以及共享经济的兴起,企业组织从高度集权的金字塔式的组织结构,逐步地向扁平化、网络化、虚拟化、平台化的方向发展,中国一些企业开始学习和引进发达国家先进的人力资源管理理论并在实践中不断进行创新,如腾讯和阿里巴巴采用的三支柱模式、阿米巴经营模式等,均取得了明显成效。在这个过程中,一些企业还结合中国实际,将西方国家人力资源管理理论与中国企业管理实践相结合,创造性地提出具有中国特色的人力资源管理新模式、新方法,受到越来越多的关注,如华为的员工持股计划、海尔集团的"按单聚散、人单合一"模式、苏宁的事业经理人制度等。这些成功的案例启发我们,组织结构和组织管理体系的变化,需要我们从战略高度上去设计新的人力资源管理理论框架和知识体系。

第三,员工的需求日益多元化。员工忠诚度一直是人力资源管理的重要命题之一。新的趋势是从过去强调员工的忠诚度转变到员工幸福感与员工忠诚度并重,强调工作、家庭、生活与学习的多重平衡。尤其是"90后""00后"等新生代员工现已成为职场的主力军,他们对待工作的态度、个性特点、需求特征均与以往代际的员工有所不同,他们更加关注工作、家庭和生活的平衡,更多地追求和强调幸福感,员工体验甚至已经成为吸引、保留、激发人才活力的新战略和新方向。在此背景下,组织如何留住这些新生代员工,要给他们什么样的发展空间,如何满足他们多样化的需求,不断提升他们的满意度和幸福感,就成为人力资源管理中迫切需要解决的现实问题。

第四,工作方式日益创新。在零工经济背景下,远程办公、移动工作、灵活用工、共享员工等取代了传统单一的雇佣方式。零工经济是由一组相互作用但又半自治的实体借助网络平台实现精准交易的生态化经济系统。传统上,雇佣关系是组织进行人力资源管理的逻辑前提,但零工经济下的多方参与实体之间并不存在可识别的直接雇主与雇员关系。网络平台一方面极力避免与零工建立雇佣关系,但另一方面又在工作时间、工作地点、工作效率、工作行为和产出等方面对零工行使控制权。那些在传统组织下频繁进行的人力资源管理活动已成为网络平台实现零工生态系统治理的手段,而当前对网络平台的人力资源管理实践模式及其运作机理还知之甚少。

第五,人力资源管理的外延和对象有所拓展。党的十九大提出要加快建设人力资源协同发展的产业体系,着重发展人力资源服务业。人力资源服务业作为第三产业服务业的分支,能满足组织对于成本管控和人才优化配置的需求,是一个令人瞩目的朝阳产业。过去人力资源管理的对象更多的是组织内的员工,而现在人力资源管理的外延在扩大,对象也变得多元化。此时,人力资源管理在职能边界、知识体系与内容构成等方面均与传统的基于组织内部的人力资源管理有很多区别。

上述五方面的变化需要我们重新思考人力资源管理教学的知识体系与理论框架。总体来看,人力资源管理专业建设取得了长足发展,但在人才培养目标、课程设置、知识体系、教材建设上却滞后于经济社会发展的时代需求。当前,传统商科走向了新商科,在以大数据、云计算、物联网、人工智能、区块链等新商业技术为支撑的商科专业发展背景下,人力资源管理专业人才的培养也面临着新的机遇和挑战。教育部发布的《关于加快建设高水平本科教育 全面提高人才培养能力的意见》中也特别指出,要注重新商科人才的培养。尤其是在一流专业建设和金课建设工作中,课程教材改革需要与时俱进,因为教材是专业建设的核心要素,直接影响人才培养质量。人力资源管理专业作为一门实践性、应用性很强的专业,教材建设必须紧紧把握时代发展趋势和潮流。

南京大学人力资源管理研究和教学团队一直非常重视人力资源管理专业教材编写和课程教学工作。从1991年起,我作为课程负责人开始在南京大学开设"人力资源管理"课程。2000年开始采用电子信息化教学手段和相应的教学方法。该课程后来成为南京大学重点建设课程,并于2003年入选第一批国家精品课程。多年来,我同时致力于人力资源管理专业师资的培养。作为教育部指定的人力资源管理课程师资培训基地,南京大学商学院已成功举办20届全国人力资源管理师资培训研讨会,全国几千名人力资源管理教师参加了培训。该研讨会现已成为我国人力资源管理学科领域参与专家人数众多、最具规模和最具影响力的师资研讨会,为推动我国高等院校人力资源本科专业教育以及MBA教育做出了应有贡献。为了给全国从事人力资源管理研究的学者搭建一个学术交流的平台，由南京大学商学院、华中科技大学和《管理学报》等联合发起的、由我任主席的中国人力资源管理论坛于2012年成功举办，至今已举办了8届，产生了良好的学术影响。

基于多年的科学研究、教学实践、师资培训、人才培养、同行交流等方面的经验，结合当前人力资源管理的发展变化趋势，我们精心梳理了人力资源管理专业相关教材的内容，出版了这套人力资源管理系列丛书。

本套丛书是南京大学出版社在教育部工商管理类专业教育指导委员会的支持下，邀请国内具有丰富人力资源管理教学经验的学者精心编写而成的，旨在为人力资源管理专业的师生提供一套专业、系统、前沿、理论与实践并重的人力资源管理系列教材，并为业界人士发现、分析和解决企业人力资源管理实践中遇到的问题提供分析方法和工具。

本套丛书共分十三册，包括：《人力资源管理总论》《人力资源战略与规划》《组织设计与工作分析》《员工招聘管理》《人力资源测评》《人力资源培训与开发》《员工职业生涯管理》《绩效管理与评估》《薪酬管理》《企业劳动关系管理》《创业企业人力资源管理》《国际企业：人力资源管理》《人力资源专业英语》等。本套丛书有以下五个特点：

（1）注重体系完整性。本套丛书从人力资源管理战略的高度审视各个模块的相互联系，每个模块都有非常完整的知识体系设计，让读者能从企业经营管理的整体视角去理解人力资源管理各个模块的内容。

（2）强调知识的前沿性。将当前外部环境的变革融入教学内容中，如新生代员工管理、大数据、共享经济、网络型组织结构、企业大学、疫情危机下的企业人力资源管理等知识点，在本套丛书中均有所体现。特别值得一提的是，在创新创业这一时代主旋律下，人力资源管理对创业企业的存续与发展产生日益重要的影响。本套丛书基于创业企业在人力资源管理中的特殊性，编写了《创业企业人力资源管理》一书，希望人力资源管理能够真正成为推动创业企业发展的核心要素。

（3）注重知识的实用性。本套丛书有大量的实例及案例素材，分别以开篇案例、章后应用案例等形式体现。案例教学内容从知识点的讲解出发，通过案例说明知识点的具体适用范围，从而帮助学生透彻地掌握相关知识点。学生通过对案例的分析与解读，可以将这些知识点与未来工作情境相关联,培养学生发现问题、分析问题并解决问题的能力。

（4）融入当前企业人力资源管理新实践。本套丛书吸收了当前企业人力资源管理中的新模式、新经验,如三支柱模式、阿米巴经营模式、华为的员工持股计划、海尔集团的"按单聚散、人单合一"模式、苏宁的事业经理人制度等,在本书中均有所体现。

（5）用全球化的视野思考人力资源管理问题。本套丛书特别设计了《国际企业:人力资源管理》《人力资源专业英语》,希望借此引发读者对人力资源管理国际化的思考。中国企业家曹德旺先生的福耀玻璃在美国开工厂遇到的工会问题以及解决措施等内容,在书中均有所介绍。

总之,本套丛书力图在人力资源管理专业知识体系和内容结构上有所创新,使读者既能够把握人力资源管理专业完整的基础理论知识,同时还能够感受到专业学科发展前沿和未来发展趋势。付梓之际,衷心希望该丛书对我国人力资源管理专业人才的培养产生积极作用。

本套丛书的出版得到了南京大学出版社的大力支持！南京大学出版社社长金鑫荣教授在该套丛书建设研讨会上提出了宝贵建议,使我们受到很多启发；南京大学出版社高校教材中心蔡文彬主任对本套丛书的出版自始至终给予了很多关心和帮助；南京大学出版社责任编辑们对本套丛书进行了精心编校。在此向他们一并表示衷心感谢！

在本套丛书编写过程中,我们力求完美,但囿于能力,存在的问题和不足之处在所难免,敬请各位读者批评指正！

南京大学人文社会科学资深教授
商学院名誉院长
行知书院院长
博士生导师

2020 年 12 月

前　言

在全球经济一体化进程日益加快、移动互联网、大数据、人工智能等信息技术为代表的高新技术突飞猛进的当代商业社会，组织系统的弹性化和生产的柔性化特征越来越得以彰显。组织所面临的生存和竞争环境越来越复杂和不稳定，如何提高组织的人力资源战略管理水平，降低动态环境所带来的不确定性影响，是组织获得战略性核心竞争优势的根本。

企业组织是一个生命的有机体，有其诞生、成长、壮大、衰退、死亡或复兴的过程。古人云："预则立，不预则废"。企业在组织生命周期中的不同阶段有不同的矛盾和特点，其人力资源战略规划的重心和采取的措施也有所不同。组织必须根据自身的条件和所处的环境，不断地调整人力资源战略，才有可能实现可持续发展。人力资源战略规划要求在组织愿景、组织战略和组织目标的指引下对组织的人力资源状况进行动态统筹规划，分析人力资源需求与供给，努力平衡人力资源需求与供给与组织本身战略发展的关系，促进组织目标的实现。

近年来，人力资源战略规划越来越受到学术界和企业界的关注，但国内相关的教科书出版并不是很多。本书尝试将人力资源战略规划理论方法与企业组织人力资源实践案例相结合，从人力资源战略规划的概念介绍、战略人力资源管理框架、人力资源战略的外部环境和内部环境评估、人力资源战略规划的基本要素和关键过程、人力资源的需求与供给、人力资源战略规划的编制与职能规划、人力资源战略规划的评价和控制以及国际人力资源战略与规划等方面，对人力资源战略规划所涉及的理论和方法进行了介绍和分析，并通过开篇案例和结尾案例的讨论引发学习者思考相关问题，起到学以致用的作用。

本书是在南京大学赵曙明教授以往教学和研究的成果和框架上重新撰写完成，江南大学刘燕教授和南京大学程德俊教授对这门课程的逻辑和结构进行了一些调整，更新了与时代有关的知识内容，选择了知识点丰富又适合学习者讨论和研究的相关案例。这是一本概念清晰、逻辑严谨、层次分明、结构合理的教科书，适合于对人力资源管理及相关专业的本科生和研究生的教学使用。作为一本紧跟时代、注重实践、内容丰富而新颖的专业读物，本书也适合于作为企业组织中各级经理人员进行人力资源管理培训和工作的指导用书。

目 录

第一章 导 论 ………………………………………………………………… 1
　　学习目标 ………………………………………………………………… 1
　　本章引例 ………………………………………………………………… 1
　　1.1 人力资源战略规划的产生和发展 ………………………………… 3
　　1.2 人力资源战略规划的概念 ………………………………………… 14
　　1.3 人力资源战略规划的意义、作用和过程 ………………………… 20
　　案例分析 ………………………………………………………………… 25

第二章 战略性人力资源管理框架 ……………………………………… 28
　　学习目标 ………………………………………………………………… 28
　　本章引例 ………………………………………………………………… 28
　　2.1 人力资源战略的五大影响因素 …………………………………… 29
　　2.2 人力资源管理战略与企业竞争优势 ……………………………… 32
　　2.3 人力资源管理战略的适应性与柔性 ……………………………… 36
　　2.4 中国情境下企业人力资源实践 …………………………………… 39
　　案例分析 ………………………………………………………………… 43

第三章 人力资源战略的外部环境 ……………………………………… 46
　　学习目标 ………………………………………………………………… 46
　　本章引例 ………………………………………………………………… 46
　　3.1 人力资源战略的外部宏观环境 …………………………………… 47
　　3.2 人力资源战略的外部微观环境 …………………………………… 52
　　3.3 信息技术对组织和人力资源管理的影响 ………………………… 54
　　案例分析 ………………………………………………………………… 56

第四章 人力资源战略的内部环境 ……………………………………… 58
　　学习目标 ………………………………………………………………… 58
　　本章引例 ………………………………………………………………… 58
　　4.1 战略与文化的影响 ………………………………………………… 59
　　4.2 技术与工作的影响 ………………………………………………… 63
　　4.3 领导风格和员工特征的影响 ……………………………………… 66
　　4.4 动态环境下的组织发展和变革 …………………………………… 71

案例分析 ··· 72

第五章　人力资源战略规划

　　学习目标 ··· 74
　　本章引例 ··· 74
　　5.1　人力资源战略规划的关键问题 ··· 75
　　5.2　人力资源战略规划的内容和过程 ······································· 77
　　5.3　人力资源战略规划的层次 ··· 81
　　5.4　人力资源战略规划与信息系统 ··· 83
　　案例分析 ··· 86

第六章　人力资源需求

　　学习目标 ··· 88
　　本章引例 ··· 88
　　6.1　人力资源需求的影响因素 ··· 89
　　6.2　工作分析与人力资源需求 ··· 93
　　6.3　企业战略与人力资源需求的整合 ······································· 95
　　6.4　内部人力资源需求分析技术 ··· 97
　　6.5　人力资源需求预测技术 ··· 104
　　案例分析 ··· 109

第七章　人力资源供给

　　学习目标 ··· 112
　　本章引例 ··· 112
　　7.1　内部劳动力市场供给 ··· 113
　　7.2　外部劳动力市场供给 ··· 115
　　7.3　外部人力资源供给预测技术 ··· 122
　　7.4　内部人力资源供给预测技术 ··· 127
　　案例分析 ··· 132

第八章　人力资源战略规划体系

　　学习目标 ··· 134
　　本章引例 ··· 134
　　8.1　人力资源战略规划体系的编制 ··· 135
　　8.2　人力资源招聘任用规划 ··· 138
　　8.3　人力资源培训规划 ··· 141
　　8.4　员工职业生涯规划 ··· 147
　　8.5　人力资源流动规划 ··· 149
　　8.6　人力资源薪酬福利规划 ··· 152

案例分析 ··· 156

第九章　人力资源规划的评价与控制 ································· 158
　　学习目标 ··· 158
　　本章引例 ··· 158
　　9.1　人力资源规划的控制与评价的定义 ······················ 159
　　9.2　人力资源规划评价与控制的目的 ·························· 160
　　9.3　人力资源规划评价与控制的作用 ·························· 162
　　9.4　人力资源规划评价与控制的特征 ·························· 164
　　9.5　人力资源规划与控制的标准 ································· 165
　　9.6　评价与控制的过程 ··· 168
　　9.7　评价与控制的主要方法 ······································· 171
　　案例分析 ··· 176

第十章　国际人力资源战略与规划 ································· 179
　　学习目标 ··· 179
　　本章引例 ··· 179
　　10.1　国际人力资源战略与规划的影响因素 ················· 180
　　10.2　国际人力资源配置战略与规划 ·························· 185
　　10.3　国际外派人力资源规划 ···································· 188
　　10.4　外派人员和东道国人员绩效评估规划 ················· 192
　　10.5　国际薪酬规划 ··· 193
　　案例分析 ··· 195

参考文献 ··· 199

第一章 导 论

学习目标

1. 人力资源战略规划的产生和发展。
2. 人力资源战略规划的意义。
3. 人力资源管理面临的挑战与职能的转变。
4. 人力资源战略规划的一般过程。

本章引例

华为的人力资源领先战略

和其他很多快速成长的企业一样,最先挑战华为的是人力资源管理问题。1994年时,华为进入了一个快速增长的时期,但到年底却碰到了一个奖金分配的难题。华为认识到,销售业绩只是对销售人员考核的一个方面,而市场开拓难易度、客户满意度、人员努力程度、渠道建设等应该都是考核的重要标准。因此,在1995年,华为建立了一套以绩效目标为导向的考核机制,将业绩考核纳入日常管理工作中。

随着华为风起云涌的人力资源体系的建设,新的问题出现了:员工工资该如何调整?制定一套科学合理的薪酬方案势在必行。1996年1月,华为发生了一件被内部人称为"惊天地、泣鬼神"的大事——市场部集体辞职。集体辞职,让大家先全部"归零",体现了起跑位置的均等;而竞聘上岗,则体现了竞争机会的均等,这种野火般激烈的方式背后,实际隐含着的是一种"公平"。1998年,华为开始建立以岗位价值为导向的薪酬体系,这种薪酬体系的最大特点是坚持"人与职位分开"原则,也就是三要素评估法,即:知识能力(投入)、解决问题(做事)、应负责任(产出)。

建立一个人力资源体系,首先面临的是组织基础问题。各级人力资源部门怎样设置,怎样管理,选什么样的人做人力资源管理者?如今,华为的HR组织基础十分独特,三个关键词是:人力资源委员会、行政与业务关系分离、懂业务的HR。

人力资源委员会华为实行委员会制,分为五级,公司层面由总裁、副总裁组成,二级委员会由业务部门主要决策层的经理们组成,如此往下,直到由事业部的主任、副主任、业务经理组成的五级委员会。委员会是决策和评价的机构,让每一个人都可以发出声音,通过集体决议来贯彻公正、公平的理念。

华为的人力资源部门分多个层次,从功能齐全的公司层面的人力资源部,到各系统的干部。人力资源管理总部和各系统干部的关系是"行政与业务关系分离"。各级干部的行政隶属关系归各所属事业部或职能部门,其个人的业绩考核、工资与奖金由所属部门直接负责,而其人力资源业务管理归属于人力资源管理总部直接领导。在这种管理模式下,各级部门HR们在业务归属上被认为是人力资源总部自己的人,这令他们能够更好地融入人力资源总部,从而加强了他们的归属感。否则,各部门的HR们会把人力资源工作看成上层的要求,工作就很难落到实处。另外一个原因是,各系统的考核指标是不同的,由本系统的干部来划定标准,也能更有针对性。

什么样的人能做人力资源管理工作?首先,人力资源总监应该是本系统的二把手,也就是"一把手管业务,二把手管干部"。其次,人力资源管理者必须懂业务,必须"沉"到战略决策过程中去,才能成为企业的战略伙伴。

世间道理相通,如果您想成功地制定一个人力资源战略规划,也应先了解这三个方面——人力资源战略规划是什么、人力资源战略规划要做什么以及如何开展人力资源战略规划。

资料来源:https://www.docin.com/p-1780802378.html。有删改。

热身思考:华为的人力资源领先战略成功的原因是什么?

随着未来企业组织越来越网络化、扁平化、灵活化、多元化和全球化,未来的企业人力资源管理也会在管理目标、管理职能、管理技术和手段以及对管理人员的要求等方面发生新的变化。未来的人力资源管理将是一种战略型人力资源管理,即围绕企业战略目标而进行的人力资源管理。战略型人力资源管理的目标就是为众多的利益相关者服务。未来企业的利益相关者主要是指本企业、投资者(股东)、客户、员工、战略伙伴等。

同样地,随着外在环境的变化,企业在人员、组织结构、管理方式等方面必然会出现一些变化。如此一来,企业的人力资源管理职能也必然要发生巨大的变化。主要表现为在人力资源战略规划方面组织将主要面对的是如何在世界范围内优化和配置人力资源,如何在全球化竞争环境下获得具有核心竞争力的人才优势,如何定位战略性人力资源管理者的角色,如何激发个人的学习能力以及构建和谐的学习型团队和组织,如何整合战略性人力资源管理者所应具备的能力如自我发展能力、适应能力、变革能力和领导能力,等等。基于这些要求,人力资源战略规划作为战略性人力资源管理的核心组成部分便应运而生。

本部分将基于人力资源战略规划产生的环境的讨论,就人力资源战略规划在国内外不同体制和管理情境下的产生和发展,人力资源战略规划对于战略性人力资源管理及企业战略目标的实现的意义,和所面临的挑战,人力资源战略规划相对于传统人力资源管理和人事管理职能的转变,人力资源战略规划的一般过程以及针对相关过程的评价和控制进行分析和探讨。

1.1　人力资源战略规划的产生和发展

人力资源战略规划不同于以往的人力资源规划,更强调规划的战略性。"战略"一词原为军事用语,是指作战的谋略。《辞海》中对战略的定义是:"军事名词。对战争全局的筹划和指挥。它依据敌对双方的军事、政治、经济、地理等因素,照顾战争全局的各方面,规定军事力量的准备和运用。""战略"的英文是"strategy",源于希腊语的 stratagia,亦与军事有关。《简明不列颠百科全书》中对战略的定义是:"在战争中利用军事手段达到战略目的的科学和艺术。"随着人类实践活动的发展,"战略"一词被广泛地运用于军事领域之外,包括企业管理学的各个领域,并且受到了前所未有的关注。

关于企业战略,由于其含义丰富因而在西方战略管理文献中没有一个统一的定义,不同的学者与管理者赋予企业战略以不同的含义。有的认为企业战略应包括企业目的与目标,即广义的企业战略;有的则认为企业战略不应该包括这一部分内容,即狭义的企业战略。西方有代表性的企业战略定义有以下几个:美国哈佛商学院安德鲁斯(K. Andrews)教授认为,企业总体战略是一种决策模式,它决定和揭示企业的目的和目标,提出实现目的的重大方针与计划,确定企业应该从事的经营业务,明确企业的经济类型与人文组织类型,以及决定企业应对员工、顾客和社会做出的经济与非经济的贡献。从本质上讲,战略是要通过一种模式,把企业的目的、方针、政策和经营活动有机地结合起来,使企业形成自己的特殊战略属性和竞争优势,将不确定的环境具体化,以便较容易地着手解决这些问题。美国达梯莱斯学院的詹姆斯·布赖恩·奎因(James Brian Quinn)教授认为,战略是一种模式或计划,它将一个组织的主要目的、政策与活动按照一定的顺序结合成一个紧密的整体。一个制定完善的战略有助于企业组织根据自己的优势和劣势、环境中的预期变化,以及竞争对手可能采取的行动而合理地配置自己的资源。加拿大麦吉尔大学管理学教授明茨伯格(H. Mintzberg)对于企业战略的定义有着他独到之处。他指出,在生产经营活动中,人们在不同的场合以不同的方式赋予企业战略不同的内涵,说明人们可以根据需要接受各种不同的战略定义。从管理学家的定义中,我们可以认识到,战略是一种计划或模式,为组织的特定目标服务,要解决一定的问题。因此,人力资源战略规划是为组织的人力资源目标服务、解决人力资源供需动态平衡问题,同时,它包含了一系列计划,也反映了一系列行动。

1.1.1　人力资源战略规划产生的环境

21世纪的组织将面临前所未有的变革和激烈的竞争。一个组织要维持生存和持续发展,就必须对多重的、快速变化的竞争压力进行持续的适应。要寻求能够适应变化、进而具备竞争优势的员工和组织结构,包括对自身系统的调整,就必然引导出战略人力资源规划。

1. 不断变化的人力资源环境

首先,经济全球化已经或正在彻底改变竞争的边界,使组织面临前所未有的挑战。全球化蕴含着对新市场、新产品、新观念、企业竞争力和经营方式的新思考。当企业处于全球化阶段时,企业的战略是建立在全球范围不同业务单位的所有资源、技能和知识的整合基础上,建立在全球公司网络中资源流动的基础上。全球化中的企业,在全球范围规划企业的经营、在全球范围开展研发活动和在全球范围进行各种商务活动。例如,微软建立中国研究院、海尔与许多外国企业合资并在美国设立工业园,等等。在一个全球性的公司中,任何一个部分对于知识和信息的流动与整合都是平等的。一个成功的全球性组织应该具备这样的独特技能:能感知到世界市场和产品的微妙差别,能了解并理解世界范围内各种不同的文化和宗教的差异及他们对产品和服务的影响力,能在全球范围内共享信息,能采取有效的激励政策鼓励全球员工并在全球范围内共享自己的构想与智慧,能在尊重差异化的同时相互借鉴和学习。为在全球化背景下获取竞争优势,组织还要建立一个复杂的、由世界各地优势交织互补而成的网络,这个网络使得一个地方的技术发明能在全球范围内分享,全球范围内的产品、人员、信息和创意能依赖该网络迅速传播以满足各地的需求,能形成全球性规模经济和地方性灵活反应这样一种看似矛盾的管理方式,能实现全球思维和当地行动的结合。这些都是全球化给当今的组织带来的挑战,要求企业组织中各部门的管理者和人力资源从业人士,以一种新的全球思维方式重新思考人力资源的角色与价值问题的战略定位,将虚拟组织与实体组织相结合,通过建立新的组织模式和变革运营流程来提升效率和培养组织全球性的竞争力。

其次,计算机、互联网和其他互动技术的迅猛发展,将世界不断变小变平,地球变成了一个小小的村落,企业之间和人们之间在地理空间上的区隔正在消失,创造了一个不受地理边界限制与束缚的全球工作环境和视野。各种新技术的迅猛发展,不仅提高了企业的经营生产效率,大大降低了交易费用,而且对企业的管理方式产生了巨大冲击。例如,通信设施和互联网的普及改变了企业的市场营销理念和方式;计算机网络和技术的运用,客观上重新分配了企业的内部权力和管理模式;通信手段和网络技术的发展,使顾客和员工能在获得更多相关信息的基础上,提高反应速度和灵活性,创造更多的机会。技术的发展将不断地重新定义工作时间和工作方式。正是信息经济和技术的飞速发展,使得企业愈发认识到创造发明技术的"人"的重要作用。全球知识经济的到来,使得今天的智力资本像过去财务资本一样受到企业重视。人不再是过去人事管理时代的成本因素,而是人力资源和人才资源管理时代的资源因素。人力资源管理部门开始逐渐享受到与其他职能部门相同,甚至更高程度的重视。

再次,全球化和技术的迅速发展,客观上对企业竞争进行了重新定义。电子计算机、通讯、互联网等技术的迅猛、广泛发展,将世界的不同角落不断拉近。随着新技术的飞速发展,不仅提高了企业的经营生产效率,大大降低了交易费用,而且对企业管理方式产生巨大冲击,也在不断地重新定义工作的方式。正是信息经济和技术的飞速发展,使得企业愈发认识到创造发明技术的人的重要作用。此外,与各个领域对电子计算机的应用一样,现代的人力资源管理也在大量应用现代信息,管理中打上了 E 的印记。例如有的跨国公司对员工的培训项目,每月在企业网上对全球分公司的每一个员工发布,大家各取所需,分别上传培训需求,最后形成公司的全球培训计划并实施。所谓竞争,即用独特的方式为顾客增加更多的附加值,企业必须在新的竞争形势下找到新的和独特的方式为顾客服务。因此企业竞争的主题集中在更快、更好地为顾客做出反应。顾客从来没有像今天这样,在企业的战略发展过程中起到这么大的作用。企业正在对顾客的兴趣和需要做出反应。"让顾客满意和高兴"已成为企业试图在高度竞争的全球市场获得成功的重心。这就要求改变过去将人力资源管理限定在企业组织内部的观念和做法。企业应该充分发挥人力资源管理的战略角色,为包括供给者、企业员工和顾客在内的所有利益相关者创造新的价值。

21 世纪的全球化环境对当今企业组织的管理提出了诸多挑战,迫使每一个组织都在面对和思考变革。从另一方面来看,这些挑战未尝不是企业实现跨越式发展的一种新的机遇,抑或是解决顾客需求的一种新方法。全球化变革将成为世界各地资本、人力、技术、思想和创新的源泉,将重新塑造企业在全球范围内的竞争规则和发展战略。对个人而言意味着要不断拓展自身的知识、兴趣和能力。对建立在全球市场、全球生产、全球营销、全球人力资源管理和全球知识整合背景下的全球企业而言,需要具备全球经营的思维和理念,需要重塑企业文化、企业结构,更加需要具备一支与此相配合的,灵活而主动的全球人力资源管理队伍,以不断适应、调整、超越这些挑战所带来的各种难题。

2. 转型经济下人力资源管理面临的挑战与战略定位

21 世纪复杂的竞争环境,使得很多企业逐渐认识到建立自身竞争优势的关键是如何进行有效的人力资源管理,许多企业高层管理者对此寄予了很大希望。为迎接挑战,企业人力资源管理者已逐渐从过去那种行政、总务和福利委员会的角色转变成组织学习和变革的倡导者和推动者、企业高层主管的咨询顾问和战略业务伙伴。为此美国一家调查机构(Conference Board)对美国 314 家企业进行调查,通过对 126 位资深人力资源主管进行深入访谈后发现:人力资源从业者越来越多地参与了和参与着企业战略业务活动,领导企业变革,建立竞争力优势,传播职能技术,担当起宣传者和倡议者的角色,对员工绩效和生产率负责等,如图 1-1 所示。

首先,在 21 世纪经济全球化背景下,企业人力资源管理者的职责已逐渐从作业性、行政性事务中解放出来,更多地从事战略性人力资源管理工作。因此,企业人力资源管理部门已逐渐由原来的非主流的功能性部门,转而成为企业经营业务部战略伙伴。我们都知道传统的企业人力资源管理工作大致可分为两方面:一种是作业性项目,另一种是战略性项目。所谓作业性项目指的是考勤、绩效考评、薪资福利等行政性工作。而战略性项目包括人力资源政策的制定、执行,中高层主管的甄选,员工的教育、培训、生涯规划,企业发展规划和为组织的可持续发展开发和留住人才等等,具有相当的前瞻性。基于此,企业人力资源管理实践日益向战略人力资源管理转变。战略人力资源管理是企业在面对新世纪激烈、反常的竞争环境下通过人力资源管理与开发来支撑和保证企业经营战略计划。这代表企业的人力资源管理已从传统的人事管理,即注重个别员工工作绩效和满意程度等微观问题,向帮助企业管理层为获取企业持续竞争优势而实现员工贡献最大化的这样一种全新的战略角色转变。人力资源发生变化的重要原因是人力资源管理被赋予了战略性的功能。人力资源的开发与管理工作不再被看作与企业的战略计划没有任何联系,而今的人力资源管理部门已经成为能够创造价值与维持企业核心竞争能力的战略性部门。

人力资源职能的转变
Transition of HR functions

从 From	到 To
职能导向 Functional orientation	战略导向 Strategic orientation
内部重点 Internal focus	顾客重点 Customer focus
被动反应 Reactive response	主动出击 Proactive aggression
行政管理 Administrative management	咨询者 Consultants
受活动驱动 Activity-driven	受价值驱动 Value-driven
以活动为重点 Activity-focused	以有效性为重点 Effectiveness-focused
视野狭小 Narrow vision	视野广阔 Broad vision
传统方法 Conventional approach	非传统方法 Non-conventional approach
互不信任 Mutual distrust	合作伙伴 Partners
决策权力集中 Centralized decision-making	决策权力分散 Decentralized decision-making
行为型 Activity-based	解决问题型 Problem-solving

图 1-1 人力资源职能转变(以重要性排序)

此图根据 Dave Ulrich 的《人力资源管理教程》,新华出版社 2000 年版,第 20 页的资料编制。

再次,人力资源管理已日益突显其在企业价值链中的作用,这种作用就在于能为"顾客"既包括企业外部顾客,又包括为企业内各个部门提供附加价值(Added Value)。因此人力资源管理部门积极加强与企业各业务部门的联系,支持、配合业务部门的长期发展战略。这不仅可以实现为业务部门的定制服务,而且可以突显人力资源管理的价值,巩固人力资源管理部门的地位。但是这要求企业具备一套全新的思维方式,去考虑需要什么样的人力资源服务,以及怎样提供这些服务。也就是说人力资源管理部门应该从"权力中心(Power Center)"的地位走向"服务中心(Service Center)",并借此建立人力资源管理从业者在企业中的权威。这不仅需要人力资源管理从业者具备相应的全球人力资源管理技能,了解并掌握相当的业务知识,更要求能与业务部门说一样的"语言(Same Language)"。

最后,企业人力资源管理实践的边界呈现日益模糊的状态。传统企业强调组织界限要明确,每个职位要有明确定位,要求撰写工作说明书、职务说明书。但是面临新世纪的诸多环境变迁,美国管理界已经预言,未来组织形态将会变成一种专业管理取向的组织,即没有什么固定的组织形式,组织界限越来越不明确,管理制度越来越有弹性,上下级关系日趋模糊。此时,企业日趋重视的智力资本、知识积累、人力资源投资与管理等,也不再仅仅是人力资源管理部门的工作,它需要整个企业,包括从高层管理者到一线员工的全方位关心。人力资源管理将是包括影响企业和员工之间关系的所有管理决策和行为的总和。总经理每天都在做出影响人力资源关系的重要决策,这些决策本身及它们被具体执行的过程及方式,也会对企业员工产生相当影响。因此总经理必然要对包括企业竞争战略、人事政策和其他会影响到对人的经营政策在内的众多与人力资源管理有关的活动负责。

由此可见,人力资源管理从业人员正越来越多地参与到企业战略业务中来。企业高层管理者也不再满足人力资源部门提供的传统的、被动的项目,而要求他们能主动提供并解决与人有关的业务问题,为业务增加价值。具体包括对员工绩效和生产率负责,开发员工潜能,服务于顾客,培养、建立高质量的员工队伍,以及开发企业的知识资本和智力资源等等。早在1987年,美国电话电报公司(AT&T)就创立了人力资源管理的伙伴关系,旨在使资深人力资源专业人士配合公司的业务发展,以企业战略业务为重点,参与公司的战略规划,共同塑造公司未来。也许正是基于人力资源与企业战略的紧密伙伴关系,人力资源管理可以在企业内部,催化出一种接受变革、积极行动的风气。在1994年人力资源管理协会会议中,理事会主席加利(Gale Parker)指出:企业再造、结构重组、规模精简的变革大潮都要求人力资源成为首席执行官的战略伙伴,帮助计划、实施组织变革。美国运通卡车公司的重大重组,就是由分管质量与人力资源的执行副总裁首先提出的,他发起对企业人力资源的全面评估,促使公司接受人力资源变革。

密歇根大学的沃尔里奇教授认为,作为企业获取竞争力的帮手,人力资源管理应更注重工作的产出,而不仅仅是把工作做好。根据人力资源管理的战略决策、行政效率、员工的贡献和变化能力这四种产出,沃尔里奇归纳出了人力资源管理的四个基本角色。它们分别是战略性人力资源、管理组织的机制结构、管理员工的贡献程度、管理转型的变化,如表1-1所示。

表1-1 人力资源角色

角色/区分	有效产出/结果	形象化比喻	行为
战略性人力资源	实施战略	战略伙伴	把人力资源和经营战略结合起来
管理组织的机制机构	建立有效机制结构	职能专家	组织流程的再造
管理员工的贡献程度	提高员工的能力和参与	员工的支持者	倾听并对员工的意见做出反应,为员工提供所需要的资源
管理转型和变化	创建一个崭新的组织	变革的倡导者	管理转型和变革,保证应变的能力

资料来源:[美]戴维·沃尔里奇,《人力资源教程》,北京新华出版社,2000年。

其中,战略伙伴角色主要集中于把人力资源的战略和行为与经营战略结合起来。在这一角色中,人力资源人士以战略伙伴的面目出现,通过提高组织实施战略的能力来保证经营战略的成功。职能专家角色要求人力资源人士设计和提供有效的人力资源流程来管理人事、培训、奖励、晋升,以及其他涉及组织内部人员流动的事项。员工的支持者角色意味着人力资源人士需要帮助维持员工和企业之间的心理契约,特别是虚拟知识员工和虚拟业务员工与组织之间的心理契约,把精力投入员工日常关心的问题和需求上,积极地倾听、积极地反应,并向员工提供为满足他们不断变化的要求所需的资源。创造一个学习的氛围和环境,让企业员工置身其中,激发出一种自然的学习动力和工作成就感。变革的倡导者要求企业人力资源人士本着尊重和欣赏企业的传统和历史的同时,具备为未来竞争的观念和行动。

对应人力资源管理的四大新角色,沃尔里奇认为企业人力资源管理需要掌握四大类能力:第一,业务调控(Business Mastery)能力,要求人力资源从业人士成为企业核心经营、管理层的一部分,了解并参与基本的业务活动,具备强烈的战略业务导向;第二,人力资源调控(HR Mastery)能力,是指人力资源管理要确保基本的管理和实践相互协调,并担当起行政职能;第三,个人信誉(Personal Credibility)能力,是指人力资源从业人士应具备良好的人际影响能力、问题解决能力和创新能力;第四,变革控制(Change Mastery)能力,要求人力资源管理懂得如何领导企业变革与重组。

传统的企业人事管理作为行政附属部门,其权力来源是组织赋予、是外生的,经常随着企业高层管理者的经营理念的变化而变化,具有相当的不确定性。而今的人力资源管理担负着企业发展的战略伙伴、职能专家、变革推动者和员工的支持者四个角色,其权力是内生的,即来自它的专业知识和战略服务功能。也就是说,头衔在今天的组织中已经变得越来越不重要,最重要的是能为他们创造价值,提供某种建设性的服务,只有这样才会使人力资源管理从业者具有真正的权力。因此从某种角度来看,"服务"成为"权力"的来源,也就是说人力资源管理的权力等于服务能力!

新世纪企业人力资源管理要求人力资源主管能积极适应并引导人力资源管理的变革与发展,做好企业的战略伙伴、业务诊断者,并成为企业首席执行经理的心灵解读人(Mind Reader)。为了帮助人力资源主管扩充业务专业知识,培养他们与企业业务部门的共同语言,能更有针对性地配合业务部门的战略长期地发展,可以通过职位的轮换来开拓人力资源主管的视野。以杜邦为例,杜邦的人力资源主管在任职2—3年后,会调至生产或营销部门锻炼,然后再逐步升为人力资源经理。面对新世纪的挑战,人力资源管理的核心在于如何整合人力资源管理中零散而孤立的功能、职责和活动,通过对人的动作,来创造企业的竞争优势。所以,人力资源主管应磨炼自己诠释企业战略的沟通技巧,成为企业首席执行官广泛讨论各项战略决策的伙伴;把自己置于企业组织"学习负责人"的地位,使企业全球员工都能持续分享全球知识和技术成果;致力于在全球企业中创造一种学习气氛,一种团结互助、并肩作战的企业氛围等。

在新的全球经济中,竞争能力将越来越多地依赖于创新能力。谁能成为全球的、柔性的、创新型的和拥有丰富关系资源的企业,谁就能拥有更为强大的能力和竞争优势。全球企业需要全球资源战略。越来越多的全球企业采取全球战略、柔性战略、联盟战略和合作战略来管理企业。全球企业非常重视全球人力资源管理,提高人力资源的能力。面对新的环境与新的要求,21世纪全球企业内的人力资源管理战略必须致力于培养全球的观念,培养协作与团队精神,培养在全球范围的有效沟通,培养与招揽全球经理人员和全球知识工作者,重视业务单位对全球绩效的贡献,建立新的激励机制,增进企业内外的相互信任等方面。

1.1.2 人力资源战略规划的发展

人力资源战略规划的产生和发展已经经历了几十年的历程。早年的人力资源战略规划在内容和形式上都是比较简单的。虽然有些领先的企业已经制定了人力资源战略规划。但是绝大多数企业的人力资源战略规划活动还处于探索阶段,强调的只是人员的供给与需求预测、人力资源的配置以及人力资源战略规划的制定等单一的行为。企业的人力资源战略规划还远远没有形成一套系统的、专门化的职能。企业仅仅单纯强调人力资源战略规划,没有很好地根据企业的战略制定企业的人力资源战略,也没有在人力资源战略的指导下,制定人力资源的规划。一般来讲,人力资源战略规划的发展要经历萌芽阶段、产生阶段、发展阶段和成熟阶段。

1. 人力资源战略规划的萌芽阶段

自现代工业社会产生以后,劳动力就成为与资本、土地并列的基本生产要素之一。在西方资本主义发展的早期阶段,由于资本是制约企业发展的主要生产要素,资本家在考虑生产时,首先考虑的要素就是资本。相对于资本而言,那时候的劳动力在市场上是相对过剩的资源。劳动力的过剩和价格的低廉使得企业并没有产生对人力资源战略规划的需求,使得资本家对劳动力的管理采取了一种随意态度。资本家对人事管理的不重视直接导致企业中劳资双方关系的严重对立,这突出表现在雇主和工人之间的矛盾和冲突、工人就业的无保障和工人在岗位上的"磨洋工"等问题。由于劳动者地位的低微,雇主对企业的人事管理采用了一种任意的、独断专行的、非系统化的方式进行。在资本家的眼中,工人只不过是一件普通的商品。在其利润最大化的目标函数中,劳动力与其他生产投入要素的地位一样。在绝大多数的企业中,最高管理当局把所有的人事管理权诸如招聘、定薪、提职、分配工作和去职等统统下放给负责车间或部门工作的工头,一般而言,工头在这些问题上具有决定权。他们的任务是用最少的单位成本生产最多的产出。为了完成这一任务,工头采用的是高压驱动手段,他们将工人看成完成任务的工具。这种简单的管理方式在当时之所以有效是建立在市场上有大量的劳动力剩余,而且工人完成流水性作业基本不需要特殊的技能的基础上的。这时的企业基本上没有人力资源战略规划的职能。

2. 力资源战略规划的产生阶段

在19世纪末期之前,西方工业社会初期,大部分劳动力从事的还是农业劳动。非农业部门,例如制造业、采矿业和建筑业,一般都是小规模经营,雇佣的都是有某种手艺的工匠,使用的是手工工具,由小业主兼管理者主持经营。19世纪末期,大多数制造业工厂的一线员工人数剧增,企业中的生产过程发生了重大变化,机器开始取代手工工具,半熟练和非熟练的操作工及流水线工人代替了传统的工匠,标准件和相互替换件取代了特制件。

最后，越来越多的工厂采用所有权和经营权分离的现代企业制度，从而形成了一个专门从事企业日常经营活动的管理者阶层。

由于现代管理技术和标准化流水线在当时的社会还没有得到广泛的应用，企业的生产效率还不是很高，生产出来的产品也远远不能满足消费需求，生产还处于"卖方市场"。在这种情况下，雇主提高生产效率的唯一方法是提高工人的劳动时间、降低工人的报酬，而这样的生产效率提高是建立在对员工的个人利益的损害的基础之上的，这也就导致了企业内部劳资关系的紧张与对立。为此，以泰罗为首的学者发动了科学管理运动，工业心理学家明斯特伯格试图采用工业心理学的原理和方法促进工业效率的提高和工人对工作的满意程度。在这一阶段由于福特的标准化生产流水线的发明，产品的生产从传统的低效率转变为高效率的标准化生产。企业规模的扩大和生产技术的革新，使得劳动分工、专门化、职能制、员工选拔、绩效考核等管理技术在企业中被广泛应用。由于企业一方面重视生产效率的提升，另外一方面又严重缺乏效率提升的重要基础——熟练工人，应对这些需求，企业人力资源战略规划的一些主要职责便应运而生，如进行人力资源供给和需求的预测，以及根据人力资源供给和需求的差距制定人力资源规划政策。在这一阶段，还没有形成一整套系统的人力资源战略规划理论。企业人力资源战略规划的重点也只是在于如何从市场上获得熟练工人和通过各种人力资源管理措施，提高工人的工作效率。

3. 人力资源战略规划的发展阶段

20世纪60年代以后，科学技术的迅速发展和企业规模的迅速扩大导致社会对高级人力资源即人才的更大需求。在这一阶段，由于人口中中青年男性劳动力和科学工程技术人才的严重短缺，人力资源战略规划开始在企业人力资源管理占据了一个非常重要的地位。企业人力资源战略规划开始重点考虑人才的供需平衡，尤其是管理人才、专业和技术人才的供需平衡问题。人力资源战略规划被定义为基于企业理想的人力资源状态和目前的实际状况的比较，通过各种人力资源管理措施，让适当数量和种类的人才在适当的时间和地点，从事使企业与个人双方获得最大的长期利润的工作。在这个概念中包含人力资源战略规划的五个步骤：确定企业的目标和计划、预测企业的人力资源需求、评价企业的现有人力资源状况以及企业人力资源供给状况、确定企业的净人力资源需求、制定适当的人力资源战略规划方案。这个过程是一个线性的过程，在这个过程中，企业根据过去的人力资源状况预测未来的人力资源需求和供给，结合企业本身的人力资源现状制定人力资源政策和战略规划方案。在这一阶段，对人力资源战略规划的普遍看法是企业预测其未来的人力资源需求，预测其内部或外部的人力资源供给，确定供求之间的差距，并且根据预测结果进行企业的招聘、选拔和安置新员工的方案、员工培训和开发方案，以及预测必要的人员晋升和岗位调整方案。

20世纪70年代，由于西方工业国家新出台的一系列法律和相关政策，企业人力资源战略规划需要考虑反优先法案和其他各种人事法案。这些法律法规的制定限制了企业的雇佣行为、员工福利和安全保护措施。在这样一个高度动荡的年代，美国企业的管理者花费了大量的时间和精力去对付能源危机、妇女解放运动、种族仇视以及企业发展的停滞等问题,这些都消耗了企业的大量利润,产生了大量成本。但是这一阶段,人力资源战略规划被广泛作为大企业以及政府公用事业单位的一种关键人事管理活动。人力资源战略规划极大地扩展了它的职能范围,而不再仅仅局限于进行企业人才的供求预测和平衡上面。人力(Manpower)一词由于含有性别歧视的含义被弃而不用,人力资源(Human Resource)成为一个时髦的词语被广为使用。另一方面人力也含有企业将员工视为一种费用和成本,而人力资源则将员工作为企业获取利润的源泉,是企业的资源和资本。1977年在美国成立的人力资源战略规划学会标志着人力资源战略规划作为企业人力资源管理的一项职能已经产生。1978年在亚特兰大的第一次人力资源战略规划学会大会上,人们对人力资源战略规划的看法已经非常系统和成熟,不仅包括传统的需求与供给预测,而且包括人力资源环境评估、人力资源预测和规划、员工职业计划和发展、员工工作绩效、工作设计等方面。

这一阶段,由于人力资源战略规划职能的扩展,已经有一些企业开始在制定人力资源战略规划的过程中向上考虑企业的战略和人力资源战略,向下考虑各种人力资源的行动方案,制定与人力资源战略规划相适应的配套执行体系,但显然还有许多关键的问题没有得到解决,人力资源战略规划作为一个整体还没有形成。

4. 人力资源战略规划的成熟阶段

20世纪80年代,许多西方企业开始对以前的多元化战略进行反思,着手采取裁员和提前退休的政策以缩减企业规模,实行分权式管理,降低管理费用,这导致相当多的人才必须转移。企业的战略变革使得企业与员工之间形成的心理和社会契约发生了巨大的变化,人们对职业规划、弹性工作安排以及绩效工资更为重视。由于很多企业在努力减少正式员工的数量,而更愿意雇佣兼职和短期合同员工来满足企业的需要,这种情况导致企业临时劳动力的快速增长,人力资源管理外包开始出现。面对这样的形势,企业人力资源战略规划的重点变成强调高层管理者的培养与交接计划、人员精简计划、企业重组、兼并与收购计划及企业文化变革等。

由于企业身处的经营环境变化越来越快,企业的战略在企业经营活动中的重要性越来越凸现出来,而人力资源战略作为企业战略的一个重要组成部分也越来越重要。企业开始使用一些工具和技术,确定企业的人力资源战略,并将人力资源战略与人力资源规划联系起来。从而在不同的人力资源战略下,企业使用不同的规划工具,进行不同的规划活动。在此之前,人力资源规划作为企业人力资源管理的一项独立的职能活动,可能与企业经营的外部环境不匹配,或者与企业人力资源管理的其他职能性活动如招聘、薪酬管理等发生冲突。在企业将人力资源规划与人力资源战略整合以后,企业能够根据企业的经营环境制定人力资源战略,从而在统一的人力资源战略下,制定一致的人力资源管理职能。这也就是人力资源战略通常所说的"两个"一致性即外部一致性和内部一致性,或水平一致性和垂直一致性。人力资源规划与人力资源战略联系在一起,根据明确的人力资源战略制定人力资源规划标志着企业成熟的人力资源战略规划管理职能的形成。

1.1.3　人力资源管理和人力资源战略规划在中国的发展

人力资源管理的出现是人类工业文明发展的客观要求，是现代管理理念的重要组成部分。然而"人力资源管理""人力资源"等词真正在中国广泛运用和被实践也只有近20年的时间，在这20年里，随着国际互联网的普及，现代信息技术的广泛运用，全球组织面临数字化信息化的严峻挑战。在这个以知识资源占据支配地位的知识经济时代，中国现代管理模式和经营理念也将面临新的选择。一种时代造就一种经营模式，变革的时代必然需要与之相适应的具有前瞻性的动态的人力资源管理新模式。然而，中国的人力资源管理与西方发达国家市场经济高度发达的环境下的人力资源管理相比有其自身的特点和不足，这种特点与不足与中国特色的大环境和大布局密切相关。

(1) 中国传统文化和西方文化对中国人力资源管理发展的影响。随着经济全球化进程的加快和科学技术的进步，中国传统文化和西方文化以前所未有的速度在更大的范围和更深的层次上进行着融合和交流，人们的思想观念也在不断地发生着变化。在这种文化的碰撞与融合过程中，彼此吸取和借鉴对方的优点不断地改进各自的人力资源管理理念和策略。在人才理念方面，西方往往以企业及个人的美好前景、对个人的尊重、对人们生活的改善等人性的光辉来吸引人才。而在中国，儒家修齐治平的入世思想和"国家兴亡、匹夫有责"的传统，对企业的文化和理念有着深远的影响。许多企业、单位都以对国家、对民族的强烈责任感来激励员工、吸引人才。在用人方面，西方用人时强调个人作用，突出"明星文化"，以最大限度地发挥个人才能为目标。同时注重对个人的尊重，实行人性化的管理，要求对每一个人充分了解，并努力为每一个人创造合适机会，而且在分配工作时尊重并充分考虑个人的发展愿望。而在国内，用人时除了注重个人才能，要求任人唯贤以外，还强调德才兼备，尤其是对于管理层和领导者，更注重以德为先。同时，强调个人与集体、与团队的和谐，甚至为了追求和谐和团队的效率，可以适当牺牲对个人才能的要求。在职位的晋升方面，中国由于强调员工对企业的忠诚，比较注重通过职位的晋升来培养和激励现有的员工，而且等级观念较强，强调一步一个台阶；在西方也把职务晋升作为激励员工的重要手段，但很多情况下会根据需要直接从外部招聘高级管理者；同时，等级观念不是很强，大胆提拔年轻人和资历较浅人员现象较多，也容易接受。在个人能力培养方面，中国多依靠自己来培训员工，而且技能和在职培训占最主要地位，而欧美企业的培训较多地依靠外部力量，比如与各名牌大学合作，送优秀的人才到各类院校学习等等，以MBA等管理课程为主，重视培养管理人才。

(2) 中国传统的家长式管理模式造成疲劳的人际关系。中国式管理的特点就是家长式管理现象突出。所谓家长式管理模式指的是企业中的管理者具有中国传统的家长的特点，在家长式管理模式比较突出的企业，领导与下属的关系就如同皇帝和大臣，领导不会与下属平起平坐，推崇的沟通艺术核心是"不明言"，即深藏不露。中国式管理的"三大沟通特色"是：一是有话不一定说出来；二是说出来可能含含糊糊；三是就算说得相当肯定，也不一定是真的。现实中确实有很多中国企业经理人是这样的。但这并非大家喜欢的风格，员工在内心深恶痛绝，很多优秀员工就是因为无法承受上级的这种领导风格而离开了组织。如果说是正当的沟通艺术，无论在中国还是西方，都是成年人必备的技能。但中国式管理显然扭曲了人与人之间正常的沟通艺术，而使之变成一种掺杂着权谋和不轨之心的厚黑学。即使中国式管理的动机是好的，客观上也会造成此种后果。这种不透明的文化，并不是中国文化的优秀传统，它只能助长中国人的虚伪之风和争斗之风，实在是一种自私自利的个人主义。因为，它把所有人都视为敌对者，为了自己的利益挖空心思。

（3）中国人力资源开发与管理的环境落后，组织管理职能不完善。中国组织较多重视解决宏观环境和内部的物质、资金等问题，而忽视组织的人力资源，重物轻人的思想严重，人力资源投资的观念淡薄。中国企业特别是大中型企业，普遍缺乏统一的、与企业发展战略和目标相匹配的人力资源管理体系，习惯于从事传统的人事管理，尚未彻底扭转计划经济体制下人事部门消极管人的落后状态。多数组织人力资源管理人员不具备履行人力资源管理职能所需的知识与技能，没有掌握现代人力资源开发与管理的基本理论和操作技能，对员工的招聘、配置、选拔、绩效评估、激励方式、培训开发、劳动关系的改善等方面的实际工作原则、方法和技巧不甚了解。有关的人力资源管理法律、法规基本是空白，因此组织的人力资源开发与管理得不到法律强有力的保障和支持。很多国有企业、中小企业以及民营企业还没有完全认清人力资源开发与管理在组织中的重要作用。同时，在中国社会主义大环境下现代人力资源管理文化还未完全形成，即人力资源管理环境建设滞后。这就使现代人力资源开发与管理工作在组织中得不到很好的实施。

就战略性人力资源管理和人力资源战略规划在中国的发展而言，虽然中国是当今世界上人口最多的国家，但中国却不是一个人力资本强国，并不具有适合全球化竞争需要的人力资本优势。主要表现在这样几个方面：

（1）人才结构不合理，特别是高层次的人才奇缺。尽管中国拥有雄厚的人力资本，但由于中国人力资本的内在层次比较低，不具备参与全球化竞争的充分的知识技术资源优势。面对激烈的全球化竞争，国家的竞争力受到了很大限制。

（2）教育投资低，人力资本积累相对不足，中国人力资源的开发和教育总支出在国民生产总值中的比重长期处于较低水平，投资严重不足，投资渠道单一。教育投资严重滞后于人口与国民经济的增长，与发达国家相比存在较大的差距。

（3）管理体制与人力资源开发不相适应的人才问题，说到底是人力资源管理体制的问题。人力资源作为能动性的生产要素，与其他生产要素一样，需要随着经济环境和市场需求的变化而不断进行自发调整。近年来，中国在深入干部体制改革、搞好用人机制方面迈出了较大的步伐。但是，由于传统人事体制壁垒仍未突破，人才资源配置的市场化程度仍较低。从总体来说，与市场经济相适应的人事管理体制、人才选拔任用机制和监督管理机制尚未完全建立起来。在人才工作体制上，仍未彻底摆脱计划经济的人事管理阴影，无法实现人力资源的优化配置，人力资源大量闲置浪费。

1.2 人力资源战略规划的概念

1.2.1 人力资源战略

1. 企业战略

人力资源战略作为企业整体组织战略的一个核心构成部分,与企业战略本身及构成企业整体战略的市场营销、会计财务、生产制造战略均有着非常密切的联系。在对人力资源战略进行讨论之前,我们首先应该对企业战略有一个明确的概念。企业战略就是确定企业的目标和方向,并采取一定的行为实现这些目标。企业的战略管理是一个过程,即将企业的主要目标、政策和行为依次整合为一个具有内在有机体的过程。企业战略管理的过程至少可以划分为五个基本的步骤:

定义企业组织的宗旨和使命。其中包括说明企业共同的价值观,企业为什么要存在等内容。企业组织的宗旨和使命一般包含下列内容:(1)确定企业所要服务的特定的利益相关者群体;(2)确定满足这些相关利益者群体的行动,如强调为员工提供发展机会,为社会提供就业机会,等等。

考察企业经营的外部环境。这是指对影响企业实现其宗旨的技术、经济、政治,以及社会力量进行系统分析。

评价企业的优势和劣势。分析的重点在于企业内部资源相对于竞争对手而言,具有哪些明显的优势,同时受到哪些关键因素的制约。

确定企业的战略发展目标。基于对影响企业的外部环境和内部资源进行分析而确定企业的战略目标。波特将企业战略分为:成本领先、差异化和集中战略。企业基于自身内部资源和外部环境的分析结果,可以选择一种合适的战略。与此同时企业也需要确定企业的中短期发展目标。包括企业的销售额、利润、预期的资本收益率以及企业在客户服务和员工发展方面等关键领域的目标。

制定企业战略行动方案。企业应该在企业结构、人力资源、财务、营销等职能方面做出怎样的改进,采取什么样的政策和方案,以实现企业的战略目标。在此阶段,企业开始对人力资源进行战略性考虑。当企业的最高管理层在制定企业战略行动方案,并对员工招聘、选拔、发展和激励等有关事项进行思考时,这就为企业的人力资源战略规划奠定了基础。如果企业领导层在制定企业战略时没有考虑企业的人力资源战略,没有对人力资源战略规划做出相关决策,就很难期望企业最终会形成有效的人力资源战略。

2. 人力资源战略

人力资源作为与市场营销、会计财务、生产制造相并列的企业管理要素子系统,对企业总体战略的实现具有重要的意义。然而在现实中,企业战略与人力资源战略之间存在很大的不一致性。例如,企业在实行成本领先的企业整体战略时,可能会采取降低劳动力成本的措施来达到成本最小化的目标,而企业为了降低成本而进行裁员的时候,会与企业人力资源管理强调对员工的收入稳定、个人生涯发展,以及为社会就业负责的承诺相悖。再如,企业战略可能是鼓励产品的创新和技术在市场上的领先,而企业的人力资源管理却采取成本导向的战略,这时企业的人力资源管理对企业整体目标的实现也不是起促进作用。如果企业采取的产品领先和技术创新战略得不到人力资源的足够支持,企业战略的实现在很大程度上就会受到人力资源的制约。总之,在人力资源成为企业竞争力来源的今天,人力资源战略与企业战略的匹配对企业战略目标的实现具有关键的意义。

什么是人力资源战略?人力资源战略可以有两种理解:一种理解是基于管理的战略定位,按照波特对企业战略分类的思路,将人力资源战略划分为成本领先、质量领先和差异化三种战略。另一种理解则基于管理的过程,即企业通过人力资源管理实现战略目标的过程,这也可以称为"战略性人力资源管理"。在本书中我们对人力资源战略的理解是基于这两个方面的,并力图将这两种思路融合起来。我们认为,人力资源战略是企业根据内部和外部环境分析,确定企业目标,从而制定出企业的人力资源管理目标,进而通过各种人力资源管理职能活动实现企业目标和人力资源目标的过程。

1.2.2 人力资源规划

什么是人力资源规划?国外有关人力资源规划的定义和概念很多,总体而言可以概括为以下几种:

(1) 人力资源规划就是要分析企业在环境变化中的人力资源需求状况并制定必要的政策和措施来满足这些要求。

(2) 人力资源规划就是要在企业和员工的目标达到最大一致的情况下,使得人力资源的供给和需求达到最佳的平衡。

(3) 人力资源规划就是要确保企业在特定的时间特定的岗位上获得合适的人才(包括数量和质量两个指标),人力资源战略规划就是要使企业和个人都得到长期的利益。

(4) 人力资源规划就是预测未来的企业任务和环境对企业的要求,以及为了完成这些任务和满足这些要求而设计的提供人力资源的过程。

综合各种定义,我们认为人力资源规划主要包括下列四个方面:

(1) 现有人力资源状况的分析。企业对现有的人力资源状况进行一次清楚的分析,尤其应当清楚自身目前已有的员工存量、素质,以及相对于竞争对手而言自身在人力资源上的优势和劣势是什么。

(2) 人力资源需求预测。企业根据自身的未来发展战略,对未来的人力资源需求做出一个正确的预测,找到未来理想的人力资源状况与现在的差距。

(3) 人力资源供给预测。企业根据劳动力市场的现状对未来的人力资源供给做出一个正确的预测,确定未来的劳动力市场是否能够给企业发展提供合适质量和数量的人力资源。

(4) 制定人力资源规划方案。当目前的人力资源状况和未来理想的人力资源状况存在差距时企业需要制定一系列有效的人力资源规划方案。在劳动力过剩的情况下,企业可能需要制定一系列的人员裁减计划。而在劳动力短期的情况下,则可能需要在外部进行招聘,而如果外部劳动力市场又不能进行有效供给的时候,企业则需要考虑在内部通过调动补缺、培训、工作轮换、提升等方式增加劳动力供给。

企业为什么要进行人力资源规划?企业进行人力资源规划是为了满足企业经营环境的动态性和企业自身发展的需要。由于经营环境的动态性,使得市场对企业的人力资源供给状况时常处于一种变化之中,同时由于企业自身的发展使得企业对人力资源的需求也是变化的。社会环境对企业人力资源的供给影响主要是通过市场对企业生产产品的需求状况和劳动力市场对企业的人力资源供给状况来进行的。在市场对企业所生产的产品的需求较为旺盛的时候,劳动力短缺对企业的快速成长产生制约作用。但是市场对企业产品的需求较为低迷的时候,企业内部又很容易产生劳动力的剩余。如何在这两种环境压力之间找到一种平衡对于任何企业而言都是一种严峻的挑战。另一方面企业自身的发展也使得企业对人力资源的需求处于一种变动之中。例如,在企业成长期,一般较为重视销售,这时企业对营销人员的需求量很大。相对而言,企业对技术、管理、广告策划人才的需求并不是很迫切。随着企业逐渐步向成熟,企业对这些人才的需求越来越多,而这时企业内部由于各种短期利益的驱使,往往并没有培养或储备这样的人才。一种办法是到市场上去招聘合适的人才,但由于市场状况的不稳定,往往很难在短期内找到合适的人才,即便能够找到,也需要经过一些基本的培训和对企业情况的了解以后才能够真正开展工作。另一种办法是企业通过人力资源规划,根据企业发展的状况,有计划地进行内部培养和人才储备。但由于这些人才并不是企业目前所必需的,所以往往在很大程度上导致企业成本的增加。总之,企业外部环境的变化和企业自身的发展是人力资源规划产生的根本原因。

1.2.3 人力资源战略规划

早期企业将人力资源规划作为一项单独的人力资源管理职能来进行管理。现在,由于企业内外部环境的变化,人力资源规划逐渐与人力资源战略联系起来,成为人力资源战略体系中的一部分。人力资源规划逐渐演变成人力资源战略规划阶段。美国著名的人力资源专家詹姆斯·W.沃克(James W. Walker)认为20世纪90年代的人力资源规划已经开始与人力资源战略联系起来,有如下的几种趋势:

(1) 企业正在使其人力资源规划更加适合企业的精简而较短期的人力资源战略。

(2) 企业的人力资源战略规划更加注意企业环境分析,以确保人力资源战略规划的实用性和相关性。

(3) 人力资源战略规划更加注意特殊环节上的数据分析,更加明确地限定人力资源规划的范围。

(4) 企业更加重视将人力资源战略规划中的关键环节转化为行动方案,以便于对其效果进行测量。

1. 人力资源战略与人力资源规划的关系

企业的人力资源战略规划要适应整个企业的整体战略规划。企业的一般战略过程包括战略规划、经营计划和预算方案。企业的战略规划是制定目标和决定为实现这些目标所需要采取的行动的过程。它包括明确宗旨,即明确企业存在的目的,明确企业的特殊作用;建立目标,即确定企业的总任务和用来实现企业总任务的各个部门的任务;评价优势和劣势,找出促进或阻碍将来为实现企业目标而从事的活动的各种因素;确定结构,确定企业的构成部门,各个部门在实现企业总体目标过程中的作用和各个部门之间的关系;制定战略,确定企业目标实现的层次性以及企业目标实现程度的数量标准和时间标准;制定方案,明确各个方案的组成部分,以及衡量各个方案有效性的方法。上述这些战略规划都涉及企业最本质方面的根本决策而对企业具有长期性的影响。例如企业收购、放弃或增加产品线、投入新的资本或应用新的管理方法、产品组合、消费者组合、竞争重点和市场的地理限制等都属于战略规划。

长期的战略规划一般会影响 2 年以上,而中长期的经营计划一般会影响 1—2 年,它涉及计划方案所需要的资源和企业策略,涉及影响目前经营活动正常进行的具体问题。企业的经营计划也可以被称为战术计划。例如购买效率更高的办公设备,处理被退回的次品和设计新的防伪标志等都属于战术计划。战略规划和战术计划对人力资源战略规划的影响程度显然是不同的。战术计划对企业具有短期影响,影响的范围比较小,所引起的变化的程度也比较小。年度的预算方案涉及预算、部门和个人的工作目标、项目的具体计划与时间安排、资源分配和完成战略计划和经营计划的标准以及对结果的监督和控制。一般而言,计划期间越短,计划就越细致。

人力资源战略规划的应用范围很广,其本身可以是战略性的,也可以是战术性的;可以是整个企业范围的,也可以是某一个具体部门的;可以周期性地制定,也可以是在需要时独立地制定。要使人力资源战略规划起作用,就应该将它与不同层次的企业战略联系起来。人力资源战略规划过程包括人力资源战略、人力资源规划和行动方案制定。所谓人力资源战略主要是研究社会和法律环境的可能变动将对企业人力资源管理的影响等问题。人力资源战略规划主要是对企业未来面临的人力供求形势进行预测,它包括对企业未来员工的需求量、企业内部和外部的人力供给状况的详细预测。所谓的行动方案是根据预测的结果制定的具体行动方案,包括招聘、辞退、晋升、培训与开发、工作调动、绩效管理与评估、工资福利政策和企业变革等。

从总体上看,企业战略对人力资源战略规划过程具有制约和限制的作用。具体而言,企业战略制约人力资源战略,企业的战略规划制约人力资源战略规划,企业的预算方案制约人力资源的行动方案。企业的一般战略规划制约企业的一般战术计划,而企业的一般战术计划又制约企业的预算方案;因此,在人力资源战略规划中,人力资源战略制约人力资源规划,而人力资源的战术计划又制约具体的人力资源管理行动方案。因而,人力资源管理的目标既要与企业的长远战略目标相一致,又要与企业的短期目标相一致。

2. 将人力资源战略规划融合起来

人力资源战略规划作为人力资源战略整体框架中的一部分，与企业战略和人力资源管理战略的其他职能如招聘和选拔、薪酬、考核等紧密相关的。传统的人力资源战略规划主要关注的是企业能否在适当的时间和地点聘请到合适的员工。在传统的人力资源规划中，偏重于定量分析和人力资源规划的模型，目的是保证适当的时间适当的岗位上有适当类型的劳动者，也就是偏重于处理和解决"硬"问题。"软的"人力资源规划更明确地将重点放在创建和形成企业文化，来明确整合企业目标和员工价值、信念和行为。当"硬的"人力资源规划被批判缺少广度和关注员工数量时，相应的"软的"部分就会适应于整个人力资源管理的主旨。

表1-2 企业战略与人力资源规划

附加	孤立	结合
重点是企业战略，人力资源规划是一个附属措施	重点是人力资源行为和人力资源如何为企业增加价值	重点是企业战略和人力资源规划的结合
各部门管理者主导人力资源的讨论，人力资源人士非实质性参加	人力资源人士制定计划并把它提交给各部门管理者	各部门管理者和人力资源人士共同保证一个与人力资源相结合的战略计划过程
产出是达成经营计划所需的一个人力资源行为的概括	产出是人力资源部门的日程表，包括优先考虑的人力资源行为	产出是看重达成事业结果优先考虑的人力资源行为的计划

资料来源：[美]戴维·沃尔里奇，《人力资源教程》，北京新华出版社，2000年。

人力资源规划与企业战略的关系如表1-2所示。其一，人力资源战略规划相对于企业的战略和经营计划来说，相当于一个事后的药方。在这种模式中，只有在企业战略和广泛的经营计划确定之后，才会提及包括人力资源管理在内的经营管理相关问题，人力资源战略规划是作为企业经营战略规划的分支和附件出现的，涉及实现战略所需要的结构、竞争力、责任、企业和领导能力等多个方面。其二，人力资源战略规划是一个特殊的、分离的规划流程。人力资源部门不光得提出动议，还得设计和管理执行这些规划，并对这些规划的实施效果进行评估。如果人力资源部门以外的管理者很少或根本不关心制定人力资源战略规划，也不为之提供信息，那么在这种状况下制定的人力资源战略规划可能会因为脱离了企业的经营计划流程，所以只能为企业带来十分有限的价值。

人力资源战略规划遇到的真正挑战是如何将其与企业经营战略结合起来。在这个模式中，人力资源管理活动并不是孤立的，其他各部门的管理者都需要参与人力资源管理过程中，与人力资源管理部门的专业人力资源管理者一起完成整体经营战略中的人力资源行为。人力资源战略性规划要求在企业的组织愿景、组织目标和战略规划的指引下针对企业人力资源活动的特点，战略性地把握人力资源的需求与供给，从战略高度对人力资源进行动态统筹规划，努力平衡人力资源的需求与供给，从而促进企业组织目标的实现。一般而言，人力资源战略规划的程序包括：

（1）认识企业的组织愿景、组织目标和战略规划。人力资源战略规划主体只有充分认识企业的组织愿景、组织目标和战略规划，其所制定的人力资源规划方案才能够有效地协调人力资源活动和组织活动，确保人力资源规划的实施能够促进组织实现其愿景和目标。

（2）认识组织目标对企业人力资源活动的影响。人力资源战略规划主体在充分认识组织愿景、组织目标和战略规划的前提下，还必须认识到组织目标对企业人力资源活动的影响，从而有针对性地开展相应的人力资源战略规划活动，制定相应的战略性人力资源规划方案，以协调和支持企业整体战略规划的实施，从而促成组织愿景和组织目标的实现。

（3）编制企业组织发展对人力资源的需求清单。人力资源战略规划的任务之一就是根据组织未来发展的需求，编制应企业组织发展所需的人力资源需求清单。在编制未来人力资源需求清单时应当运用统筹的方法，系统地、动态地考虑由于职位变动和企业组织发展而导致的人力资源需求的变动。

（4）分析企业内部人力资源供给的可能性。人力资源战略规划主体在编制人力资源需求清单之后应当结合企业内部人力资源的职业生涯规划，分析企业内部人力资源供给的可能性，编制企业内部人力资源供给清单。

（5）分析企业外部人力资源供给的可能性。当企业内部的人力资源供给无法满足企业组织未来发展的人力资源需求时，人力资源战略规划主体就应当审视企业外部人力资源供给能够满足企业未来发展人力资源需求的可能性，编制企业外部人力资源供给清单，从而主动地利用企业外部的条件来支持人力资源战略计划的实施，促成组织愿景和组织目标的实现。

（6）编制符合人力资源需求清单的人力资源供给计划。人力资源战略规划主体在充分认识企业组织未来人力资源需求和组织内部与外部人力资源供给可能性的基础上，着手编制人力资源供给计划，平衡组织未来人力资源的需求与供给，从而为企业人力资源战略规划的实施提供人力资源方面的支持。

（7）制定人力资源战略规划的实施细则和评估控制体系。人力资源战略规划的实施本身需要一套严格的实施细则和评估控制体系，这样人力资源战略规划的实施才能够具备相应的评估和控制方法、标准以及纠偏措施。

（8）实施人力资源战略规划并对其进行跟踪控制。人力资源战略规划的实施细则以及评估控制体系建立以后，就可以着手进行人力资源战略规划的实施，在实施过程中应当进行实时的跟踪和评估控制，保证人力资源活动不致偏离战略规划的轨道。

（9）采取纠偏措施和重新审视组织愿景、目标和规划。人力资源战略规划是一个具有闭环特征的程序，因此在实施过程中应当对其进行及时跟踪和评估，发现偏差，并采取相应的纠偏措施，从而保证人力资源战略规划与企业整体战略规划保持协调一致。人力资源战略规划应当持续地审视组织愿景和组织目标，保证人力资源战略规划能够有利于组织愿景和组织目标的实现，提高自身运作的有效性。

基于企业整体经营战略的人力资源战略规划要求人力资源规划主体在人力资源规划程序的所有环节中都应当站在战略的高度，充分审视组织自身的资源条件和组织外部环境,采用科学的方法,在组织愿景、组织目标以及战略规划的指引下制定组织未来人力资源需求清单以及相应的人力资源供给计划,从而支持人力资源战略规划和企业整体战略规划的实施,促进组织愿景和组织目标的实现。

1.3　人力资源战略规划的意义、作用和过程

1.3.1　人力资源战略规划的意义

被西方誉为"顶级商业布道师"和"商界教皇"的、全球最著名的管理学大师之一的管理学家汤姆·彼得斯(Tom Peters)说:"企业唯一真正的资源是人,管理就是充分开发人力资源以做好工作。"企业运营的好坏同企业人力资源的开发与利用休戚相关。随着中国市场经济体制改革的深入、知识经济时代的到来和加入WTO的契机,国内企业面临前所未有的激烈竞争,这种竞争首先体现为人力资源的竞争。制定和实施企业战略,应对快速变化的环境,获取竞争优势逐渐成为当前国内企业决策者思考的主要问题。在企业战略的制定和实施过程中,人力资源管理是一种核心活动,只有充分阐明在整个企业战略框架内的人力资源战略规划的意义,才能真正使企业的所有管理人员明确如何应对快速变化的环境,增加企业的价值,实现企业组织的愿景和目标。人力资源战略规划正在迅速成为一种企业获取竞争优势的主要工具。

人力资源战略规划的意义主要表现在如下几点:

其一,人力资源战略规划有助于企业适应变化的环境。环境的变化要求企业做出相应的调整以不断适应新的要求,人力资源战略规划正是基于企业所面临的内外部环境的变化而进行的人力资源数量和质量方面的相应的调整。

其二,人力资源战略规划有助于企业应对职位空缺的问题。对于规模比较小的处于创业时期的企业来说,可以在空缺实际出现后设法进行补选,但是,对于处于成熟期的规模比较大的企业来说,就应该事先进行人力资源的规划和预测。其原因在于,一方面,在规模比较大的企业中,员工分工明细,工作的专业化程度比较高,新进员工的适应期比较长;另外一方面,规模比较大的企业的职位空缺数额也比较多,要做到及时填补,必须提早准备。

其三,人力资源战略规划有助于合理调控人力资源流动率。现代大工业生产在很多情况下都属于连续性的作业,其主要特征就是生产水平的稳定,因而也就要求劳动力水平的稳定。在人力资源流动率比较高的情况下,企业的人事部门就必须在很短的时间内匆忙地招聘大量的新雇员,这很容易导致录用标准的下降。结果是招收很多的单身和容易迁徙的年轻员工,又会造成以后的流动率的上升。在离职率居高不下的情况下,应该简化工作,目的是可以缩短最低训练时间,使新工人在尽可能短的时间内能够胜任工作。

最后,人力资源战略规划有助于减少未来的不确定性。人力资源规划可以帮助企业更好地应付变化。企业面临的市场竞争环境的变化给企业的决策带来了不确定性,为了

克服这些不确定性可能给企业未来的经营产生的消极影响,企业的人力资源管理部门就必须建立相应的招聘政策、培训政策和员工生涯发展政策。人力资源部门在制定计划的时候,还应考虑到计划期的长短。短期计划指的是一年和一年以内的计划,长期计划指的是三年和三年以上的计划。

由此可见,如果没有人力资源战略规划,我们就无法正确地评价结果,无法知道我们的努力方向是否正确,哪一个行动在实现目标方面具有最重要的作用,以及如何把不同的人力资源管理活动集成起来使它们相互配合。没有人力资源战略规划,人力资源管理活动就会变成一堆相互之间不存在有机联系的活动的大杂烩。企业目标包括市场份额、降低成本、技术革新、名声和高质量的服务等。如果没有整体的计划,这些目标就可能被遗忘。结果,不同的人从各自的角度对企业的人力资源管理进行评价。管理者可以通过计划来确定目标,目标明确后,每个管理者和每个员工工作的意义和范围就很清楚,企业也就可以更好地把资源集中到与企业目标最一致的产品和服务的经营中去。事实表明,目标明确的管理者比目标不明确的管理者的工作更有效率,并且对工作也更满意。所以,人力资源战略规划可以把企业的人力资源管理活动与整个企业联系起来,使人力资源管理活动成为企业的一个有机组成部分。

在人力资源经理人员、员工以及其他有关人员一起对未来进行计划的过程中,还会涉及选择相关的信息进行预测、制定目标、进行决策,最后对结果进行评价等许多问题。近年来,尽管计算机化的人力资源信息系统(HRIS)在帮助经理人员收集和处理信息方面的作用越来越大,但是,计算机系统仍然无法替代决策者的作用。在信息时代,信息量非常大,而人们用来识别、处理和分析信息的时间和其他资源是很有限的,这就要求决策者挑选出重要的信息服务于目标的设定、决策的制定以及成果的评估。尽管信息总是不完全的和不确定的,而且人们也不总是很系统的,但是计划还是很有用的。因为规划可以帮助我们克服这些倾向,所以支持决策的计划系统可以帮助我们提高人力资源管理的水平。增加价值并不需要完备的决策,而只需要改进了的规划,所以人力资源经理人员有必要进行人力资源战略规划工作。

1.3.2 人力资源战略规划的作用

人力资源战略规划的作用可以分为以下两个大方面:一是对企业战略方面的贡献;二是从职能角度对人力资源开发与管理自身的贡献。

1. 人力资源战略规划对企业的贡献

首先,人力资源战略规划可以帮助企业识别战略目标。由于企业所处的内外环境是不断变化的,企业的战略目标也需要不断调整。人才竞争是未来竞争的焦点,企业必须认识到,那种需要什么人才就能找到什么人才的前提已经不再适用于未来的环境。因此,人力资源战略规划有助于企业认清企业目标的变化和人力资源现状,通过分析预测人力资源的供需,制定相应的规划,使得企业的战略目标更具有预见性,从而提高企业对环境变化的适应能力,提高竞争力。

其次，人力资源战略规划有助于创造战略目标实现的环境。企业的战略目标必须分解为更具体的目标体系，并且采取有效的资源保障和配置，通过有效的激励和约束，才能得以实现。人力资源决策在企业的环境层面、企业层面、人力资源部门层面、人力资源数量层面和任务层面都对企业战略目标的实现有重要影响。人力资源战略规划不仅可以在人力资源战略目标下，通过计划把资源集中到与企业目标最一致的产品和服务中去，还可以通过计划的制定、实施和评估、反馈，保证政策的连贯性和一致性。

第三，人力资源战略规划为企业战略目标的实现提供人力资源的保证。人力资源计划在明确企业战略的要求后，要预测人力资源的供需缺口，采取相应的措施，平衡人力资源的供给与需求，确保企业目标的实现。

第四，人力资源战略规划可以使企业成员看到未来企业各层面的人力资源需求，可参照企业人力资源的供给情况来设计自身的职业生涯发展道路，这对提高员工的工作生活质量是非常有益的。

2. 人力资源战略规划对人力资源管理职能自身的贡献

人力资源战略规划是人力资源开发与管理部门各项业务开展的基础。

第一，人力资源战略规划为人力资源部门的各项业务活动设定目标。人力资源战略规划一方面对企业现有人力资源能力进行分析，另一方面对员工预期达到的能力与要求进行估计和分析，找出现状与理想的差距，并以此为基础制定人力资源管理各项活动的目标。一般情况下，人力资源战略规划所设定的目标就是考评人力资源部门的业务活动如招聘、考评、培训、工作系统设计等的标准。

第二，人力资源战略规划有利于人力资源部门资源的合理利用。人力资源开发与管理部门的各项业务活动，需要耗费人力、物力、财力等有限资源，合理的规划有助于提高效率，降低成本。例如，人力资源战略规划可根据企业对人力资源的数量、质量需求，以及人力资源的供给状况，决定员工培训的参加人数、范围与内容，决定培训的投资额度等，达到以最小的成本获得最大效益的目的。

第三，人力资源战略规划可以提高人力资源管理部门业务活动的工作质量，提高本部门的素质。完善的计划具有统一思想和行动的作用，计划与控制的有效结合，还可以加强监督，提高效率。

1.3.3　新兴高科技企业的人力资源战略规划

新兴高科技企业关于雇佣关系的定义在三个基本的维度上变化：(1) 组织依附（它使雇员对公司和/或工作负有义务）的根本基础；(2) 在选择雇员时强调的根本准则；(3) 以及控制和协调工作的根本方法。

关于高技术公司的人力资源，没有单一的最好蓝图。至少在关于如何规划这一方面，公司间存在着重要分歧，这种分歧甚至存在于同一产业追求类似策略的公司之间。

创建者模型潜在的三个维度并不是独立的。追求成本最小化策略的创建者更可能将雇佣关系看作纯粹的经济交换。当然，成本导向的新兴高科技企业也更可能认为员工是金钱导向的。

在支持技术领导战略的新兴高科技企业中,明星模型是最普遍的:大约80%的明星型和准明星型公司追求技术领导。另一方面,通过技术领导进行竞争的公司有16%采用明星或准明星规划,追求不同策略的公司中只有4%采用明星模型。

SPEC研究者们确认的5种战略类型(工程模型、承诺模型、明星模型、官僚模型、专制模型)明确了这些公司在战略上的重要区别,但是,肯定还存在着其他方面战略与公司的人力资源的紧密联系。两个重要方面是:(1)规模改变的能力——公司快速、公开扩张劳动力的能力,不管是从其他公司引入知识和技术,还是为了满足快速扩张的需要;(2)匹配(或错误匹配)现有竞争对手的战略和政策。在战略的这些方面和创建者选择的人力资源蓝图之间如何相互作用这个问题上,SPEC数据没有给我们定量的把握,但是我们可以以理论为基础考虑一下,我们期望看到哪一类战略的相互作用。

关于规模改变的能力,沿着承诺模型或明星模型思路建立的公司也许能够在维持有价值的人力资本方面取得较好成果,但是这要求他们必须有较强的选择能力。因此,当创建者预见规模改变的问题时,我们也许能看到在早期对于工程模型或者官僚模型的较强的依赖。

文化的和规范的力量、核心股东的利益,以及完全的模仿,都助长了组织标准模型的传播。这些因素强调,在创建者进行组织建造的努力中,他们不但需要对他们自己的经营情况加强关注,也要对他们在劳动力市场上的竞争对手的组织创建活动加强关注。

1.3.4 人力资源战略规划的一般过程

人力资源战略规划可以分为如下几个步骤(如图1-2):

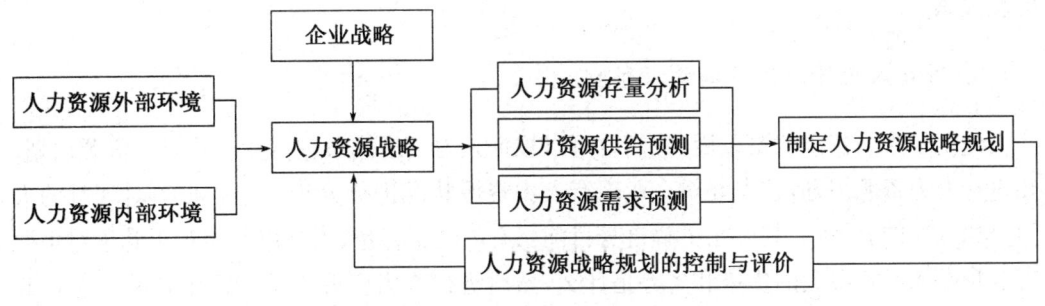

图1-2 人力资源战略规划的一般过程

1. 环境分析

人力资源战略规划第一步就是要对企业的内部和外部环境进行分析,并做出评价。企业在进行环境分析的时候,必须仔细考察企业的内部和外部环境,以获取有关可能对企业未来人力资源管理发生影响的信息。企业环境分析主要包括两个方面即内部环境和外部环境。

内部环境包括企业的研究与开发、制造、市场销售、人力资源和其他对企业的绩效产生影响的职能因素。另外,还包括涉及企业内部不同部门的决策行为,例如资源的分配、制定规划、管理能力开发和客户服务等流程。企业内部的资源包括资本、技术、人力资源等,是企业在进行内部环境分析的时候必须要考虑的问题。另外,企业结构、文化、员工等都是企业内部环境的关键组成部分。

企业的外部环境主要包括外部宏观环境和对企业产生影响的竞争者、供应商、顾客等市场主体。企业在对外部环境进行分析的时候,一方面要了解如人口结构、法律、政治、社会文化和技术变化趋势等宏观企业经营环境。另一方面,企业要对生存和竞争环境进行分析,鉴别竞争对手的行动对自身的威胁和影响。例如企业可能由于竞争对手的新产品推出速度加快而加大新产品研发和销售、激发员工的创新精神等。

人力资源环境评估作为人力资源战略规划的第一步,是企业制定和形成自己的人力资源战略的基础。

2. 制定人力资源战略

在对人力资源内部环境和外部环境进行分析以后,我们就可以制定人力资源战略。企业战略作为企业的一个整体的发展战略包括人力资源战略、财务战略、市场战略等子系统。人力资源系统是众多企业系统的一部分,每一个系统都对企业战略的形成发挥作用,并且每一个系统都有自己职能分工的子系统。人力资源系统中的职能分工子系统主要体现为人力资源规划与配置、培训与开发、评估与激励以及员工关系等子系统。人力资源战略本身也是通过这些子系统体现出来的。人力资源作为企业竞争优势的来源,在企业具有越来越重要的地位。企业有不同的人力资源战略选择,如员工技能开发战略、培训战略、薪酬战略等。每种战略有不同的使用范围,企业可以根据自身的情况选择不同的人力资源战略。

3. 进行人力资源供给和需求预测

确定了人力资源战略以后,我们就可以根据人力资源战略进行相应的人力资源规划。要进行人力资源规划,首先要对企业现有人力资源状况进行分析。企业必须对现有的人力资源状况的分析,尤其应当了解自身目前已有的员工存量、素质以及相对于竞争对手而言自身在人力资源上的优势和劣势是什么,然后进行人力资源供给和需求预测。企业必须根据自身的未来发展战略,对未来的人力资源需求做出一个正确的预测,找到未来理想的人力资源状况与现在的差距。最后,进行人力资源供给预测。企业必须根据劳动力市场的现状对未来的人力资源供给做出一个正确的预测,确定未来的劳动力市场是否能够给企业发展提供合适质量和数量的人力资源。

4. 制定人力资源规划方案

当企业目前的人力资源状况和未来理想的人力资源状况存在差距时,企业必须制定一系列的有效的人力资源战略规划方案。在员工过剩的情况下,企业可能需要制定一系列的人员裁减计划。而在员工短缺的情况下,则可能需要在外部进行招聘,而如果外部劳动力市场又不能进行有效供给的时候,企业则需要考虑在内部通过调动补缺、培训、工作轮换、提升等方式增加劳动力供给,尤其是关键岗位的人力资源配置。一个完整的人力资源规划方案通常包括:人员补充规划、分配规划、提升规划、教育培训规划、工资规划、保险福利规划、劳动关系规划、退休规划。

5. 人力资源战略规划的评价与控制

对整个人力资源战略规划过程进行评价和控制是有效制定和实施人力资源战略规划的保证。在具体实施人力资源战略规划的过程中,由于人类预测理性的有限,内外部环境的混沌和复杂性变化,都有可能使得最初制定的人力资源规划不能真正有效地达到企业所预期追求的目标和要求,因此,必须建立一套科学的评价与控制系统和机制,利用评价结果对最初的人力资源规划与变化了的内外部环境进行主动适应性调整,修正企业对人力资源规划实施中的偏差,最终保障人力资源规划的持续滚动发展。因此,对人力资源规划进行系统化的反馈、评价与控制就成为一项对企业利害攸关的工作。

人力资源战略规划的控制与评价的基本目的就是保证企业最初所制定的人力资源规划及其具体实施过程的动态实时地相互适应。人力资源规划的评价与控制的基本内容包括选择人力资源规划关键环节中的关键监控与评估点、确立控制与评估的评价与控制基准和原则,监测评估关键控制点的实际变化及变化趋势,选择实施适度的控制力和正确的控制方法,调整偏差。人力资源规划评价与控制的工具一般包括有:人力资源管理信息系统、预算法、定量分析等等。

 案例分析

腾讯的人力资源三支柱模型[①]

人力资源管理的"三支柱"说的是,业务伙伴(HRBP)、领域专家(COE)、共享服务中心(SSC)。人力资源管理,说到底是人的管理;人心、人性的管理。

腾讯是先有的 BP 团队,也就是"业务合作伙伴"。

三支柱的每一个支柱都参与所有的职能,可以理解为职能流程的上、中、下游。以招聘为例,三个支柱都会涉及招聘职能的工作,但侧重不同。COE 招聘要思考招聘的渠道与资源,规划 Headcount,负责管理者的招聘、猎聘,思考雇主品牌建设等;HRBP 要基于业务的了解、业务团队的人员构成,分析业务最需要具备哪些胜任素质、潜质的人才,组织某些层级业务人员的面试;SSC 使用 HRBP 提供的招聘关键词,进行简历搜索和评级;这样才能体现出人力资源管理的效率。

从人的角度来看,工业经济时代关注的是标准,管理的是群体行为;知识经济时代关注的是信息,管理的是群体知识;而在信息时代,我们谈管理,管的是人性,理的是人心,强

---

① 摘引改编自:http://hr.56abc.cn,2008 年 12 月。

调的是对个性的尊重,在去权威的环境中帮助员工自我管理、自我驱动与自我实现。

从组织的角度来看,过去组织强调大型化、内部化、集中化,现在组织更强调小型化、外部化、分离化这些特性。要求组织去中心化、扁平化、分布式,可以使组织更快速地响应外界的变化。在这样的组织特征下,企业渴望的是推动员工自驱动、自管理,从而形成一个从被动到主动的自组织管理形态。

腾讯对此问题做出了自己的探索,于2010年3月正式提出建立专家中心、共享服务中心、业务伙伴的HR三支柱组织架构的概念,形成了客户价值导向的人力资源管理组织结构。2014年,为进一步将HR服务产品化,为客户、用户提供端到端的交付,腾讯将共享服务中心(SSC)升级为共享交付中心(Shared Deliver Center,SDC)。

腾讯从HR价值出发进行重新定位,确保人力资源部门在公司战略推进和落地过程中成为可信赖的合作伙伴。通过重新定位,人力资源部门推动各HR支柱发挥前瞻性牵引作用、体系支撑作用、紧贴业务作用。

COE:发挥前瞻性牵引作用,成为前瞻性业务变革活动的加速器,腾讯的COE下设四个部门,分别是人力资源部、腾讯学院、薪酬福利部、企业文化与员工关系部。COE的主要作用是根据公司战略导向,拟定前瞻性的HR战略,制定有战略连接性的HR政策制度,同时负责方法论、工具的研发与指导,做公司级HR项目的主导者、牵头人,在各专业职能领域推动变革,为公司及业务创造价值。

SDC:发挥体系支撑作用,成为HR产品、服务、系统高效交付的专家。腾讯SDC包括HR信息建设中心、HR系统开发中心、运营服务中心以及四个区域人力资源中心(北京、上海、成都、广州)。为了发挥SDC的体系支撑作用,需要HR提供面向业务和员工的HR专业交付服务,搭建HR业务运营体系和功能管控的统一平台。

HRBP:发挥紧贴业务作用,成为业务部门、团队管理问题快速诊断的顾问。腾讯总共有七大事业群和一个职能系统,事业群或职能系统都设有HR中心,构成了HRBP。HRBP的主要职责就是诊断并且满足业务部门发展过程中的业务部门个性化HR需求,成为业务部门专业的HR顾问,为他们提供灵活的、有针对性的"一站式"HR解决方案。

所谓"管理之道,唯在用人",人才是组织活力的源泉。人力资源战略的规划也要与企业战略相一致,根据企业战略进行人才配置与培训,让人才清晰地了解组织的前进方向,吸引志同道合的人才加入组织,不断强化企业的竞争力与竞争优势,从而推动企业组织战略的实现。

纵观腾讯的19年的发展历程,其成功离不开组织清晰的战略定位与人力资源战略的支持与协助。

这些战略定位一方面促进了腾讯在互联网行业中的飞速发展,另一方面也对人力资源提出了更高的要求,企业战略的落地与实施需要更多的人才储备,如何培养更符合公司战略需求的人才,保留企业核心人才,成为腾讯亟待思考的问题。

在这样的背景下,腾讯选择了高投入、促增长的成长导向的人力资源战略,从选、育、用、留、出等多方面入手,为企业战略的落地打造核心人才梯队。

腾讯于2015年结合企业战略从人才和组织两个维度出发,制定了人力资源两大战略方向——保持人才攻防的绝对优势、提升组织活力,同时 HR 三支柱下的各个部门又根据人力资源战略制定全年关键目标,通过从组织到部门,再到个人的目标分解,推动企业战略的落地。

人才战略下有三个关键项目。(1)强将＋精兵项目,主要是持续引进优秀人才。(2)好成长项目,主要是促进员工职业生涯发展、提升员工的专业岗位成就感和影响力。(3)好回报项目,主要是提升关键人才回报的竞争力。

组织战略下主要有四个关键项目:深化提升组织活力项目;正向引导干部行为,激发干部正能量项目;深化干部授权项目;强化沟通项目。

基于两个人力资源战略重点方向,在系统层面腾讯集中三个支柱的力量分别从不同维度共同推进关键项目的实施。例如,为实现人才竞争力的提升,COE 主要从战略层面出发,扫描战略领域的强将人才并建立联系,通过推动业务管理者与强将人才的沟通对话助力业务发展,建立强将人才的多样化交流、引入通道。同时,通过广开源与精甄选,建立招聘质量的评估与跟踪方法,持续提升招聘效果。

HRBP 主要从业务层面出发,打造强有力的雇主品牌,吸引优秀人才。同时针对业务产品的招聘需求,以定制化渠道开源、定制化流程甄选、定制化薪酬吸引,引入强将助力业务快跑。搭建精兵强将资源池,根据市场行情定期进行人才更新。

SDC 主要从服务出发,打造助力业务部门进行人才选拔的招聘服务产品以及提升员工满意度的产品专案。通过人才早市、简历库盘活等产品帮助企业以更高的效率挑选更合适的人才。通过打造区域茶馆、管理者俱乐部、新员工入职体验极致项目,促进员工对组织战略、企业文化的理解,提升员工的工作满意度,从而提升企业的员工保留能力。

腾讯的三个支柱分别从不同的方面推动关键项目的实施,通过高投入的人力资源管理方式,搭建高匹配度的人才梯队,从而助力企业实现其终极战略。

第二章 战略性人力资源管理框架

学习目标

1. 人力资源管理战略的五大影响因素。
2. 人力资源管理战略如何提升企业竞争优势?
3. 如何提高人力资源管理的适应性和柔性?
4. 中国情境下的人力资源实践。

本章引例

海底捞的人力资源战略

海底捞的管理哲学为:企业是家,强调平等尊重。海底捞把员工当作家人,感化员工把企业当成家,即"家管理哲学"。身处服务业的劳动者大多为农民或学历不高的人,而海底捞企业擅于通过对员工的关怀管理把低学历劳动力转变为高竞争优势,能促进企业长期可持续发展。

在进行人员招聘时,针对不同层级的员工,海底捞采用不同的招聘方式:一、对于普通员工,采取推荐制方式,大多为员工之间亲戚朋友互相推荐;二、对于中高层管理人员,其采用内部选拔制,运用自身企业的甄选晋升机制对员工进行绩效考核,从而进行选拔。

人性化的福利往往与员工的工作积极性、公司认同度显著相关。海底捞不仅实现员工饮食和住宿环境的优厚待遇,同时给予员工父母生活和子女教育方面的补贴。此外,情感婚姻、介绍对象等也是海底捞亲情化管理的范畴,如果员工有提升学历的需求,海底捞还会为其联系学校接受函授教育。

对于离职员工的管理,海底捞内部有一种"陪嫁品"的说法。如果有任职一年以上的店长离职,公司会给予8万元的离职金;如果有分管五家分店的经理离职,公司会给予20万元的离职金;而大区经理离职,海底捞会赠送一家火锅店。这是因为,海底捞认为被优待的离职人员可以积极反映海底捞企业的正面信息和评价,由此产生的价值远远超过离职造成的损失。

海底捞所构建的家文化,使其真正做到了尊重员工、服务顾客,并为其创造了良好的企业形象,提高了顾客忠诚度和员工满意度。海底捞作为餐饮业人力资源管理的典范,有众多值得同行业企业学习和借鉴的方式,其管理理念应被社会所推崇。

摘引改编自:孟晨瑜,杜宗棠:《探析餐饮业人力资源管理现状与改进措施——以海底捞品牌对比为例》,载《国际公关》,2019(06):188-190。

思考题:海底捞的人力资源战略的特点是什么?

2.1 人力资源战略的五大影响因素

人力资源系统处于包含在各种关系的更大系统之中,这个系统包括公司与股东、社会环境、地域环境等更大范畴内的种种关系。因此,企业在制定人力资源政策的同时,必须要考虑的问题是,人力资源政策能否很好地在更大的系统中发挥作用,即政策的适用性问题。这种适应性包含两个方面:第一,人力资源政策是否与公司目标、运行模式、地域环境等情境形成更为广泛的融合?第二,人力资源系统的各个部分之间是否相互补充和相互协调?

与此同时,造成人力资源政策不适应的原因有两种:第一是盲目效仿行业中标杆企业的人力资源政策。但这种不加选择的照搬会导致它不适应组织的战略和环境,或者与现有的其他措施相违背;第二种是将适合于特定商业领域、地理区域、管理模式及部分劳动力群体的人力资源实务,完全翻版到另一个明显不同的环境中。所以说,要制定出内部一致的,适合其战略、技术和环境的人力资源政策,既需要实事求是,又需要因地制宜。

接下来,我们将介绍人力资源系统在更广的组织环境中是否适用的评估构架。在一个特定的情境中考察人力资源系统是否适用时,一个通用的分析构架将带来很大的帮助。迈克尔·波特的五项因素就是这样一个著名的评估框架,它一般用于对商业策略的评估。在此我们按照波特的分类,列出了适合于评价任何组织的人力资源系统的五项因素:(1)外部因素:社会、政治、法律及经济环境;(2)劳动力;(3)组织文化;(4)组织战略;(5)生产技术与工作管理。

2.1.1 外部环境:社会、政治、法律、经济

外部环境主要包含四个方面,分别是社会、政治、法律和经济。虽然这四个影响因素的界限比较模糊,有时甚至存在重叠,但这并不妨碍将他们进行归类区分。

一般意义上的社会环境往往指的是一个国家和地区的民族特征、文化传统、价值观、宗教信仰、教育水平、社会结构、风俗习惯等情况。因为社会环境和对应地区乃至国家的文化习俗息息相关,因此社会环境也可以被称为社会文化环境。社会文化是经过千百年逐渐形成的,它影响和制约着人们的观念和思维,影响着人们的行为。社会文化环境对企业人力资源管理具有重要影响。

考虑到政治环境,主要是指一个国家或地区的政治制度、体制、国家方针政策等因素对人力资源系统的约束。这些因素常常制约、影响着企业经营行为,尤其是影响企业较长

期的战略投资行为。从国内来看,政治因素主要涉及党和国家的路线、方针和政策,它对企业的生存与发展,将产生长远而深刻的影响。

再看法律环境,因为法律常常是指人大常委会、国务院、主管部门以及各省自治区直辖市公布的法规和有关规定,法律环境往往和政治环境是密不可分的。法律规定了企业可以做什么,不可以做什么。因此企业在考虑人力资源管理系统时,首先必须要判断企业的管理是否存在和法律相抵触的部分。

对于经济环境,具体是指企业经营过程中所面临的各种外部经济条件,主要包括一个国家或地区的经济特征、消费者收入与支出、物价水平、消费信贷及居民储蓄等宏观因素。良好的经济环境往往意味着丰富的发展机会以及巨大的竞争压力,相反萧条的经济环境也能产生企业重生繁荣的契机。

正如四种因素模糊的界限一样,它们并非孤立地发生作用,而是一起对整体的人力资源管理实务和政策的制定产生影响,其目的在于实践高承诺的人力资源管理,通过给员工更多的好处,从而从他们身上获取更多的收益。

2.1.2 劳动力

劳动力主要涉及人口统计学方面的内容,包含劳动力的能力及受教育程度,社会的同质性或异质性。社会的同质性是指有关社会特征——性别、种族、年龄、收入、所属团体、教育程度,以及来自社会的行为规范的一致性程度。劳动力同质性要求在制定人力资源政策时考虑职业混合的程度,而劳动力各方面的异质性程度将影响到组织人事措施的差异性,这种差异性进而会影响到基本的激励政策。

劳动力的人口统计学状况对雇佣策略的影响巨大。比如,受雇者的年龄层次将决定一个公司是否可以实现终身雇佣政策,而员工的平均受教育程度将制约一个企业实现全面的质量革新。

2.1.3 组织文化

组织的文化是指处于一定经济社会文化背景下,在长期实践中,组织内部逐步形成和发展起来的日趋稳定的价值观、企业精神、行为规范、道德准则、生活信念、传统习惯等等。组织的文化涉及许多变量:文化是平等主义的,还是等级主义的?文化是强调同事间合作的,还是强调竞争的?工作被认为是一种乐趣,还是一种苦差?是强调一致的重要性,还是鼓励多样化,甚至鼓励思想和行动上的相互争辩?员工被认为仅仅是雇员——即以劳动力交换的"经济人",还是被看作家庭成员?

此外,在谈及组织文化时,我们必须要明确组织的文化与组织所处社会的文化是不同的两个范畴,同时在相同的行业或者组织单位中可能存在截然不同的子文化,这也就是说即使在同一行业,不同组织蓝图中也会体现出差别迥异的价值观和理念。

出于这种原因,组织文化对人力资源政策意义重大(反之亦然),因为特定的措施和政策既可能加强组织文化,也可能削弱组织文化。这种加强或削弱作用会影响文化作为协同和控制工具的效用。

2.1.4 组织战略

组织战略是组织发展的目标,是制定和实施人力资源战略的前提,每个组织的各个部门的存在也是因为企业战略规划和发展的需要,每个部门的分目标都应该和组织的总体战略目标保持一致,在实践中配合整体战略目标的实现。组织战略与人力资源管理是紧密相连的。因此,企业必须首先明确企业经营宗旨及战略目标,并根据企业总体战略的要求,确定一定时期内人力资源开发与管理的目标、实施步骤及相关预算安排,制定一套完善的业务计划以进行落实。

比如说,如果一个企业的总体战略目标是追求不断的创新,为了在实践中配合整体战略目标的实现,那么必然就需要相应地人力资源战略和人力资源规划。追求创新的企业需要有一个宽松的工作环境。为促进技术的发展,其必须招聘到第一流的研发人才,它必须时刻关心劳动力的培训和开发。为留住和激发第一流的研发人才而设计一个有效的报酬方案也是特别重要的。

2.1.5 生产技术与工作管理

生产技术与工作管理作为影响人力资源适应性的最后一个评价因素,主要讨论了生产技术与人力资源政策间的关系,在此我们将技术定义为使劳动投入转化为产出的因素和条件,通过分析这些因素和条件中的一部分对人力资源政策的影响来说明两者的相互关系。

1. 物理配置、工作隐私以及接近度

考虑员工是否在同一场所进行,员工与员工间是否比较接近等问题,主要在两个方面具有潜在的重要性:首先,在隔离的场所进行的工作将很难进行监控和指导;其次,当员工的工作场所比较接近,并且技术上相互依赖时,员工就会具有较强的社会相似性力量,容易形成联盟。

2. 要求具备的技术

要求具备什么样的技术?这样的技术从何种渠道得来?这些技术是企业特有的还是通用的?这一系列的问题都将对人力资源政策产生影响,主要体现在绩效考评、员工晋升、薪酬分配和新员工的培训上。

3. 任务的模糊性和创造力

任务的模糊性和创造力与绩效的考评息息相关,当工作内容被规划为一个标准的操作程序时,任务的模糊性就较低,反之就较高。当任务的模糊性越高时,通过外在的激励来控制绩效就越来越困难。

4. 员工相互依赖与合作的模式

员工的相互依赖是指某一员工付出的结果在某种程度上受到其他员工努力与否的影

响。在有些情况下，员工个体的成就取决于他自身，在另外有些情况下，员工的成就源于相互之间的依赖与合作，这种依赖有时是有序的，有时是复杂的，有时是互惠的。因此员工相互依赖的程度和模式的选择也就影响了人力资源政策的制定，尤其是激励方式的选择和绩效的考评。

五项因素的分析框架对我们分析企业人力资源政策和企业背景的相互适应性有重要的作用，但我们在应用五项因素模型时要注意避免三个问题：

第一，不要过于严格地遵循五项因素模型，避免过多关注如何契合五项因素的分类，而不了解它们之间的关联。

第二，不用使用机械主义来运用五项因素模型，即认为五项因素是固定的，不可变的。不应该为了适应五项因素模型，而单方面调整人力资源实务。相反的，应该保证人力资源实务和五项因素是处于双向调整适应的状态。

第三，现在我们通过五项因素模型分析，可以明确每个因素与组织中人力资源体系的特定成分间的关系，但很少关注这些人力资源成分间的相互适应程度。例如，你可能会试着去考虑这五个因素如何影响薪酬、晋升、工作设计、招聘、员工发展等措施。但是，将薪酬、晋升或工作设计分离出来考虑，是极其错误的。这些措施间的相互关系与它们各自的特性同样重要。

2.2 人力资源管理战略与企业竞争优势

2.2.1 高绩效人力资源实践

人力资源管理实践是企业人力资源管理战略的具体表现。我们通过研究企业的人力资源管理实践来分析企业人力资源管理战略。斯坦福大学的教授杰夫瑞·菲弗(Jeffery Pfeffer)研究发现有16种体现企业人力资源管理战略的实践，可以提升企业竞争优势。下面介绍这16种体现企业人力资源管理战略的人力资源管理实践。

(1) 就业安全感。一种就业保证说，任何一个雇员都不会因为缺乏工作而被解雇。组织向雇员们提供一个长期承诺。这种实践导致雇员的忠诚、承诺和愿意为组织利益付出额外努力。

(2) 招聘时的挑选。仔细地以正确方式挑选合格的雇员。一个非常合格的雇员要比不太合格的雇员平均劳动生产率要高出两倍。此外，通过在招聘实践中挑选，组织向求职者发出的信息是他们加入的是一个精英组织，同时发出的信息是它对雇员的绩效有高度期望。

(3) 高工资。工资高于市场所要求的工资。高工资倾向于吸引更加合格的求职者，使员工流失较少发生，并且发出一个信息是公司珍视它的雇员。

(4) 诱因薪金。让那些提升了赢利率水平的雇员们分享津贴。雇员们认为这样一种实践既公平又公正。如果有雇员们的才智和努力所产生的利润都归最高管理部门，人们将把这种情况看作不公平,将会气馁,并放弃他们的努力。

(5) 雇员所有权。通过向雇员们提供诸如公司股票份额和利润分享方案等,把组织中的所有权的利润给予雇员。如果恰当地加以实施,雇员所有权可以让雇员们的利益与其他股东的利益密切地结合起来。这样的雇员将可能对其组织、对其战略和对其投资政策保持一种长期的信念。

(6) 信息分享。向雇员们提供有关运作、生产率、赢利率的信息。为雇员们提供正确评价他们自己的利益与公司的利益是怎样关联的信息基础,并因此为他们提供他们所需要的信息,去做要想成功就必须去做的事。

(7) 参与和授权。鼓励决策的分散化和在控制工人们自己的工作过程中扩大工人的参与和授权。组织应当从一种层级制的控制和协调活动的系统走向这样的系统:在其中,较低层次的雇员们被允许做那些能提高绩效的事情。研究已经表明,参与既能提高雇员的满意度,又能提高生产率。

(8) 团队和工作再设计。使用跨学科的团队以协调和监控他们自己的工作。通过设定关于恰当的工作数量和质量的规范,团队对个体施加某种强烈的影响。当厂长对群体努力进行奖励时,当群体对工作环境拥有某种自主权和控制权时,以及当群体受到组织严肃对待时,更有可能产生来自群体影响的正面结果。

(9) 培训和技能开发。为工人们提供完成其工作所必需的技能。培训不仅保证雇员和经理们能胜任他们的工作,而且也显示了公司对雇员们的承诺。

(10) 交叉使用和交叉培训。培训人们去从事几项不同的工作。让人们去做多项工作可以使工作变得更加有趣,并为经理们安排工作具有更大弹性。例如,它能用一个受过培训的工人代替一个缺勤的工人去尽那些职责。

(11) 象征性的平等主义。平等对待雇员可以通过诸如取消经理餐厅和泊车保留空间之类的行动而做到。减少社会类别的体现有可能减少员工对管理层的对立思想。并且能提供一种每个人都为一个共同目标而工作的感觉。

(12) 缩小雇员间薪金差别。当任务需要互相依赖以及完成工作需要协调时,缩小雇员间薪金差别可以通过可以减少人际竞争和提高合作去导致生产率改进。

(13) 内部晋升。通过从处于较低组织层次的雇员晋升去填补职位空缺。晋升增加培训和技能的开发,给雇员们提供一个好好干的诱因,并且能提供一种关于工作场所的公平和正义的感觉。

(14) 长期观点。组织必须明白,通过劳动力去达到竞争优势需要花费时间,因此需要一种长期观点。在短期内,与维持就业安全感相比,解雇人也许更有利可图,减少培训经费也是保持短期利润的快捷方式。但是,一旦通过使用这些人力资源管理实践获得竞争优势,那么这种优势就有可能实实在在地更为持久。

(15) 对实践的测量。组织应当测量诸如雇员态度、各种方案和首创精神的成功以及雇员绩效水平等方面。测量能够通过指明何者重要而指引行为,而且它能为公司和雇员提供反馈。告诉他们,相对于测量标准,他们表现得有多好。

(16) 贯穿性的哲学。让根本的管理哲学把各种个体的实践连接成一个有凝聚力的整体。

2.2.2 人力资源管理战略提升企业竞争优势的理论模型

如图 2-1 所示,人力资源管理战略提升企业竞争优势的理论模型是我们根据克雷曼的模型修改得到的。克雷曼的模型是以人力资源实践作为分析的起点。但是,正如我们在本章第一节中通过大量的人力资源管理战略模型说明企业可能会针对不同的员工采取不同的人力资源实践,不过企业都有其主要的人力资源管理战略,也正是主要的人力资源管理战略指导企业的人力资源实践。因此,我们认为对企业竞争优势的分析应当从人力资源管理战略开始。在某种人力资源管理战略指导下,制定一系列的人力资源实践。克雷曼指出这一系列的人力资源实践直接地或者间接地提升企业竞争优势。所谓直接地提升企业竞争优势主要是指贯彻某种人力资源管理实践的方法本身能够对竞争优势产生一种直接影响。而间接地提升企业竞争优势是指某种人力资源管理能够通过导致某些结果去影响竞争优势,这些结果转而创造结果去影响竞争优势。具体地说,是通过以雇员为中心的结果引发以组织为中心的结果,来提升企业竞争优势。

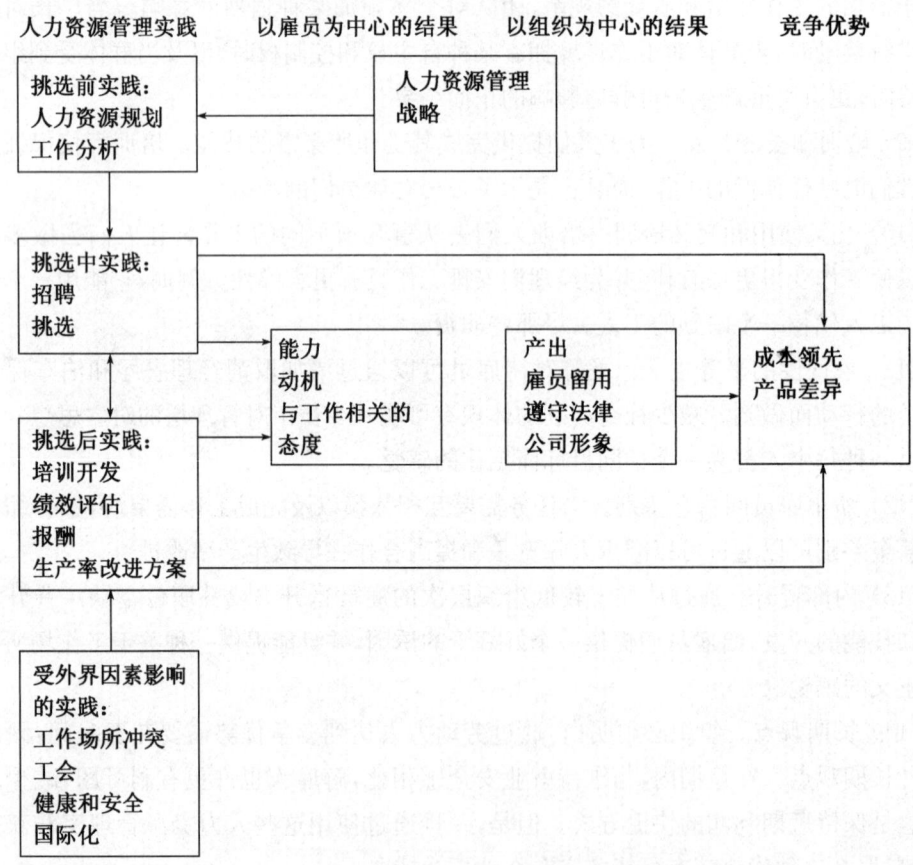

图 2-1 人力资源管理战略提升企业竞争优势理论模型

资料来源:Lawrence S. Kleiman, Human Resource Management: A managemerial Tool for Competitive Advantage, China Machine Press, 2003.

人力资源管理战略直接地提升企业竞争优势有许多形式。比如，在招聘中对招聘渠道和招聘方式的选择，可以有效地控制招聘成本，从而使企业获得成本优势。现在许多公司已经实行互联网招聘，这样就可以大大降低招聘成本。如果企业拥有比竞争对手更低的人力资源管理成本，那么就可以保持持续的竞争优势。特别在有些服务性行业中，许多公司的预算大约70%花在工资发放这项成本上。

人力资源管理战略间接地提升企业竞争优势的逻辑是人力资源管理战略指导人力资源实践，人力资源实践导致以雇员为中心的结果，以雇员为中心的结果引发以组织为中心的结果，以组织为中心的结果提升企业竞争优势。

人力资源管理战略指导人力资源实践在前文和有关人力资源教材中已经有大量论述，本文不再论述。

人力资源实践导致以雇员为中心的结果，主要是指人力资源实践能够导致企业员工的能力、等级以及工作态度得到积极地改善。比如，企业的薪酬制度是通过提供比竞争者更有吸引力的薪金和津贴计划来实行的，这一人力资源实践常常能够使企业吸引和留住最优秀的人才。这些最优秀的人才可以产生很高的劳动生产率和更高的工作绩效。高效的工作过程和优绩的工作结果可以提升企业的竞争优势。

以组织为中心的结果是以产出、雇员留用、依法办事和企业声望和形象构成的。当以员工为中心的结果有利时，员工们将具有一种正面的工作态度，并且既有能力，又有积极动机。因为这样的人有好的欲望和能力，所以他们通常在数量和质量方面也是很有生产力的。这样以雇员为中心的结果就引发以组织为中心的结果。

以组织为中心的结果提升企业竞争优势。克雷曼说明了把流动比率降到最低水平的能力也能通过防止不必要的开支而提高成本领先程度。在流动发生时，组织不仅随时可以招聘到具有生产力的员工，而且必须面对替代这一员工的成本。替代成本可能相当高，包括招聘、挑选和培训新员工的成本，一般大约是离职员工的月薪的2—3倍。在某些情况下，它们可能还要高得多。例如，为替代一个经理，一个企业要花费41.8万美元的成本。

2.2.3 通过人力资源管理战略获得持续的企业竞争优势

巴尼(Barney,1991)提出了企业运用其资源保持持久性竞争优势的五个充分条件：(1) 必须有价值；(2) 必须是稀缺的；(3) 必须是不能完全被仿制的；(4) 其他资源无法替代；(5) 以低于其价值的价格为企业所取得。

恰当的人力资源管理战略可以有效地吸引、开发、留住核心人力资源，为企业赢得持续的竞争优势。而核心人力资源就完全符合巴尼的赢得和保持持久性竞争优势的条件。(1) 核心人力资源对企业的现在和未来发展都具有非常重大的价值；(2) 对某个企业而言，核心人力资源肯定是稀缺的，不然不可能是企业的核心资源；(3) 核心人力资源是无法被仿制的，因为世界上不可能有两片完全相同的树叶，世界上也不可能有两个完全相同的人；(4) 人力资源是其他资源无法替代的；(5) 对于以低于其价值的价格为企业所取得，这一点不是所有企业都能做到的，所以我们说仅仅是企业采取了恰当的人力资源管理战略才能以低于其价值的价格取得核心人力资源,才能赢得和保持持久性竞争优势。

2.3 人力资源管理战略的适应性与柔性

许多战略人力资源管理领域的学者特别重视"规划好的人力资源的配置方式和能使企业达成目标的行为",有两种"适应"类型,垂直方向和水平方向。垂直方向的适应包括人力资源管理措施和组织战略管理的过程,引导人力资源发挥积极性;水平方向的适应是指众多人力资源管理战略之间的一致性,有效地配置人力资源。

除了讨论适应外,越来越多的研究注意到人力资源管理战略中的柔性。组织面临的复杂而变换的组织环境要求灵活地采取措施。从这一点来说,人力资源管理战略根本上是开发组织能力以谋求与环境的一致。

上述两个观点之间实际上并不矛盾,仅仅是一些定义性的差别。本节将提出一种理论基础,理解战略性人力资源管理的双重角色,既适合人力资源系统以满足企业发展战略的需要,又要建立人力资源系统以确保灵活应对各种战略需求。

2.3.1 适应性和柔性的定义

很多理论从个人、群体和组织的层次上提出适应性这一概念。将适应性定义为"某个组织单位的需求、目标、任务、结构与其他组织单位的需求、目标、任务、结构的结合程度"。大多数论述中的适应性有一个前提,即如果获得适应性,组织会有效得多。

Sanchez将柔性定义为"组织对动态的竞争的环境中不同需求的反应能力"。柔性为组织提供能力来调整现有的政策对环境中不可确定的变化。Weick认为柔性要求企业识别环境的变化保留足够的创新行为,这样就能适应变化。高度柔性的企业具有这样一种能力,"扫描环境,评估市场和竞争者,在竞争之前快速完成变形和转变"。

2.3.2 适应性与柔性的关系

Milliman等(1991)提出,在适应性和柔性之间有两种关系。一种是垂直观点,即适应性和柔性是连续体的两个端点,他们不可能同时存在;第二种是互补观点,认为两者之间是相互依赖的。文中认为两种观点之间的差别主要在于时间参数和研究的目的。在时间参数方面,垂直观点支持者关心与组织相关的每一个时点上发生的事,因此不可能发生同时存在适应性和柔性两种方式;而互补观点的支持者认为两个概念对于组织绩效来说是必要的,战略管理的挑战就是处理变化,持续地适应企业发展和外部环境,这本身就是适应性和柔性的统一。在研究目的方面,垂直观点更多的是描述性的,强调企业实际上是如何做的,而互补观点更多的是提供方法,强调企业应该如何做。

适应性与柔性是互补的另外一个原因是侧重组织的不同方面。我们也可以把适应性看作在某一个时点的存在状态,同时由于适应性体现在内部(人力资源方面)和外部(战略)两个变量的交叉处理。适应性处理了不少动态的互补的关系,就好比"快照":时点1

时的适应不保证在时点2仍然适应。

然而柔性对组织来说也不是一个临时状态,而是一种特征。大多数柔性的定义中提到在动态环境中解决需求的能力。对比适应性处于内部和外部的交叉处,柔性更多的是在内部,通过组织特征使之成为可能,包括广泛的,异类的技能,人力资源的竞争力,有机的管理系统等等确保企业适应环境变化的组织特征。实际上,柔性强调多样化和可塑性。我们将柔性定义为组织响应环境变化的快速调整资源采取行动的能力。相比较垂直观点,这一定义中同时涵盖了适应性和柔性。

2.3.3 适应性、柔性与战略性人力资源管理

我们相信,战略性人力资源管理的根本作用在于推动组织去适应竞争性环境。在稳定可以预测的环境中,组织通过官僚体制可以有效地达成目标,人力资源的技能开发只在很小范围里,人力资源系统也只产生小范围的员工行为。在动态而不可预测的环境里,组织需要采取有机的人力资源系统,推动人力资源开发广泛的技能,能在相当广泛的范围内从事工作。在第一种情况下,一旦获得适应性,柔性就变得相对次要,因为环境在很长一段时间不会改变,而今天,我们面临的是不断变化的、竞争性的环境,组织只有成为柔性的组织才能获得适应性。战略性人力资源管理就是推动组织向柔性化方向发展从而达到动态适应的一系列政策和措施。毫无疑问,战略人力资源管理将同时促进组织的适应性和柔性。

在企业中存在着不同的人力资源管理措施,有的可能支持组织适应性,有的可能推动组织柔性,有的可能兼而有之。例如,追求客户服务档次提高的企业就可以开发甄选程序,用角色扮演或面谈来充分观察和评价候选人在提供客户服务方面的个人能力。培训计划也可以提高员工的客户服务技能,此外,企业还可以建立评估和激励系统,对客户服务行为进行评价和奖励。

很多人力资源管理措施重在开发员工技能和行为规范,这同样也可以提高组织柔性。甄选程序的创新能有助于企业识别那些具有学习能力并能很快适应新环境的候选人,这无疑也会形成组织的竞争优势。培训计划提高了员工的技能和行为规范,同时也对员工的效率和在组织中的适应程度有所影响。工作轮换,临时性委派都会使员工获得更多的经验,拓展个人技能。相似地,评价及报酬系统激励有能力的员工参与到决策过程中来,并对突发性的环境因素采取有效的行为。近来有研究表明,人力资源管理措施结合参与性工作系统给员工创造了新的机会,员工们的贡献将直接导致组织目标的达成。

2.3.4 企业的人力资源管理战略

人力资源管理战略是组织战略将人与组织连接起来的一个很有说服力的例证,要求最终重视管理,在所需的资源之间建立承诺。许多在行业中领先的公司很重视制定有效的人力资源管理战略,人力资源经理们最关心的就是必要的战略分析、战略制定,以及战略实施。下面列出当前行业"领头羊"公司制定人力资源管理战略中提出的人与组织的问题。

1. 吸引,留住,开发重要人才
   ◇ 招聘,甄选具有特殊才能的人才
   ◇ 开发将来人才所需的能力
   ◇ 通过组织承诺和员工承诺建立忠诚
   ◇ 对关键性的人才提供必要的"价值计划"
2. 建立高绩效工作系统
   ◇ 为创造高绩效文化而建立承诺
   ◇ 建立责任制
   ◇ 与客户建立紧密关系,提高客户满意度
   ◇ 与每位员工沟通,使他们能了解公司的定位
   ◇ 跨单位、跨地区地推动团队和合作
   ◇ 帮助个人提高专长和技能
   ◇ 加快创新和创造的速度
   ◇ 将报酬体系与优先权结合(激励、利益共享、股权、以团队工作为基础的付酬)
   ◇ 确立组织长期成长的价值观和理念
3. 与组织之间的战略联盟
   ◇ 员工参与组织计划制定
   ◇ 创建组织思想体系,提出员工如何对组织做出贡献,如何通过相互理解建立承诺
   ◇ 跨业务行为(跨职能部门的团队、任命、沟通)
   ◇ 与部门经理,团队负责人,指导之间有效的互动式个人沟通
   ◇ 从质量管理到平衡、整合变化,如成长性、市场份额、新市场、客户保留
4. 组织学习与知识管理
   ◇ 举行信息共享和学习的讨论会,在所有的会议和交流中培养学习习惯
   ◇ 建立知识体系(数据库、处理和输入的技术)
   ◇ 跨部门的信息共享技术(内部网络)
   ◇ 提供除课堂教育之外的学习资源(业务相关学习、远程学习)
   ◇ 建立学习联盟(高校、咨询机构、专家)
5. 全球竞争
   ◇ 了解全球经济,市场机会和竞争前景
   ◇ 建立柔性全球组织,伙伴关系,不要直接控制(联盟、合作企业)
   ◇ 组织单元小型化,与市场和全球性组织之间建立联盟
   ◇ 对世界市场的相关的文化和经营管理差别有全面认识。
   ◇ 全球范围的战略实施能力
   ◇ 通过教育、任命、继任和个人负责树立全球领导能力
   ◇ 组织内的知识的杠杆作用(加速新业务和新市场的开发)

2.4 中国情境下企业人力资源实践

我国有着五千年的文化历史,传统文化已经深深浸入到每个中国人的骨髓,影响了中国人的行事风格。与西方国家所倡导的自由主义和个人主义截然不同,受儒家思想的影响,中国人为人处事的主流意识常常概括为集体主义和亲疏、尊卑有别。本节将在分析中西方文化差异的基础上,论述中国情境下的高绩效人力资源实践以及中国式家长式人力资源管理。

2.4.1 中西方文化差异

1978年中国开始实行改革开放的政策,但是与苏联和东欧等前社会主义国家的市场改革不同,中国采取了渐进的方法和路径。因此在改革的扩展和深化过程中,中国的经济仍然保留了很多历史的遗产(除了几十年的计划经济的遗留,还有数千年文化社会系统的影响)。在这种前提下,如果直接套用西方的管理理论,那么发挥的作用将相当有限,甚至产生负面的结果。于是,中国管理学术界一直在探究如何实现西方管理理论的中国化。与此同时,得益于荷兰心理学家吉尔特·霍夫斯泰德对于国家文化差异的研究,中西方文化巨大的差异一直是管理理论中国化最重要的依据和切入点。

霍夫斯·泰德(Geert Hofstede)及其同事,通过对几十个国家的文化价值观的调查和研究,最终分析和总结出了闻名于世的文化维度理论。霍夫斯泰德的文化维度理论是一个用来权衡不同国家文化差别的框架。最初,研究只涉及分析不同国家间文化差异的四个维度,分别包括权力距离,不确定性规避,个体主义/集体主义,阳刚气质/阴柔气质。后来,霍夫斯泰德又根据其他学者的理论进行了补充,增加了另外两个维度:长期导向/短期导向和放纵/拘谨。该理论已经成为跨文化研究领域的重要参考,其核心观点已经通过76个国家和地区的几百项研究得以验证。

霍夫斯泰德的文化维度理论从以下六个维度来比较不同国家的文化差异。

1. 权力距离

权力距离是指上级和下级之间的情感距离。而在一个国家部门和公司组织中,它是指低级别成员对于权力资源分配不平等的预期和接受程度。权力距离得分反映的是一个国家部门或者公司组中人与人之间的决策依赖关系。

在权力距离低的国家,员工更喜欢协商型的决策风格,上级经常在做决定之前与下级协商;在权利距离高的国家,员工们常常害怕与上级持相反意见,员工也不大喜欢协商型的上级,反而偏好专制型或家长式的上级。

2. 个人主义/集体主义

个人主义是道德的、政治的,以及社会的哲学,反映的是人与人之间的松散程度。相反,集体主义指的是这样的社会:人们一出生就融入复杂而强大的群体,群体的利益凌驾于个人利益之上,这个群体能为人民提供终身保护,使得人民对该群体绝对忠诚。

3. 不确定性规避

不确定性规避是指人们对模糊的或不确定的威胁的忍受程度,极端的不确定性时常给人们带来无法忍受的焦虑。焦虑是指人们对没有事实根据也没有客观对象和具体观念内容感到惶恐不安的状态。不确定性规避是指处于某种文化中的人们面对不确定或未知的情况时感到的威胁程度。

4. 阳刚气质/阴柔气质

阳刚气质是指占支配地位的价值观是成功、金钱、事业。它将收入、赏识、进步和挑战放在十分重要的位置。在阳刚气质较高的社会,员工的工作压力大。可以将男性度概括为"活着是为了工作"。阴柔气质是指占支配地位的价值观是关心他人、注重人际关系、讲究生活质量。可以将阴柔气质概括为"工作是为了活着"。

5. 长期导向/短期导向

长期导向旨在培育和鼓励以追求未来回报为导向的品德,特别是坚韧和节俭的品德,更重视潜在的长远利益和结果,凡事都考虑未来倾向,而非只是当前。相反,短期导向重在培育和鼓励过去和当前的品德,如尊重传统、维护面子以及履行社会责任等,注重现在的短期利益和结果。

6. 放纵/拘谨

这一维度是指某一社会对人基本需求与享受生活享乐欲望的允许程度。

基于文化维度理论,可以分析中西方文化的差异主要体现在三个方面。以下西方社会均以美国为例。

(1) 权利差距的高低

按照霍夫斯泰德等人的考察数据显示,相比于美国得分为40的权利差距指数,中国的权利差距指数较高,接近80。因此在对权力的理解上,美国比中国更加注重个人能力,中国比美国更加注重权力的约束力;在社会关系方面,中国人比美国人更加正式、等级更加分明,而美国人往往会忽略社会等级。

(2) 个人主义/集体主义的差别

中国的个人主义指数较低,只有20。由此可见,中国人总是以"集体主义"为荣,集体主义在中国人心中根深蒂固,人们总是将个体放在集体之中,认为集体利益的实现有助于个人利益的实现。相反,美国人普遍趋向于"个人主义",指数高达91。这个数字在世界上都是遥遥领先的,他们普遍崇尚个人主义和英雄主义,将独立性和自我价值的实现看得很重要。

（3）价值取向的长短差异。

中国社会属于长期价值取向：他们看事做事从来都以长远的规划为起点，认为事物的发展总是在不断变化中，所以一切以稳定为基准，追求没有剧变的平静生活。美国社会则属于短期价值取向：他们看事做事则以短期为目标，在完成计划时更有针对性，但难以看到长远利益。

2.4.2 中国情境下的高绩效人力资源实践

高绩效人力资源实践的概念起源于美国，是指一系列能够提高企业绩效的人力资源实践。对于高绩效人力资源实践应该包括哪些，学界比较著名的定义方法主要有以下三种：第一种是斯坦福大学的教授菲弗（Pfeffer）提出的 16 项最佳实践，在此基础上又把这些人力实践合并为七项，分别是就业保障、严格挑选员工、自我管理团队、基于企业绩效的变动薪酬、广泛的培训、减少等级差别、信息共享等；第二种是美国学者休斯里德（Huselid）在相应的研究中提到的高绩效人力资源管理实践应包含工作分析、参与管理小组、严格选拔、内部晋升、广泛培训、定期规范的绩效考核、绩效薪酬、利润分享、抱怨申诉机制、员工态度调查、员工参与管理委员会、信息分享等等，并且休斯里德认为，只有极个别单独的人力资源管理实践会对绩效产生有限的影响，高绩效人力资源管理实践中的人力资源管理实践活动具有高度的互补性和一致性。第三种是达特（Datta）等认为，高绩效人力资源管理实践包括严格的选拔程序、基于能力的内部晋升、申诉程序、交叉职能与交叉培训团队、高水平的培训、信息共享、参与机制、基于群体与技能的薪酬。

研究表明，高绩效的人力资源实践呈现出显著的社会发展阶段和管理情境特征。由于中西方国家文化的差异，西方高绩效人力资源实践在中国的适应性和有效性备受质疑。同西方国家相比，某些西方典型的高绩效工作实践，如员工申诉和争议机制、团队薪酬、就业保障等实践在中国企业中并不存在或效果不明显；而某些明显具有中国特色的高绩效人力资源实践，如纪律管理、资历作用等，在国外鲜有文献报道。

国内学者苏中兴基于中国企业的实际情况，通过从劳动力规制、劳动力市场、国家文化和产业特征等外部环境因素以及企业规模、发展阶段、竞争战略和员工特征等内部环境因素去分析中国企业所处的管理情境，得出结论：中国情境下的高绩效人力资源实践既包含结果导向的考核、竞争流动和纪律管理、严格招聘等本土控制型人力资源实践，也包含信息分享、员工参与、薪酬管理、广泛培训、内部劳动力市场等西方承诺型人力资源实践。

中国目前处于社会转型期，科学技术的快速进步和市场竞争的激烈发展，要求企业必须通过本土化的高绩效人力资源实践来增强企业竞争力。在国内部分学者着手创造本土化的高绩效人力资源实践模型的同时，国家也对人力资源工作方面进行了全面的改革和发展创新，颠覆了西方国家传统的人力资源管理实践，创造出具有中国特色的高承诺人力资源管理模式。

2.4.3 中国式家长式人力资源管理

20世纪60年代,罗伯特·西林(Robert H. Silin)通过研究台湾企业管理者的领导模式,首次确定了家长式领导模式的基本特征。后来,雷丁(S. Gordon Redding)等西方学者又经过对海外华人企业的管理实践研究,最终确立了家长式管理的概念。早期从事家长式管理研究的学者,大多具有以平等主义、个人主义和民主为主导的文化背景,因此家长式管理方式一向被他们视作不具有现代性的管理方式而没有被予以重视,甚至是批判。然而,随着对本土化管理实践的研究,越来越多的证据表明,家长式人力资源管理是东方文化下普遍存在的管理实践,并且是一种具有现代价值的人力资源管理方式。

家长式是在特定的地域、民族和历史条件下形成的,因而有其文化特殊性。中国式家长式的人力资源管理方式正是在儒家文化、大家族体系和农业生产体系的影响下形成的。在这种文化的作用下,不同于以理性为基础,强调经济性、契约为主的西方管理制度,中国式家长式的管理方式以人伦血缘为基础,类比和放大至组织管理领域,建构和强调人的伦理道德体系,其中社会关系、领导关系、雇佣关系都是由人的伦理关系衍生出来。这种根本性的特征决定了家长式是一种具有自身基本价值命题和求证方式的管理体系。家长式的文化特质构成了本土管理的特质和独具特色的文化样态。

在中国式家长式的人力资源管理中,如果雇佣双方权利极度不平衡,即雇主权利凌驾于雇员之上,那么相应的人力资源管理则表现出独裁式。独裁式人力资源管理要求高度的权威和服从,是单向的、专制的。如果雇员的地位得到提升,那么人力资源管理就向家长式发展。家长式人力资源管理是一种互惠、合作的管理模式,在这种管理模式下,企业以建立良好的家庭氛围为目的,强调开放的社会交换,雇主承认雇员的权利,并且考虑他们的感受,而雇员则给予合作并且承诺全身心为企业付出。

谈及中国式家长式人力资源管理的内容结构,主要包含四个方面:权威取向、忠诚取向、利他取向和差序取向。

(1) 权威取向。中国的传统社会等级森严,强调伦理为纲,尊卑有序。在这种严格等级界限的影响下,当个人在企业组织的上下关系情境中具有了特定的角色时,就会表现出合乎伦理情感和角色规范的行为。因此,任何人在组织内因伦理规范而居于尊长地位时,自然就拥有管辖下属的权威。反之,居于下位时,则需完全服从从属角色的要求。

(2) 忠诚取向。在中国,受传统文化影响,忠诚体现的不仅包括"德成而上,艺成而下"这种个人道德,还包括了"君事臣以礼,臣事君以忠"的忠诚关系。在家族文化的影响下,企业一方面强调忠诚的观念,另一方面考察员工态度和行为的合理性。忠诚度高的员工能够获得较多的信息分享机会、决策、参与机会和较多的福利。事实上,忠诚一直被中国的企业所强调,在家长式人力资源管理当中,忠诚不但是企业考核员工的重要标准,也是晋升员工的重要考虑因素。

(3) 利他取向。受泛家族主义的影响,雇主与雇员的角色规范使雇主承担了照顾员工,关怀员工的家长角色,形成基于伦理情感的利他行为。反映在企业的人力资源措施中,包括企业与员工建立紧密的关系,真诚地关注员工的工作和家庭,一方面企业为员工提供一系补贴以解决各种生活问题,如伙食补贴、家庭津贴、住房援助金、员工子女的学费和员工家人丧葬费等;另一方面,领导经常和员工的家人一样,参加员工的重要活动(生日、婚礼、葬礼等)并提供帮助。

(4)差序取向。儒家提出人伦纲常的道德准则,倡导爱有差等。在中国人的人际关系中,对于自己人常用"仁"来约束,对于外人较多地以"礼"为尺度,形成了儒家内在的差序化理念。这种理念对社会结构及人际关系的渗透,造就了独特的差序格局。在企业管理中,表现出领导会依据员工与领导关系的差异,对员工进行归类并实行差异化管理。例如,给予其较多的资源酬赏、采取终身雇用制、有计划栽培、委以重任、较多的授权及较多的决策参与机会等。

总之,中国式家长式人力资源管理往往具有以下典型特征:义利平衡,即强调利益分享,同时兼顾企业的经济性利益与非经济性利益;恩威并施,即在管理实践中注重对员工的控制及对权威秩序的维护,又重视企业与员工间的情感交换;强调价值观的作用,即企业强调忠诚以及以企业为家的观念,提高员工认同感和工作主动性。

案例分析

美国西南航空公司战略[①]

二战结束后,美国经济进入高速发展的繁荣期。生活水平的提高使人们对交通工具有了更高的要求,飞机快速、舒适的特点而受到广泛青睐。20世纪60年代,美国约有7条国内定期航线,但当时的大航空公司如环球、大陆、西北等,更热衷于利润高昂的跨洋长途飞行,对短程空运业务则不屑一顾。而国内日趋频繁的商务旅行与美国过于广阔的疆土使短程运输业变成了有利可图的"战略性机会窗口"。1967年,克莱尔律师与罗林·金在餐桌上发现了这个窗口。他们以56万美元建立起西南航空公司,开始在大航空公司夹缝中生存。

在成立之初,美国西南航空公司就定位为与长途汽车运输争夺客源,目标市场为自费旅游者和小企业的出差者。正如西南航空的总裁克莱尔所说:"我们在与汽车竞争,而不是飞机。我们要与行驶在公路上的福特、克莱斯勒、通用、丰田和尼桑展开竞争,把公路上的客流搬到天上来。"与此同时,西南航空公司只经营得克萨斯州3个最大的城市(达拉斯、休斯敦和圣安乐尼奥)间的短程航运业务。在巨人如林、竞争残酷的美国航空界,克莱尔的决策无疑是明智的。

谈及西南航空公司的扩张方式,恰如它的首席执行官赫本·凯勒这样说,"在每一个新机场做与原来相同的老事情"。"采取不同的扩张方式"是西南航空公司的成功之道,这

---

① 资料来源:1. 美国西南航空公司案例,http://www.docin.com/p-991921021.html,豆丁网。2. 王兰云,《企业战略、企业文化与人力资源管理的一致性效应分析—以美国西南航空公司为例》,现代管理科学,2007(10):39-41。3. [美]约翰 M. 伊万齐维奇,[美]罗伯特·科诺帕斯克:《人力资源管理》,第12版,赵曙明、程德俊译,北京,机械工业出版社,2015:70-74。

种经营方式使得这家航空公司即使是在变革最为剧烈的时期仍然能够维持增长势头。尽管旅客的订票和出票手续都是在起飞之前完成的，但是乘客实际乘坐的座位却是按照先来先占的原则确定的。由于航班飞行人员和空中服务人员在清扫客舱以及给养补充方面所提供的协助，西南航空公司得以将乘客转机的时间保持在行业最低的15分钟。航班上所供应的食品和饮料仅限于软饮料和花生米，而不包括在长途飞行中最常被提供的小甜点和饼干。此外，西南航空公司没有计算机联网的订票系统，也不负责将乘客托运的行李转机。凯勒指出，如果西南航空公司采用了其他航空公司所安排的座位以及计算机化的联运订票系统，那么他们在地面上的停留时间将会增加，而这将会使公司不得不另外再购买至少7架飞机，最终给机票价格带来很大的影响。

即使许多航空公司试图模仿美国西南航空公司的很多作法，但他们无法模仿的是公司最重要的成功因素——文化。在凯勒的领导下，公司培育起了一种像对待顾客一样对待员工的文化，即关注他们、对他们的要求做出积极的反应以及让他们参与决策。正如公司人事副总裁伊丽莎白·皮德雷克·沙丁说，"西南航空公司的文化使得该公司显得与众不同"。

西南航空公司经常成为美国交通部的三维皇冠奖(Triple Crown Award)获得者——即准时绩效最高、行李处理最好以及顾客投诉最少的航空公司。西南航空公司的一句文化格言是"你别想让飞机待在地上就能给你挣钱"。地面服务人员负责卸载行李、清理机舱盥洗室、清除垃圾以及重新给飞机装备上冰块、饮料以及花生米。空中服务人员则负责为下一次飞行准备好客舱。并且，如果飞行员有时间，他们也会加入这些准备工作中来。努力工作在西南航空公司并非仅仅是一种义务：它是自豪感的一个源泉。

除了对绩效的较高期望之外，我们还可以清楚地从西南航空公司的招募和甄选过程中看出其文化来。西南航空公司全年都接受求职者对地面操作职位和空中服务职位的申请。因此每年都有大量的申请人前来应聘为数不多的职位空缺。1994年时，西南航空公司一共收到了申请公司中各种职位的2.6万封求职信；人力部门为填补4500个职位而对3.5万多名求职者进行了面试。虽然大多数人会被拒绝，但公司会给予落选的人一些建议，鼓励他们今后有机会参加申请。对于新招聘的员工，公司则要求他们在工作中必须运用自己的判断力，超越"工作描述"的范围来做好自己的工作。

虽然是低成本航空公司，但公司向员工队伍提供了极佳的福利方案。西南航空公司员工的工资率虽然比其他公司要低，但同时也实行利润分享计划。员工们被鼓励像所有者而不是雇员那样工作，鼓励在公司范围内共享价值。西南航空公司的员工拥有公司大约11%的业绩非常优秀的股票。此外，公司提供了一系列的员工福利计划，例如医疗保险，牙齿和视力保险，养老保险，伤残保险，看护，养老补助和精神健康援助等。

与此同时，对顾客和员工的共同关注也导致了西南航空公司的员工队伍越来越多元化。"我们告诉我们的员工，我们看重不一致性，"凯勒说。"我的意思是说……我不能预见到我们系统中的每一个点上所出现的所有问题。因此，我们这样对我们的人说，嘿，伙计，我们不可能预见到所有的问题，你们自己尽可能用最好的方式去解决这些问题就是了。你们要运用自己的判断力和你们自己的自由决策权；我们相信你们能够把事情做好。

然后我们认为有些事情他们确实是做错了,我们也会让他们知道的,但是不会有批评,也不会有背后的黑枪。"

案例思考问题:
1. 西南航空公司的企业战略是什么?
2. 西南航空的人力资源管理与西南航空的持续竞争优势具有怎样的内在联系?

第三章 人力资源战略的外部环境

 **学习目标**

1. 人力资源战略的外部宏观环境。
2. 人力资源战略的外部微观环境。
3. 信息技术对组织和人力资源管理的影响。

 本章引例

腾讯人力资源三支柱的建立

1998年—2008年是中国互联网行业高速发展的黄金十年,中国体量较大的互联网企业经过迅速成长阶段后,国内互联网发展环境开始有所变化,2020年中国的网民数量将达9.04亿,网络逐渐融入每一个人生活的方方面面。过去20年政府对互联网行业的政策鼓励和导向越来越多,"互联网+"成为各种产业发展的加速器,为保障互联网行业健康有序发展而出台的法律法规也在逐步完善。在技术方面,大数据、云计算、区块链、智能终端以及网络通信等也在不断进步。在这种宏观环境下,腾讯人力资源管理在经过起步初创期和发展转型期后,在2009年开始向HR三支柱体系转型。2010年3月,腾讯正式提出专家中心COE、共享服务中心SDC、业务伙伴HRBP的HR三支柱组织架构的概念,形成了以客户价值为导向的人力资源管理架构。2014年,腾讯公司又将共享服务中心(SSC)创新升级为共享交付中心(Shared Deliver Center,SDC),进一步将HR服务产品化,为客户、用户提供端到端的交付。通过重新定位,人力资源部推动HR三支柱的各支柱发挥前瞻性的牵引作用、体系支撑作用、紧贴业务作用。腾讯HR三支柱各板块各司其职,实现人力资源管理价值性提升。

资料来源:https://max.book118.com/html/2019/0124/8054045116002003.shtm. 有删改。

热身思考:腾讯公司构建人力资源三支柱组织架构的原因是什么?

3.1 人力资源战略的外部宏观环境

人力资源战略的外部宏观环境主要包括六个方面：

3.1.1 政治法律环境

政治法律环境主要是指一个国家或地区的政治制度、体制、国家方针政策以及法律、法规等方面的因素。这些因素常常制约、影响着企业经营行为，尤其是影响企业较长期的战略投资行为。从国内来看，政治因素主要涉及党和国家的路线、方针和政策，它对企业的生存与发展，将产生长远而深刻的影响。

法律因素是指人大常委会、国务院、主管部门以及各省自治区市公布的法规和有关规定，其中与经济法律法规的关系更为密切。经济法律法规是为调整经济活动中的法律关系，发展社会生产力服务的。它规定了企业可以做什么，不可以做什么。合法经营受到法律的保护，非法交易则要受到法律的制裁。近几年来，中国经济立法工作的步伐明显加快，先后制定和颁布了一系列经济法律和法规，但与市场经济发展的要求之间还有很大差距，许多方面还有立法空白，亟待进一步完善法律法规体系。同时，中国的《劳动法》等法规也对人力资源管理实践产生影响，如《劳动法》规定各级工会组织作为职工利益的代表，对执行劳动法律、法规的情况进行监督，既是依法维护员工合法权益的重要体现，也是工会的一项重要权利和应尽的职责。在国有企业，这种监督主要是代表员工参与民主管理和重大问题的决策，对工资分配、保险福利、辞退员工、员工奖惩、合同签订与解除、劳动争议等进行民主监督和劳动关系调解，是员工民主参与、民主管理的重要手段。在非国有企业，主要通过建立产业、地区集体谈判制度，在企业签订集体劳动合同，实施产业、地区性和企业监督。认真行使好三方的监督职责，对于维护劳动者合法权益起着十分重要的作用。《劳动法》也规定了最低工资和社会养老保险等等。同时还有《工会法》《妇女法》等等。

2007年6月29日颁布的《劳动合同法》，是中国劳动关系法制化进程的一个重要的里程碑。在中国人力资源管理历史转型过程中，人力资源管理面临着空前的挑战和全新的战略机会。2008年1月1日新劳动合同法正式开始实施。2013年劳动合同法又结合经济环境进一步修改。毫无疑问，新的劳动合同法的出台和实施对中国劳动力市场结构和企业过去的人力资源管理带来了巨大的冲击，中国企业人力资源法制化管理的时代正在到来。

从国际方面来看，政治因素主要包括其他国家的国体与政体、关税政策、进口控制、外汇与价格控制、国有化政策以及群众利益集团的活动等。国际方面的法律因素主要涉及各国的国内法以及国际公约条约的有关规定等。中国企业若要与某个国家进行交易活动，必须事先了解该国的政治和法律环境。

各国政治体制的特点和稳定性不尽相同，法律体系的特点和连贯性也因国而异。有时,商业合同会由于一国内部的政治因素而无法履行。各国的人力资源管理及有关法规在特点和细则方面存在着很大差别。在西欧许多国家,有关工会和就业的法律往往要求给予被解雇员工很高的补偿,这种要求使得企业往往难以减少员工的数量。各国关于平等就业方面的规定也参差不齐。在有些国家,政府以法律形式来解决就业歧视和性骚扰等问题,而在其他某些国家,宗教或民族差别使得就业歧视已成为惯例。当企业计划在一个国家开展业务时,人力资源专业人员应该事先对该国的政治环境进行全面的考察,其中应包括对劳工组织的角色和特点的考察。

3.1.2 经济环境

一个国家的经济,无论在总体上,还是在它的各个部门,都是影响人力资源管理的主要外部环境因素。一般而言,经济繁荣时,不容易招聘到合格的工人,经济衰退时,可适用的求职者却很多。

经济环境具体是指企业经营过程中所面临的各种外部经济条件,主要包括一个国家或地区的经济特征、消费者收入与支出、物价水平、消费信贷及居民储蓄等宏观因素。经济特征从总体上规定了一个国家或地区的经济状况。在众多衡量宏观经济的指标中,国民生产总值是最常用的指标之一,它的总量及增长率,与工业品市场购买力及其增长率有较高的正相关关系。近些年来,欧美各国都将亚洲,特别是中国视为新的投资热点地区,就是因为亚洲经济保持了持续的高速增长,中国经济保持了更高的增长速度。消费者收入是影响购买力的最重要因素。收入高低,直接影响着购买力的大小,从而决定市场容量和消费者支出模式。价格是经济环境中的敏感因素之一。如果物价上涨过快,可能引发恐慌,整个市场机制和经济秩序会出现紊乱。但是,价格如果过于平稳,或者持续下降,也不利于企业经营。另外,消费者的购买力在其他因素不变的情况下,还要受消费者储蓄和消费者信贷的直接影响。各国的经济状况千差万别。许多不够发达的国家愿意接受国外投资,以创造更多的就业机会。对跨国企业来说,这些国家的劳动力一般比发达国家和地区要廉价得多。不过,跨国企业能否在这些国家获得可观的利润,还取决于货币的波动情况以及政府在收入转移方面的政策措施。在许多发达国家,特别是一些欧洲国家,虽然失业率不断增长,但政府对就业的管制程度及整体工资水平依然很高。政府对个人和企业税收也都处于相当高的水平。对这些因素,人力资源专业人员都必须认真予以分析,并将其作为确定是否在这些国家开展经营或从事采购决策过程的组成部分。

目前,经济方面的各种变化改变了就业和职业模式,其中,最主要的变化是,大量的就业岗位由制造业和农业部门转到了服务业和电信部门。服务部门的就业岗位通常包括金融服务、医疗保健、运输、零售、快餐和饭店、法律和社会服务、教育、计算机领域等各行各业中的岗位。从增长比例来看,就业岗位增长最快的首推计算机和医疗保健领域。就业与职业变化的另一个侧面,是不同规模的企业工作岗位的增减模式,这一增减模式的主要特征是:许多大厂商通过减少其员工数量来削减工作岗位,而与此同时,许多小企业却在不断地创造着新的就业机会。

在今后的若干年中,许多提供岗位的企业和机构将更加迫切地需要受过较高等教育的劳动力。预计需要最新知识的岗位数量在增长速度上将大大超过其他类别的岗位。这种趋势意味着,那些低学历的人力资源将日益处于不利的就业境地,也就是说,他们的就业机会将仅限于报酬很低的服务性岗位。总之,在许多职务所要求的知识、技能与雇员或求职者所拥有的知识、技能之间,将会形成日益加大的差距。几项不同的研究和预测均表明,今后,许多产业中的企业对那些受过足够教育和培训的劳动力的需求,将很难得到充分满足。教育和培训日趋重要,因此,企业的人力资源管理部门应继续重视员工补习教育和职业培训。这意味着需要采用新的培训方法,例如,在培训中,更广泛地使用交互型录像技术和计算机培训系统。面向未来的工作和技能培训不应仅针对经理和专业人员,而应包括所有员工。必须对现有员工和其职业技能情况进行精确的评估,另外还必须对求职者的技能进行准确的甄别。越来越多的雇主须为员工提供补习和读写能力的培训。企业须更加积极地参与公立学校系统的各种活动,并帮助高中毕业生提高各种技能。

3.1.3 劳动力市场

劳动力市场是企业的一个外部人员储备池,通过这种储备企业能够获得它需要的工人。企业员工的能力在很大程度上决定着企业能否顺利地完成自己的目标。由于可从企业外部雇用新的员工,因此劳动力市场便是人力资源管理必须考虑的一个外部环境因素。劳动力市场是随时变化的,这就引起一个企业的劳动力的变化。在此变化中,企业内部每个人的变化会影响到管理者处理其劳动力问题的方式。简而言之,全国劳动力市场的变化导致了企业内部劳动力动态变化的状况。

目前,就中国劳动力市场的状况而言,是世界上劳动力资源最丰富的国家,中国的劳动参与率在76%以上,劳动力总数占世界总量的1/4以上。据国家统计局预测,中国15—64岁劳动年龄人口在2013年达到了10.06亿人,之后开始逐年下降。2018年下降到了9.94亿人,比2013年少了1230万人,平均每年减少246万人。随着20世纪50年代出生高峰队列陆续超过劳动年龄上限的64岁,劳动年龄人口还会加速减少。我们的预测表明,到2030年,我国劳动年龄人口将会下降到9.05亿人,比2018年少8864万人,平均每年减少738.6万人。到2050年,劳动年龄人口将会下降到7.8亿人,比2018年少2.1亿人。① 未来,劳动年龄人口负增长对我国经济社会而言是一个重大的课题。它不仅给劳动力市场供求关系带来巨大的改变,也会促使各类相关制度变革。

我国劳动力人口整体文化素质与发达国家的差距仍较明显,接受高等教育和中等教育的人口比例偏低。2010年我国25—64岁劳动年龄人口(与国际口径一致)平均受教育年限为9.04年,仅相当于美国60年前国民整体受教育水平;与2009年美国25—64岁人口平均受教育年限的13.07年相比约低4年;与后发型国家韩国12.69年相比低3年多。美韩两国25—64岁人口中具有高中及以上受教育水平者比例分别为88%和80%,其中接受过高等教育的人口各为41%和39%,而中国同龄人口中具有高中及以上受教育水平者仅占24%,初中及以下受教育水平者占76%,小学及以下受教育水平比例高达28%;

---

① 资料来源:张车伟,赵文.当前的就业形势及劳动力市场表现[J].中国劳动,2019(5).

每10人中具有大专及以上受教育水平人数不足1人。①

从高层次人才资源方面来看,中国目前的状况是,研究型理论型人才当然不是太多,但相对来说,应用型人才更为缺乏。在不少学科领域,在理论研究的水平上,中国与世界先进水平相差无几,但开发设计能力比人家差一截,而产品质量的差距就更大了。

3.1.4 自然环境

一个健康优雅的工作环境,会激发员工对生活的热爱、对事业的美好追求,以百倍的精力投入工作,并且会把企业当作自己的"家"。自然工作环境一方面要确保员工的健康,使他们即使在较大压力下也能保持工作与健康的平衡;另一方面,能提高工作效率。首先,工作环境一定要健康、舒适,如照明光线、空气流通等最基本的办公环境设施要符合员工身心健康的最基本要求,让员工在健康舒适地工作着;其次,工作环境要优雅,让员工能从繁忙的工作中得以舒缓、放松和休憩,让员工在快乐中工作。

3.1.5 科学技术环境

科学技术是影响人类前途和命运的最大力量,企业发展必须密切关注科学技术的发展动态。现在,科学技术日新月异,知识经济已经初显端倪,由此对企业造成以下几方面的影响:一是大部分产品的生命周期有明显缩短的趋势;二是技术优势成为企业竞争中的主要优势所在,企业有无创新能力成为企业能否生存发展的前提条件;三是劳动密集型产业面临极大压力;四是发展中国家劳动力低廉的优势在国际经济联系中将削弱;五是新兴产业,特别是以高科技为代表的新兴产业将不断涌现等等。

技术对人力资源管理的影响是多方面的。技术的快速变化导致了很少有企业像它们10年前那样运作。人力资源管理的一个重要的关注点是已经发生和将发生的技术变革对商业所产生的影响。在下一个10年里,人力资源管理最具挑战性的领域将是培训员工,使之跟上迅速发展的技术。现在产品的大规模生产在几年以前却是不可想象的。这实际上加重了所有经理,包括人力资源经理的任务。新技术的不断应用使得招聘合格的员工变得越来越困难。一旦出现了技术上的变化,某些技能也就不再需要了,可以预见,随着自动化、信息化技术和设备的引入和生产应用,企业员工的工作内容将由传统的劳力密集型向知识密集型转变,员工将从直接的手工操作者变成了监控者、编程者、决策者和一定程度上的自我管理者。在这种情况下员工就必须接受培训,重新学习并掌握这方面的知识和技能。这就产生了人力资源招聘或再培训的需求。企业要选到自己想要的合格员工,就必须建立科学的选拔方法和工具。例如,波音公司在人员选拔时要对员工进行至少4个小时的测试,波音公司希望其招来的员工既能适应团队工作又能表现出自己的独创性,相对于工作经验来说,公司更看重员工的工作态度,这就正如波音最近的一个招聘广告所说的——"即使你从来没有碰过飞机,但你的身上也许有波音所需要的东西"。在

---

① 资料来源:张爽. 中国劳动力受教育程度的实证研究——基于人口普查数据平台的时间序列分析[J]. 西北人口,2014,000(003):73-78.

一次选拔集装机械师的测试中,第一部分的考试问了75个问题,包括一些技能测试,如数学、空间理解能力和机械技能测试。目的是要选择一些有基本技术知识的工人。第二部分测试则是情景考试,让应试者看在一定实际工作环境下所发生事件的录像。譬如,有一个录像讲述了一个工人和管理员之间正在发生的冲突。其中,管理员要求工人按照原计划表切去材料的拐角,而工人却不同意管理人员的意见。老板告诉工人,如果他不照做的话,就离开公司。然后开始考试发问——"如果你是这个工人,你将怎样做呢?"波音的参考答案认为,"辞职"和"发牢骚"都不是正确的答案,这表明回答者不适合于团队工作;正确的答案应该是"照做,但事后与管理员或职位更高的人谈"。另外,波音对管理人员和经理的选拔方法也改变了。公司愿意雇佣那些能激发员工热情并善于与员工沟通的人作为经理。

同时,随着新技术的出现和应用,使得许多企业能够用更少的人力资源生产更多的产品。传统意义上严格的分工界限也变得越来越模糊,员工的工作内容范围扩大了,员工必须了解除本专业以外更广的一些工作内容和知识,需要有多项技能,最好能是多面手。随着产品种类、产品技术和制造技术等变化的加快,员工的技能生命周期越来越短。以前,员工一辈子只需懂得操纵某种机床的日子已经一去不复返了,员工必须终身学习,不断更新知识和技能。由于各个生产制造阶段高度集成相关,因此各部门(包括水平和垂直)员工之间的合作和团队工作方式就显得十分重要。员工必须能够突破狭隘的本部门主义,而建立全局性的、整体化的工作观念。要使员工建立全局性的、整体化的工作观念,企业就必须建立支持团队工作的绩效评价和激励系统。要使各部门(包括水平和垂直)员工之间能够有效合作和采用团队工作方式,员工就必须具备一定的团队工作能力、人际能力,以及沟通技巧。一线员工直接面对市场、客户和生产现场,为了抓住机会,提高决策速度,再加上他们拥有更多的信息,而且日益成为知识化的员工,因此他们就需要从上面得到一定的授权,从而具有自治和自我管理的能力。

在信息技术十分发达的条件下,企业组织里中层管理人员传递信息和指令的作用开始减弱,很多管理人员的角色应该改变,从控制下属变成支持下属,下属员工的角色也相应从被控制变成被支持。在高度自动化和高度相关的制造系统中,操作上的小失误往往会被放大,从而增加了引起系统混乱的可能性。因此在这种情况下对员工的工作伦理道德要求很高。这也必须通过严格的员工选拔和培训来实现。在全球信息网络化环境下,企业员工不仅需要与内部各部门人员合作,同时还要与企业外部的供应商、用户、甚至竞争者建立双方赢利、合作以及长期的伙伴关系,而取代以往不输即赢的思想和短期观念。只有这样,才能使企业能够充分利用整个社会各方面的资源。

3.1.6 社会文化环境

社会文化环境是指一个国家和地区的民族特征、文化传统、价值观、宗教信仰、教育水平、社会结构、风俗习惯等情况。社会文化是历经千百年逐渐形成的,它影响和制约着人们的观念和思维,影响着人们的行为。社会文化环境对企业人力资源管理具有重要影响。

社会文化环境的影响在企业跨国经营时表现得尤为突出。跨国企业在不同国家的经营使其员工来源及文化背景呈多元化,具体体现在法律(特别是就业与劳动法)体系、教育体制和文化(价值观和信念)上的差异。例如,美国文化受新教伦理的影响,强调人定胜天的精神。而在日本,其社会文化推崇天人合一的精神。

总体而言,社会文化的影响主要反映在人们的基本信仰和行为方面。社会文化对企业人力资源管理的影响在于如下八个方面:

(1) 集中决策与分散决策。在一些社会中,所有重要的决策都是由高层领导人决定;在其他社会中,这类决策权就被下放,中基层经理人员能够积极参与到决策活动中,并能够做出一些重要的决定。

(2) 安全与风险。在一些社会中,组织决策者就厌恶风险,难以应付不稳定的环境;在其他的一些社会中,就鼓励冒险,在不稳定的环境中决策也十分常见。

(3) 个人回报与团队回报。在一些强调个人回报的社会文化中,奖金、佣金等回报主要发给那些高绩效的个人;而在强调团队合作的社会文化中,则主张团队奖励和回报,不突出个人的回报和奖励。

(4) 正式程序与非正式程序。在有些社会文化中,许多工作都是通过非正式的方式和程序来完成的;而在有些社会文化中,则倾向于确定正式的工作程序并严格遵守。

(5) 较高的组织忠诚度与较低的组织忠诚度。在一些社会中,雇员之间可以依据其所属的组织或雇主加以区分;在另一些社会中,雇员的识别则主要依据其职业类别,如工程师、机械师。

(6) 合作与竞争。有的社会文化推崇人与人之间的合作,而有的社会文化则更鼓励竞争。

(7) 短期目标与长期目标。有些社会文化比较强调短期目标,如利润、效率;而另一些社会文化则更注重长期性的目标,如市场份额和技术发展。

(8) 稳定与创新。有些社会文化注重稳定,反对变革;而有些社会文化则更强调创新和变革。

3.2 人力资源战略的外部微观环境

除非一个组织在它服务的市场上处于特殊的垄断地位,否则其他厂家将会生产相似的产品或提供类似的服务。所以企业的外部环境,除了宏观环境外,对企业影响最直接、作用最大的企业外部环境就是企业所处的产业竞争环境。

进行产业竞争环境分析,首先就是要弄清产业的总体情况与发展趋势。

(1) 国家的产业结构和产业政策。企业进行产业分析时,应掌握所投资的国家和地区的产业结构和产业政策。从世界范围来看,伴随着一个国家或地区工业化和城市化的进程,第一、二、三产业的结构会发生相应的变化,第一、二产业的比重会逐渐降低,第三产业的比重会不断提高。并且随着社会经济和科学技术的发展,产业结构演变的基本趋向是,产业由劳动密集型产业为主向资金密集型和技术密集型产业为主演变。

(2) 产业生命周期。产业的产生、存在与发展，与社会对它所提供的产品和劳务的需求直接有关，随着社会对这种产品或劳务的需求的产生而产生，又随着社会对这种需求的消失或被别的产品或劳务完全代替之后而整个产业随之消失。产业的生命周期包括产业的产生、产业的成长、产业的成熟和产业的衰退四个阶段。企业在决定是否进入一个产业时，首先要对该产业有一个基本的判断，弄清楚所要进入的产业属于新兴产业还是成熟产业，或者衰退产业，尽量选择"朝阳产业"，避免"夕阳产业"。

(3) 产业的市场状况。产业的市场状况包括以下三方面的内容：一是供求态势。产业的供求态势是指产业所生产的产品的现时供求状况和变化趋势。根据买卖双方各自的力量对比情况，供求状况有三种：供不应求、供求平衡和供过于求。市场供求受商品经济规律、竞争规律、需求规律等各种经济规律的共同作用。二是需求分布。一般来说，新型产业的市场需求呈梯度推进式，首先在经济发展和技术水平高的地区开始，向经济发展和技术水平不够高的地区缓慢推进，如电子计算机、移动通信等新型产业的产品需求首先从经济、技术水平最高的城市或地区开始，逐步向经济、技术次高水平的城市或地区推进。三是需求变动。需求变动包括所需产品品种的变动和数量的变动。需求变动的频繁性大致可以分为平稳型（如筷子、家具等）、渐变型（如汽车、服装等）和速变型（如计算机、通信等）三种类型。由于产业产品的需求变动类型不同，对于企业的创新要求有所不同。

(4) 产业进入与退出壁垒。当某一企业要打入或退出某一产业时，都会不同程度地遇到一些压力，这些压力被称为产业进入与退出壁垒。产业进入壁垒主要有五个方面：一是规模经济。规模经济迫使新加入者必须以大的生产规模进入，并冒着现有企业强烈反击的风险；或者以小的规模进入，但要长期忍受产品成本高的劣势。这两种情况都会使进入者却步不前。二是顾客依赖心理。由于产业内原有企业的广告宣传、产品的优良性能、对顾客的良好服务，或者是该产业的企业首先生产某种产品等因素，使产业内原有企业在顾客中确立了企业的声誉、商标、品牌等，并取得了顾客信赖心理。这对新进入产业的企业形成了无形障碍，企业要花费巨资才能克服这种依赖心理，并且需要较长时间的努力。三是资金需求。资金密集型产业对资金需求量极大，这对进入者又形成了望而却步的巨大障碍。比如电力产业、矿山开采、铁路运输、石油化工等，均属这一类产业。四是转换费用。转换费用包括对员工的再训练的费用，新的辅助设备成本，测试费用，以及适应使用新能源而花费的时间和费用，割断旧有关系的心理因素等所发生的一切费用。五是销售渠道。由于已有渠道被产业中原有企业占领，并且由于他们的长期合作，建立了相互信赖的融洽关系，新进入者要想让这些渠道接受本企业的产品只有通过降低价格、提供广告补贴等途径来吸引中间商，这就减少了利润。产业退出壁垒，对企业经营战略的影响主要有两个方面：一是当企业选择进入某一产业时，必须了解这一产业的退出壁垒，一旦由于各种原因而使企业战略失败，能否适时退出所在产业；二是当企业通过实施跨产业经营的战略而将战略重点从一个产业移向另一产业时，是否会受到原产业退出壁垒的阻挡。事实上，由于某些产业的退出壁垒很高，使一些企业即使在这一产业盈利较低，甚至亏损，也无法退出该产业，实现战略重心的转移。产业退出壁垒一般有以下几个方面：一是资产形态的特殊性。二是协议障碍。比如订有劳工协议，企业要退出该产业，必须支付一大笔重新安置员工的费用等。三是关系障碍。企业与本产业其他企业之间在生产、供应、销售、企业形象设备共享等方面关系密切,为此,不到万不得已,企业也不愿退出。四是感情障碍。企业资产的拥有者、经营者或管理部门的一些管理人员,由于亲自参与企业的建设和经营,对企业有着较深的感情,因此,也舍不得本企业退出;有些管理人员出于对雇主的忠诚、担心自己的职业自尊心或其他种种原因,而不愿为企业退出产业出谋划策。五是政府与社会障碍。政府与社会可能会对企业退出某产业进行限制,如政府担心员工失业影响本地区社会稳定而否决或劝阻企业不要退出。在中国国有企业改革和战略性重组过程中,面临的最大退出障碍就是由于社会保障制度的缺乏和社会稳定的政治需要,使企业的下岗分流以及破产工作很难进行。

其次,要做好产业结构分析。企业在决定是否进入一个产业时,还要考虑产业结构问题。因为一个企业在产业中的竞争,远不止在原有产业竞争对手之间进行,而是要与五种基本的竞争力量进行竞争,包括:同产业内的现有竞争者、潜在加入者、替代品的生产者、供应者、购买者。这具体参照波特的竞争环境五因素分析法。五种基本竞争力量的状况以及它们的综合强度,决定着产业的竞争激烈程度,决定着产业中利润的最终潜力。在竞争激烈的产业中,不会有一家企业能获得惊人的收益。在竞争相对缓和的产业中,各企业都能获得较高的收益。产业的竞争强度,虽然是由五种竞争力量共同决定的,但常常是五种竞争力量中最强的力量起决定性作用。例如,潜在的加入者对处于极为有利市场地位的企业,不会构成威胁,而高质量、低成本的替代品竞争者,却会使它只能获得低水平的收益。从具体产业看,远洋油轮产业,由于它的产品专用性很强,竞争的关键力量可能是购买者(石油企业),而在钢铁产业中,竞争的关键力量可能是可代替的材料生产者和外国企业的加入。正是由于产业竞争关系的复杂性使企业在制定战略时,必须对每种竞争力量进行分析,即进行产业结构分析。

产业竞争环境的分析对于制定企业的战略非常重要,这相应的会影响到企业人力资源的战略和规划;同时企业所处的产业特点及发展趋势对人力资源的实践也有较大的影响。一个企业要在激烈的产业竞争中获得成功,发展和繁荣,它就必须能够得到竞争力的员工。然而其他组织也力争同样的目标。

人力资源环境评估所研究的外部微观环境还包括许多具体的方面,如股东、顾客、社区、银行、供应商等等。由于这些因素的表层性、非独立性,它们与人力资源战略规划制订的相关性较弱,这里就不面面俱到了。

3.3 信息技术对组织和人力资源管理的影响

在20世纪80年代初,随着以计算机技术为主要的信息技术的发展,特别是到了20世纪90年代末,Internet应用的迅速崛起,以及宽带成本的不断降低,各类信息技术在管理领域得到普遍应用,企业管理的模式包括人力资源管理模式就受到了明显的影响和改变。在信息技术支撑下的人力资源管理将有以下几个方面的改变:

（1）人力资源管理部门工作效率得到提高。影响人力资源管理部门工作效率的因素主要包括：每月的工资计算与处理、员工的考勤休假处理、员工信息管理等业务内容。这些事务往往要持续占据人力资源管理人员的大量时间。手工操作不仅效率低下，而且容易出错，信息技术在人力资源管理中的应用，将大大降低例行性工作占用人力资源管理人员时间的比例，使管理人员从日常事务中解脱出来。信息技术强调员工的自助服务，如果员工的个人信息发生了变化，那么他本人就可以通过信息技术平台去更新自己的信息，经过一定的批准，程序即可生效。同样，对于培训、假期申请、报销等日常的行政事务也可做类似处理。这样不仅减轻了人力资源管理人员用于数据采集、确认和更新的工作量，也较好地保证了数据的质量和数据更新的速度。这无疑极大地提高了人力资源管理部门的工作效率，从而可以有更多时间思考战略层次的问题。

（2）人力资源管理部门的业务流程得到规范。当人力资源管理者从繁杂的行政事务中抽身出来之后，就希望规范人力资源运作体系的业务流程。招聘流程、绩效管理流程、员工培训与发展流程、员工职业规划、离职流程等都是人力资源管理者的考虑范围。信息技术能将有关人力资源管理的分散信息都紧密集中在一起并进行分析，自动化和优化人力资源管理业务流程，使信息流加速且更舒畅，人力资源管理的作业流程跟业务流程以及直线功能结合更紧密。通过信息技术的应用，不仅能将人力资源管理部门的工作职能完全覆盖并划分清楚，而且能将经过优化的业务流程在系统中体现。人力资源管理的日常业务如干部任免、职工退休、调配、辞职等都可以按照规范的工作流程设计相应的模板来完成。查询、统计、制作花名册、统计报表、领导审批等过程也可以通过信息技术网络上实现。

（3）人力资源管理成本得到有效降低。通过信息技术的应用，比如在员工培训方面，员工可以"在线"随时随地接受培训，从而可以节省时间，减少差旅费用，降低培训成本。在评估方面，通过网络，各级主管可以很快看到来自各地下属定期递交的工作述职报告，并进行评估、指导及监督，这样，评估的成本也可以大为降低。

（4）人力资源管理中的角色参与得到保证。对于公司高层而言，他们可以在信息技术网络平台上查看企业人力资源的配置、重要员工的状况、人力资源管理成本的分析、员工绩效等。高层决策者还能获得各种辅助其进行决策的人力资源经营指标以及直接在网上进行决策等；对于中层经理而言，即直线经理来讲，人力资源管理信息技术平台是其参与人力资源管理活动的工作平台，通过这个平台，直线经理可以在网上管理自己部门的员工，比如可以在授权范围内在线查看所有下属员工的人事信息，对员工的培训、休假、离职等流程进行在线审批等；一般员工可以在线查看企业规章制度、内部招聘信息、个人当月薪资及薪资历史情况、个人考勤休假情况、注册内部培训课程、提交请假或休假申请、实现在线报销等。

（5）有利于帮助企业留住人才。不少企业在不同程度上存在着人才流失现象，人才流失除了因为薪资因素之外，还有很多其他因素，如工作环境、领导公平与否、培训机会和个人前途等。企业通过在人力资源管理中应用信息技术后，利用人力资源管理信息技术系统对员工进行选拔、任用，可以减少人为的主观性，体现公平原则，从而留住人才。同时,人力资源管理信息技术平台使员工得到充分授权,它所提供的透明、简便易查的信息获取方式将赢得员工对人力资源管理服务和企业管理满意度的提升。员工满意度的提升无疑会增强企业的凝聚力,从而发挥吸引人才、留住人才的作用。

案例分析

IDEO的"设计思考"理念和人力资源战略

IDEO是全球领先的设计与创新咨询机构,立足设计,遵循以人为本的理念,帮助公司、政府、教育机构和社会部门进行创新并取得发展。IDEO是设计思考理念的创造者。"设计思考"是一种以人为出发点,研究用户的需求性,并结合商业可行性,技术永续性,创造"具有商业价值创意"的方法。因此,IDEO提供的设计不只局限于产品设计或工业设计,还覆盖了包括消费者体验、商业模式、服务流程、空间环境、组织架构、创新文化、交互设计、品牌策略在内的广义设计范畴。

在IDEO经常会有非常复杂的创新挑战,但IDEO始终会从客户的需求出发,接受设计的挑战。在项目的实施过程中,IDEO会结合商业上的持续性以及科技上的可行性推进项目。对于IDEO来说,只有结合了这些元素才能做到整体上的创新。

在一个专案项目中,设计师大约会花1/3的时间和用户"搅合在一起":住进用户家里、跟拍用户的生活,在最底层的精神层面和用户建立同理心。为的就是深入了解客户,站在他的角度设计完美的体验。IDEO的创新角度不再只是局限在平时的工作范围内,而是用真正感同身受的贴身体会去启发团队。IDEO坚信,以人为本的设计师不但可以带来创新,而且可以持续地为人们的生活带来正面的改变和积极的影响。

在选人用人方面,IDEO也保持着自己独特的风格。

从员工数量上看,IDEO是一家非常迷你的公司。以咨询行业来说,业界标杆之一麦肯锡在全球就有超过万人的员工,反观IDEO在全球不过就600位设计师,在上海的分公司也只有30个人。

IDEO有一个共通的人才模型,就是T型人才。一个人才对单一领域有很深的理解和经验,只能算是"硬技术",而在横向因素上表现出的"软实力",则代表着这个人能否与其他领域的人才进行良好的合作。无论是纵向的"硬技术"还是横向的"软实力",都是IDEO创新人才必须具备的重要素质。

在IDEO,可以看到有各种不同职业背景的设计师和专家,这些人在加入IDEO之前,都在某个特定领域

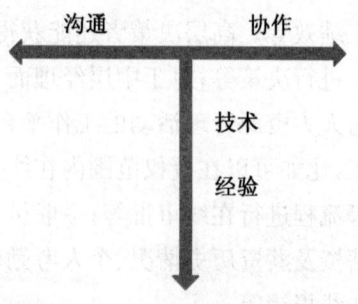

图3-1 T型人才示意图

有很深的造诣,加入IDEO这个平台后,只有通过"沟通"和"协作"这方面横向能力的发挥,才能够把众多设计者不同的职业背景、不同的业务专长和不同的创新能力更好地整合在一起。多学科背景的团队可以持续激发灵感,相互启发,把不同的观点带到桌面上,确

保这些方案能够应对客户的挑战。

正因为IDEO设计师的职业背景如此多元,因此对员工团队合作的要求就更高。在IDEO,员工之间的工作关系更像是朋友,而不只是职业生涯中的搭档。IDEO十分强调互助文化,是帮助型组织中的典范,也非常鼓励员工积极互助。而且领导层也对帮助文化深信不疑,会首先扮演起求助者和帮助者的身份。在IDEO,级别不会妨碍一个人成为他人求助的对象。低级别的员工并不害怕向领导层寻求帮助,领导层也不耻于暴露自身弱点,会向比他们低好几个级别的员工寻求帮助。

除此以外,大部分组织的互助网络会呈现出小团体模式(人们在小范围内组成紧密关系,但各个团体之间的关联很少),或车轴辐射模式(几乎所有人都和中间的一两位关键人物有关系,但彼此之间的关联很少)。而IDEO的情形却大不一样,大部分员工都有大范围的、种类繁多的互助行为。为了避免员工碍于面子不愿开口寻求帮助,在每个项目初始阶段,IDEO的设计师都会得到这样的信息:寻求帮助是再正常不过的事。当一个项目组面对苛刻的客户时,如果成员不向与这个客户打过多次交道的同事征询意见的话,将被视为不负责任的表现。IDEO的所有工作环节也都少不了帮助行为,从其著名的头脑风暴、正式评审,到项目团队为寻找点子和反馈而进行的各种互助。另外,IDEO组织中一些重要的仪式值得强调,比如每周一早上的例会、创造者午餐、平时的办公室聚会和分享。这些大多由设计师发起,相互激发灵感,提升创意能力。这些仪式保护了公司文化,建立起社区更广泛的意义,重要的是,这是主动进行的。设立不产生绩效的工作空档期也是IDEO培养互助文化的关键,空档期能让员工有时间灵活地处理帮助他人的安排。

在招聘时,IDEO的高管也会绷紧"帮助"这根弦儿。一位高管直言:"在面试时,我会注意几个方面。如果面试者在回忆之前成就时,反复使用'我'而不是'我们',我们通常会对这样的候选人保持谨慎的态度。相反,如果面试者能大方地提及并感谢某位对他们提供过帮助的人,我们就知道这样的候选人既乐于助人,也乐于接受帮助。"

IDEO是一个很挑客户、很有个性的设计公司。IDEO的原则是:只选择对社会产生正面影响力的项目。IDEO甚至还时常会因为客户的项目不能给设计师好的学习机会,宁可放着大笔钞票不赚,把案子推掉。与专注于某一特定行业不同的是,IDEO的设计师们与一系列客户合作,在不同的产业积累学习经验,给了设计师们广泛的视角。因为有这样的曝光,每个项目都可以借助在其他行业学到的经验,给设计师,同时也给客户带来创意和灵感。IDEO就像一个能让员工找到自己未来方向的学校,当这些"校友"们离职以后,有的选择了自己创业、有的跑去教书、有的跑去做公益和慈善,以各种奇葩的方式努力让世界变得更好。

资料来源:吕奇晃.破解IDEO的创新密码[J].人力资源,2012,000(010):12-13.;特蕾莎·阿马比尔,科林·费希尔.IDEO让互助文化深入人心[J].哈佛商业评论(中文版),2014,(1):57-63.

案例思考分析:

IDEO的人力资源政策与企业战略是怎样相互配合的?

第四章 人力资源战略的内部环境

学习目标

1. 人力资源战略形成的内部环境分析。
2. 内部环境如何影响了人力资源战略的制定。
3. 动态环境下的人力资源战略。

本章引例

林肯电气公司

林肯电气公司总公司设在俄亥俄州的克利夫兰,建于1895年,现有职工2400多人,是美国最大的焊接设备和焊接材料制造公司。该公司自称其所生产的各种新焊接设备和焊接材料占全美国总产量的一半。林肯公司的焊接设备制造部门以生产常规焊机为主。从小型交流手弧焊机、内燃机驱动的弧焊发电机到大型焊接电源,都设有生产线,其中以自动及半自动埋弧焊机的生产批量最大。该公司还大量生产各种手弧焊条、实心和药芯的焊丝以及各种熔炼型和非熔炼型焊剂,由于成本较低,具有较强的市场竞争能力。

该公司很注意经营管理,从1934年起,公司就采用年度奖金的办法来刺激生产和降低成本,使职工除得到与所在地区其他行业职工相仿的月工资外,年末还可以获得数额可观的奖金,评定方法以产量、质量、可靠性和建议与合作等为主要依据。该公司1979年年底所发职工年度奖金总额达4650万美元,足见其赢利之巨。随着近年来资本主义经营方式的变化,该公司现有约50%的职工(雇员)直接执有该公司的股票,其份额共占总股份的三分之一。在管理体制方面也有特色,如实行了以若干个工人为一个小组,配以一定的机床、设备和工具,实行小型闭环包产到组、超产给奖,分段层层包干负责的管理体制。该公司处处精打细算,不追求形式,而注意经济效益。林肯电气公司的生产工人按件计酬,他们没有最低小时工资。员工为公司工作两年后,便可以分享年终奖金。该公司的奖金制度有一整套计算公式,全面考虑了公司的毛利润及员工的生产率与业绩,可以说是美国制造业中对工人最有利的奖金制度。在过去的56年中,平均奖金额是基本工资的95.5%,该公司中相当一部分员工的年收入超过10万美元。近几年经济发展迅速,员工年均收入为44 000美元左右,远远超出制造业员工年收入17 000美元的平均水平,在不景气的年头里,如1982年的经济萧条时期,林肯公司员工收入降为27 000美元,这虽然相比其他公司还不算太坏,可与经济发展时期相比就差了一大截。公司自1958年开始一直推行职业保障政策,从那时起,他们没有辞退过一名员工。当然,作为对此政策的回报,员工也相应要做到几点:在经济萧条时他们必须接受减少工作时间的决定;而且要接受工作调换的决定;有时甚至为了维持每周30小时的最低工作量,而不得不调整到一个报酬更低的岗位上。

林肯公司极具成本和生产率意识,如果工人生产出一个不合标准的部件,那么除非这个部件修改至符合标准,否则这件产品就不能计入该工人的工资中。严格的计件工资制度和高度竞争性的绩效评估系统,形成了一种很有压力的氛围,有些工人还因此产生了一定的焦虑感,但这种压力有利于生产率的提高。据该公司的一位管理者估计,与国内竞争对手相比,林肯公司的总体生产率是他们的两倍。自20世纪30年代经济大萧条以后,公司年年获利丰厚,没有缺过一次分红。该公司还是美国工业界中工人流动率最低的公司之一。

资料来源:http://www.hrclub.com.cn/wenxue/Article_Show.asp?ArticleID=605

热身思考:林肯电气公司成功的原因在哪里?

企业的内部环境也对人力资源战略具有重要影响。那些企业内部影响人力资源管理的因素构成了人力资源管理环境分析的内部环境。企业战略、企业文化、非正式组织、企业现有人力资源状况、企业现有工作性质、领导风格和经验等都是与企业战略性人力资源管理相关的极为重要的内部因素,这些因素对决定人力资源管理和组织内部其他职能部门的相互作用有着重要的影响,并同时作用于组织的整体生产效率,在当今动态环境下,这些因内部因素在人力资源战略变革中还可能表现出其独有的作用,因此有必要对这些因素做进一步的分析。

4.1 战略与文化的影响

4.1.1 战略和目标

企业战略是企业发展的目标,是制定和实施人力资源战略的前提,每个组织的各个部门的存在也是因为企业战略规划和发展的需要,每个组织单位的目标都应该和企业的总体战略目标保持一致,在实践中配合整体战略目标的实现。人力资源部门当然也不例外,不同的企业战略要求设置与其相匹配的人力资源管理战略,特定的战略目标必须被看作影响人力资源管理实践的一个重要的内部因素。因此,企业必须首先明确企业经营宗旨及战略目标,并根据企业总体战略的要求,确定一定时期内人力资源开发与管理的目标、实施步骤及相关预算安排,制定一套完善的业务计划以进行落实。

一个组织的部门内部和部门之间经常存在目标不一致的现象。每个部门可能都有像员工满意、生存和适应变化等目标。在决策者看来,不同目标的重要性是不同的,因此不同部门有不同的地位。在有些组织中,利润是最重要的目标,那么像员工满意度这样的目标就很难受到重视。在这些以利润为先的组织中,人事部门以及人事部门的目标很少受到关注。人力资源如果长期受到忽视,那么组织终究会出现许多问题,如高旷工率、绩效下降、高投诉率等。在有些组织中,决策者高度重视人力资源管理的相关目标,因此这些目标影响到人力资源管理活动功能的价值多少和如何实现人力资源管理功能。战略指组织长期希望达到的关键目标。作为计划,战略对公司的竞争地位和资源配置方式影响很大。例如,苹果电脑公司早期的成功归功于它的战略、结构、人员和管理的合理安排。员工"凭苹果技术被授权"。苹果的员工坚信公司的技术和理念比其他任何一家公司都先进,但是后来竞争对手的冲击和公司内部将高终端科技分离的战略导致争议、不满和政治纷争。苹果公司没能适时调整,于是利润下降并不得不解雇许多员工。有些公司认为公司的长期成功取决于如何帮助员工实现工作和生活之间的平衡。这些公司采取的措施让员工感到安全,能够帮助员工改善家庭、子女抚养和生活等方面的条件。

许多学者证明,人力资源战略与企业战略的协调,可帮助企业利用市场机会,提升企业的内部组织优势,帮助企业达成战略目标。比如说,如果一个企业的总体战略目标是追求总成本领先,而另一个企业的总体战略目标是追求不断的创新的话,那么它们的人力资源战略和人力资源规划当然就会有相当大的不同。追求创新的企业需要有一个宽松的工作环境。为促进技术的发展,其必须招聘到第一流的研发人才,它必须时刻关心劳动力的培训和开发。为留住和激发第一流的研发人才而设计一个有效的报酬方案也是特别重要的。对于追求成本领先的企业来讲,它就不需要招聘第一流的研发人才,同时这种人才对其来讲也只会作为一种增加的成本。企业要想在激烈的市场竞争中获得并保持优势,企业的人力资源管理与经营战略需要彼此协调、匹配,而要实现二者之间的协调与匹配,便需要两者之间时常进行双向、深入的"沟通"。

由于战略的要求,企业会做出许多对人力资源部门影响很大的决策。

1. 企业重组

许多企业因应使企业管理结构的金字塔变得更加扁平的战略需要而减少管理层次、关闭一些生产线或与其他企业重组,这样就必然涉及部分员工的工作调整甚至辞退问题,并帮助部分员工安排新的工作。

一般来讲,要进行企业重组,必须先从根本上重新思考和重新设计企业的经营程序。其目的是为了降低成本、改进产品质量、提高服务水平和提高完成各种工作的速度。重设工作是经营界限明晰化过程的一个组成部分。明晰化就是确定和保留企业的核心业务,放弃各种微不足道的边缘业务。这样一方面就要进行人员压缩,人员压缩就是减少企业现有员工的数量,它是一项旨在减少各种成本的有意识的策略。实行减员的原因之一,是由于许多工商企业积聚了过多的雇员。人力资源管理者在企业重组时要处理的问题是员工对企业忠诚的消失,以及要调整留在企业的员工作为幸存者的心态等等。

关于重组和收缩的一连串的不可穷尽的标题和新闻故事能填满一张又一张纸。一些关于收缩的事实:

- 所有收缩的公司中的大约一半是以同样多的裁减人员结束的。
- 制造业的收缩并不新鲜,在1967年就发生了。制造业只有收缩的故事的15%,在过去的十年中,零售和服务已经扩大了相当的规模。
- 缩小肯定与一个领域与外国竞争的程度有关,一个逻辑的假设是收缩是鼓励公司降低成本。
- 收缩的公司趋向于增加短期利润而不是生产力。
- 收缩共同地导致了公司内的工资水平降低。

结构重组意味着在一个公司中报告和权力关系的改变。在重组过程中,公司的一些官僚体制可能会被消除,报告关系可能被改变,或创造出一个全新的附属机构来指导在新市场位置的经营。收缩是一个用来指明公司员工消减的词语。在刚过去的两年内,采取收缩政策的公司的比例实际上已经下降了。但是,尽管收缩活动减少了,每年,对于数千家公司和数百万员工来说,竞争的增加,过度的消耗和对利润改进意愿的关心意味着收缩将是终生的事实。

收缩面临着人情问题:雇员被解雇、朋友和同事被赋予了新的责任以及对信任和工作安全性的感觉受到威胁。自己被解雇或同事被解雇在感情上产生的影响能导致因压力而产生的健康问题。越来越多的人意识到工作的安全性已成往事。关于收缩的故事和统计数据表明:随着解雇现象在行业之间蔓延,工作的安全性已经下降。对于没有高学历的雇员来说,其工作保有下降的最大。

2. 兼并和接管

由于战略的需要,企业可能要兼并和接管一些在战略上有互补性或其他原因的企业。作为人力资源管理者要研究在购并整合后的战略目标下被购并企业组织和人员的匹配程度。在购并后的许多情况下,都涉及组织和人员的调整。而到购并后,人才的不足和过剩,会严重影响战略目标的实现,可能会需要用极高的代价去弥补。在此,人力资源人士要先评价对方的管理人员和其他关键雇员(如技术人员和销售人员)的能力,根据组织设计,测算出组织将缺少哪方面人才,做出详细的人力资源规划(此规划要考虑购并后的企业需要哪些方面的管理人才、市场开发人才、技术人才;被购并企业有哪些潜力,为实现这些潜力,对长远的人员规划有何要求;怎样更好管理和激励新的管理人员;机构撤销、扩大人员配备等多方面问题)以及此规划的实现计划。

3. 全面质量管理

企业始终关心如何通过向顾客提供优质产品和服务而使顾客满意。这些关心就产生了全面质量管理(TQM)的运动。全面质量管理强调预防错误而不是侦测错误。它认为,首先"做正确"是最佳办法。采用这种方法的企业试图把质量建立在设计、生产和运送产品或服务的所有阶段之中。这些企业授权员工追溯产品或服务的问题至其根源并且重新设计生产过程以便使用各种解决问题的技术和统计学的技术(例如:统计过程控制)去消灭它们。工人授权皆采用顾问组、特别工作组和跨职能团队的形式。许多企业已经成功地实行全面质量管理。全面质量管理的倡导者们声称,它之所以能成功,是因为它以顾客为焦点并且促进了诸如团队工作、持续学习和持续改进之类的管理。

全面质量管理要求企业的员工承担越来越多的责任,转向某种全面质量管理方法的企业必须改变它们的传统人力资源管理理念和方法。例如,使用自我管理的工作团队需要新的挑选、培训、评估和奖励的策略。施行全面质量管理的企业必须挑选和/或(通过培训)创造出优秀的"团队选手",并且必须以团队的绩效而不是个体的绩效为基础去评价和奖励员工。

4.1.2 组织文化

组织文化是处于一定经济社会文化背景下,组织在长期生产经营中,逐步形成和发展起来的日趋稳定的价值观、企业精神、行为规范、道德准则、生活信念、传统习惯等等。组织文化指一个组织区别于其他组织的、并且能为其成员所共同接受的一系列价值观。公司文化的实质体现在以下几个方面:公司的处事方式,对待顾客和员工的方式,部门或办公室所拥有的自主程度和员工对公司的忠诚程度。组织文化代表组织成员所持的观念。员工存在共同的价值观吗?组织存在普遍的价值体系吗?这些都是形成公司文化过程中所应提出的问题。没有哪一种文化对人力资源的发展来说是最好的。但不同的公司拥有区别于其他公司的文化。文化可强可弱,如果公司的大多数员工有共同的价值观,我们就说它有强文化。日本公司如索尼、本田和丰田常被人们作为拥有强文化的公司典型。IBM、3M 和 Merck 是美国公司中拥有强文化的公司典型。文化影响行为、生产率和员工的期望。它为员工提供绩效标准的尺度。例如它可以提供出席、准时、关心质量以及客户服务方面清晰的规范。

组织文化在企业管理中的作用主要如下:① 激励作用,组织文化犹如一种内在于企业的精神,这种无形的动力可以激励员工的自豪感、主人翁责任感,转化为推动企业群体前进的动力。② 凝聚作用,组织文化能够培育员工的企业共同体意识,这是企业凝聚力的来源,它能在企业内部造成一种和谐公平、友好的气氛,促进全体员工的团结、信任、理解和相互支持,使之形成群体的向心力。③ 规范作用,组织文化的一个重要特征就是根据组织整体利益的需要,产生一系列以价值观念为核心的评判标准,这虽然不是规章制度,但在实践中员工做出了符合企业目标的行为,这就起到了规章制度的规范作用。④ 稳定作用,组织文化具有相对稳定性。在企业中企业文化一旦形成模式化后,就具有很强的稳定作用。这是因为企业长期形成的渗透到企业各个领域的文化,可以成为深层心理结构中的基本部分,在较长时间内对成员的思想感情和行为发生作用。

人力资源管理的最高层次就是运用组织文化进行管理。因此,毫无疑问,企业文化是人力资源环境评估的一个重要对象。如何对企业文化进行研究呢?首先,由于企业文化是长时间形成的,因此,要首先对企业发展的历史以及企业文化形成的历史进行研究。其次,不仅要对表层的文化进行研究,而且要深入到最里层,看看员工做出决策时暗含的假设是什么,如果某些假设是共同的现象,它们就有可能和企业文化有关。再次,一个企业中可能还有许多的亚文化,经理层有经理层的文化,一线员工有一线员工间的文化。一方面企业文化对企业在特定的情况下会有积极的作用,但是企业文化一旦形成后就具有一定的稳定性,但竞争环境变化得非常快,引起了企业组织结构、运作方式的改变,而企业文化的变化相对较慢,此时的企业文化就起了一种阻碍的作用。因为企业文化也具有生命周期,如今,企业文化落后于组织变革的这种情况愈来愈多的出现,这就要求在人力资源内部环境的具体分析时对企业文化更加重视。

4.1.3 非正式组织

人力资源管理的内部环境存在有两类组织:一类是正式组织,另一类是非正式组织。我们通常通过组织机构图表和工作说明来描述正式组织。由于是正式的,所以正式组织易于观察、分析和诊断。而非正式组织呢?企业中的非正式组织群体,是指在企业生产经营中自然形成的一种群体关系。非正式组织群体关系的存在,显示了员工间广泛的社会关系,其凭借非正式的渠道,以感情为基础,群体成员的行为不受正式的约束力。有的时候,一些通过正式组织解决不了的问题,可以通过非正式组织获得解决。

企业中非正式组织群体的作用取决于非正式组织的目标和正式组织的目标的一致程度。当非正式组织的目标和正式组织的目标一致时,非正式组织就会促进组织目标的实现。当非正式组织的目标和正式组织的目标不一致时,它就会影响企业目标的实现。非正式组织群体在生产经营过程中,有时会有约定俗成的工作标准,当这一标准与企业计划所规定的标准没有冲突时,企业的计划能够较顺利地完成,若这一标准与企业的目标相冲突,则会阻碍或干扰企业目标的实现。非正式组织群体的这一作用,在企业急需增加产量或超额完成任务时,会表现得尤为突出。非正式组织可以弥补正式组织沟通范围的不足。非正式组织群体的活动不受行政界限的限制,超越行政权力的时空,比正式组织沟通的范围大。因此,正式组织可以利用非正式组织群体这一特点,来弥补自己的不足,扩大沟通的范围,做好自己的工作。如当企业实施一些重要决策或决定时,除了通过正式组织系统动员、布置外,还要利用非正式组织的力量。

人力资源管理实践的目的是为实现企业的目标;同时,非正式组织对企业员工的满意度、工作积极性等等也有较大的影响。因此,人力资源管理环境研究要对非正式组织进行分析,以利于在工作中对非正式组织进行诱导。一般来说,每个非正式组织群体在形成及其活动过程中,都会逐渐浮现或产生出其"代表",这些"代表"对群体的影响较大。因此,在分析具体的企业时,还要对这些"代表"进行个案研究。

4.2 技术与工作的影响

4.2.1 工作性质

除了人相关的因素,工作因素也是影响人力资源规划的重要内部环境因素。许多专家认为工作性质是影响组织人力资源管理的最重要的两个因素之一。他们认为人力资源管理研究的就是如何做到人岗匹配,工作性质对员工行为影响很大,因此对工作性质的研究就显得很重要。总的说来工作中会显示下面的一些特征:

(1) 掌握知识的程度和运用信息技术的能力。信息和计算机技术的发展使得组织要求员工具备这些技术知识和能力。"知识技能"的运用已变得非常重要,它取代了以前的体力搬运。"知识型工人"通过运用数据库、计算机程序和其他信息技术资源(如因特网和局域网)来计划、决策和解决问题。

(2) 授权的程度。授权意味着把做出相关且有意义的决策的权力委托给员工。分权化、扁平化的组织结构更易促进员工的参与和沟通,由于享有信息、知识和权力,被授权的员工一般可以顺利完成他或她的工作任务。

(3) 对体力运用的要求程度。比较挖掘工的工作和电脑程序员的工作。总的说来,大多数人更喜欢自己的工作涉及最少的体力运用。如3M等一些公司认为靠智慧工作比靠体力工作更能解决生产率问题。

(4) 工作环境。越来越流行的开放式办公环境被证明对于员工沟通、团队协作、员工自主监督等具有积极作用,而传统封闭式办公被认为较难实现组织信息的快速、高效共享。

(5) 工作时长。有些工作要求短期的高强度的努力,有些要求长期压力较小的努力,像自动流水线的某些工作是连续的,有些工作是间断的,如收费电话亭的经营。

(6) 工作中的人际互动。一些工作要求与其他人相互作用、形成协作,而一些工作只需要员工独立完成。

(7) 工作自主性。一个人所拥有的关于工作的自由和责任的大小标志着某项工作的自主性程度。比较大学教授的自主性与流水线工作者的自主性。

(8) 任务整体性。工作的完整性程度——完成一整项工作的满足感与只对工作的某一部分做出贡献相比——即它的工作整体性。比较自动装配者的工作与税收计算员的工作。

(9) 任务多样性和工作设计。任务多样性表明员工日常接触异质性工作的程度,间接的,员工所能获得的异质性信息具有差异。职位和工作不是自然形成的,工程师和专家能够利用这里所描述的各种特性来进行工作设计。

这些工作因素将在多方面上影响人力资源管理决策和人力资源规划设计。首先,工作自主性、授权程度、任务多样性等因素可能直接影响人力资源规划设计,它们属于工作设计的内容,是人力资源规划制定之初就需要考虑的因素。在战略变革期间,现有的工作因素可能与新的战略规划有一段不适配的时期,从而对规划实施产生一定阻碍作用。比如,当员工现有授权程度低,他们缺乏实施和推动战略变革的信息、资源等,从而可能导致人力资源战略规划搁浅。其次,工作环境、人际互动、信息技术等因素可能通过影响信息传递,对人力资源战略规划产生间接影响。比如,对于那些非电子办公的员工,在关于建立公司知识网络的战略变革中,很难实现参与。

4.2.2 工作群体

群体在一个人的生命中扮演了重要的角色。你可以属于家庭、朋友、同学等不同的群体。一旦某人参加了一个组织,他(她)的经验就会受到工作群体的巨大影响。

工作群体由两个或两个以上的人组成,它们把自己视为同一群体,为完成某一目标彼此之间相互依靠,并在或多或少连续的基础上彼此相互交流、相互作用。在许多情况下(但并不总是),它们彼此紧挨着工作。一个有效的群体应具备以下特征:成员作为一个小组运行和活动;成员全力参加群体的讨论;群体目标明确;完成群体目标所需的资源充分;成员提出许多有用的、有助于目标实现的建议。

大部分有效率的工作群体规模较小(研究表明 7—14 名员工是一个很好范围),它们的员工有眼神的交流并在一起亲密无间的工作。同时,有效的群体总体而言有稳定的员工,其成员有相似的背景。群体成员由依靠群体来满足他们的需要的人组成。

尽管有效的群体支持管理工作和组织目标,但也会产生反作用。当群体认为组织的目标同它自己的相冲突时,这种情况就会发生。如果工作群体是有效率的并与管理工作相一致,管理者的工作就比较简单,目标也更可能实现。如果群体竭力反对管理者,那么,管理者必须做出努力,通过运用他的领导和权力进行奖惩或通过转移某些群体成员来改变群体的准则和行为。

工作群体同人力资源管理活动的成功直接相连。如果一个工作群体反对人力资源管理活动,它能够毁坏它们。活动的成败取决于工作群体的赞成或反对,这种例子在报酬激励、利润分配、安全性和员工关系中都存在。要想在这样的项目中取得成功,一线管理者和人力资源管理者至少应该考虑允许群体参加设计和实施人力资源管理活动。

4.2.3 技术

曾被大量宣传过的信息时代已经悄然而至。它的到来对工作、商务运营的方式和对更多有知识员工的需要产生了冲击。技术革新的趋势通过以下几方面表现出来:

(1) 对知识需求的增长。知识密集型的商品和服务,比如生化药物,机器人和工程技术,在世界贸易中以高于三倍的速度增长。

(2) 人才竞争的转移。许多人预计到 2015 年为止,几乎所有关于网络方面雇用的增长将体现在知识员工上。

(3) 世界范围内的市场联系。技术正在使边界消失,并创造着一个相互联系的市场。

(4) 商务流程化(Business Streamlining)。通信、电子邮件、电子会议和数据单元(Databases)的方便使用,创造着瞬间的技术传递,使由于地理阻隔而分开的员工能做出更好的决策。

(5) 快速反应。技术的使用允许快速的交流,能更快地做出决策。东京的可口可乐公司在库存较低时能自动告知配给者。

(6) 快速革新。在由市场、工程和生产组成的小组中,个人工作在计算机提供的文件、数据和信息的帮助下,能更快地改进生产。每一个时期——产品理念、设计、发展和生产——通过使用电子资源都变得更可取。

(7) 质量改进。在整个生产、销售和服务过程中建立质量体系的理念通过计算机监测系统和机器人的使用得到了加强。

(8) 工业革命。在工业革命之前,大部分人不是紧挨着就是在其家中工作。然而,大规模生产技术的运用改变了这种情况,人们开始在工作地点或工厂中工作。今天,伴随着计算机技术运用的增加,对许多人而言,有这样一个改变:他们可以在家中工作或从事涉及(telework)或电信交流的工作。据估计有超过100万美国员工正在使用电信系统进行交流。使用电信系统进行交流引起了许多需要回答的人力资源管理方面的争论,比如,怎样评估绩效,怎样支付使用电信系统进行交流者的报酬,怎样让使用电信系统进行交流者感到他们是集体的一员和怎样指导使用电信系统进行交流。

4.3 领导风格和员工特征的影响

4.3.1 领导风格和经验

领导风格和经验将在三个层面上对人力资源战略规划产生影响。战略层领导作为人力资源战略规划的制定者,其经验水平和个人特征都会对人力资源规划设计产生直接作用;管理层领导作为人力资源战略规划的实施者和监督者,其管理经验和个人特征将对人力资源规划实施和检验产生直接影响;操作层管理者作为人力资源战略规划的一线落地人,其管理技能和工作态度等将直接影响人力资源战略规划的最终绩效表现。各个层面的管理者或领导者都是人力资源战略规划中的关键环节。

领导者必须精心安排员工个人的特殊技能、经验、个性和动机,也必须使工作群体中的合作变得容易。领导者的角色是提供方向、激励和权威来激励其期望的行为。领导强化期望的行为,因此这种行为是持续的和被加强的。领导者是一个关于任务、组织和人力资源管理政策、项目和目标知识的重要来源。一个领导者的经验和管理风格将影响到哪一个人力资源管理项目被讨论交流、得到实施和有效率。表4-1列出了战略的三个层次——战略层、管理层和操作层——它们应用于四种具体的人力资源管理活动。

表4-1 人力资源活动层次

层次	雇员选拔/安置	报酬 (工资和福利)	评估	发展
战略层 (长期)	详细叙述要在长时期内经营业务需要具备的个人特征; 检查劳动力的趋势; 分析流入本国的移民	设立报酬项目,使它与国内外竞争者相比具有竞争性; 设立与战略目标相联系的报酬系统	确定对组织成长起至关重要作用的绩效层次和类型; 建立合理的绩效标准; 把评估与长期目标的完成相联系	计划员工发展经历; 以弹性原则计划发展项目,为组织发展提供支持

(续表)

层次	雇员选拔/安置	报酬（工资和福利）	评估	发展
管理层（中期）	做出人员选拔的纵向标准；发展招聘市场计划；发展方法来建立人力资源蓄水池	为每个人建立一个五年期的报酬进展计划；建立员工类型的福利单；设立退休一揽子交易	证实与当前状况和未来需要相联系的系统；设立发展评估中心；使用年度或更加频繁的评价系统	设立总的管理发展项目；为组织发展提供支持；鼓励个人发展
操作层（短期）	准备员工计划；准备招聘计划；每日检查员工的绩效	管理工资和薪金项目；管理者福利一揽子交易	使用年度或更加频繁的评价系统；使用每日绩效检查系统	使用特殊工作技能培训；使用在职培训；使用网络培训

在表4-1中所列出的在三个层次规划和实施切实可行的人力资源战略的努力，被用于达到最终期望的结果，例如高质量的产品和服务及有社会责任感的行为。换而言之，切实可行的战略其目的在于导致成长、利润和生存。

组织的战略规划导致有根据（Informed）、有目的的行动。通过准确有力的表达为什么组织能在现在和将来存在，战略性规划为做出重要的人力资源管理决策提供了方向和长远目标。规划人力资源管理活动扩展了对可行性的关注，鉴别出优势和劣势，揭示了存在的机会，指出估计国内外各种力量的可能的冲击的需要。

一个计划良好的组织战略规划，允许人力资源管理部门做出更好的准备来应付国内外环境中的变化。把人力资源管理活动和规划纳入组织战略规划的想法并不新颖。每一个组织都能够采纳最符合它目标、环境、资源和人员的特殊战略形式。在于组织的战略规划相适应的情况下，员工的特性和人力资源管理活动在完成期望的组织最终目标——有竞争力的产品和服务方面，是重要的。

把人力资源管理职能和部门仅看作高度专业化和技能化的管理活动的时代已一去不复返了。人力资源对企业的成功至关重要，人力资源管理职能涉及组织运行的所有方面。雇员必须在最佳的水平上操作，这样整体战略和目标才能实现。人力资源单位必须每日都对组织做出贡献。因此人力资源管理项目必须是能被理解的、与组织文化相适应的、能满足员工需要的。这意味着管理创新和行动必须致力于使它的人力资源管理项目、活动和人才与组织的整体战略相适应。

4.3.2 员工特征的影响

企业现有的人力资源是企业进行人力资源战略规划的基础，也是企业能否顺利实施人力资源战略规划和发展的起点。企业战略目标的实现首先要立足于开发组织中现有的人力资源。因此，必须对企业现有的人力资源状况有一个全面的了解和充分的认识。因此，利用一定的方法，对企业的人力资源数量、人力资源的质量、人力资源的分布、人力资源的利用状况等等进行认真的统计分析是企业人力资源环境评估的一项工作。具体而言，即评估企业员工数量、员工素质、教育培训制度体系等等，一般情况下，企业可以借助人力资源档案中对每个员工的基本资料、工作经验、受教育程度以及其他特殊信息的记录和描述来分析评估（这将在以后的章节中涉及和具体阐述）。有学者证明，组织规模、资源丰富程度和复杂性等组织因素是影响人力资源战略形成的重要因素。人力资源战略规划制定之处需要考虑规划的适用范围、落地程度，这些制定要素需要参考现有员工数量、员工教育程度等。此外，更重要的是，员工软素质、现有员工技能情况、员工胜任力素质等人力资本现状对于人力资源规划能否成功落地具有决定性作用。

1. 员工技能

某些影响人力资源管理项目的员工差异是由技能的差异而引起的。技能或技艺可分为机械的、运动协调的、思想的和创造性的。据许多心理学家说，一些技能是遗传因素的结果，很难通过培训来改变。其他能力，比如人际技巧和领导能力，容易改变。人们在家庭、学校和工作中学习技能；他们现在所拥有的一系列技能至少部分是过去学习过程的结果。

由于人们的技能不同，他们在某一特定技能上被改变的限度也各不相同。大多数情况下，把拥有某些技能的人安置在需要这些技能的工作岗位上更有意义。不是每个人都拥有做任何一项工作所必需的所有技能，同时，管理者不总是有培训不具备这些技能的员工所需的时间和金钱。

今天，那些不是因个人过失丢掉工作的老龄员工可能是最难办的雇佣问题之一。有时雇主认为员工老了，他或她不再胜任工作，而且不再能适应变化了。一个重要的事实是每个人都以不同的速度衰老。当我们随着年龄的增长会逐渐失去某些能力，这个过程是持续的。例如没有哪个游泳运动员会比他或她十几岁时水平更高。因此，关键是使员工和工作相匹配。老龄员工可能在一些需要快速反应的工作上效率较低，但是速度和反应对驾驶员和飞行员更重要，而不是股票分析员或社工。许多研究表明，即便是一些要求体力的工作，超过45岁的员工也并不比年轻员工发生的事故更多，而且老员工有与其相同或更低的旷工率——至少在55岁以下是这样。一项研究观察到的最高事故率发生在35岁以下的员工身上。若考虑整体绩效（包括速度、精确度、判断力和忠诚等因素），可发现老龄员工和年轻员工一样有效。

2. 员工的态度和偏好

个人对工作和工作地点的想法、感觉和行为形成重要的态度。态度是一种特性，同时，又是一种对事物、思想、人或群体的经常的长期不变的思考、感觉和行为方式。偏好是态度的一种，是对事物、思想和处于某一位置的人积极的或消极的评价。

人们被强大的精神力量所激励，同时，工作为有野心者和追求快乐者同时提供了机会。工作除了提供一条释放能量的渠道，也为人们提供了收入、存在性证明和实现自我尊重及自我价值的机会。用于工作的精力的大小和用于家庭、人际关系和娱乐的精力的大小是联系在一起的。

对工作态度和工作偏好的关注,是怎样帮助管理者理解员工和改进他们的工作效率的？许多 HRM 项目(工作扩大化、报偿、领导项目、参与项目)被设计出来,用来创造一份更令人喜欢的,以个人态度为导向的工作。前提假设是,积极的态度将导致高质量的表现和产量的增加。

3. 员工动机

动机是一套促使某人倾向于以一种特定的目标导向的方法行动的态度。因此,动机是一种内在状态,它加强、引导、支撑人们的行为来达到目标。工作动机与这样一些态度有关:引导某人的行为指向工作并远离娱乐或其他生活领域。伴随着其他生活活动的改变关于工作的动机也会改变。

许多理论试图解释工作动机。这些理论的不同之处在于它们的假设——理性人是怎样的,以及有意识的和无意识的思想指导行为的程度。在这些理论中,有许多已经获得了一些研究的支持,但没有一个压倒一切性的证实。同时,他们的注意力集中放在个人动机在完成组织和个人目标的重要性上。

雇员动机方面的知识将怎样帮助一个人成为一个管理人方面的更有效的管理者？一个能够确认雇员工作动机和工作态度的管理者,将做出更有效的人力资源管理决策。对于那些看起来以工作为中心和有动机努力工作的员工来说,奖励性报酬将有可能导致更高的生产能力和更高质量的工作。那些自觉地被激励做一份更好的工作的员工,从像目标管理这样的绩效评估中获益。那些能确认或预言怎样激励员工的管理者,能创造出一个最适合支持动机的工作环境。

毫无疑问,一个人动机状态的确定非常困难。记住,动机存在于人的内部,管理者必须从他或她的行为中推断个人的动机或动机水平。管理者利用他或她对个人动机的理解,来选择最可行的人力资源管理项目。

4. 雇员的个性

个性是一个人调整自己以适应他或她所处的环境的思考和行为的特定方式。它包括一个人的特征、价值观、动机、基因蓝图、态度、情绪上的反应、能力、自我印象和智力。还包括一个人的可见的行为模式。每个雇员都有独一无二的个性。正因为如此,要想使单一的一套人力资源管理活动和领导方法,对于所有雇员都同样的起作用,是不可能的。

个人具有独特的个性、能力、态度和偏好、动机。员工在性格和行为上既是理性的又是凭直觉的感性的。因此,他或她的选择和行为是理性(有意识的)和感性(无意识的)共同影响的结果。选择偶尔也会全部受到其中一种或另外一种的影响,但大部分行为受两种方式的共同影响。每个人都是独特的,依据某一特定的方式行动和思考。

理论和研究表明,雇员的天性在人力资源管理决策方面有重大影响。有效的管理者意识到,雇员的天性在人力资源管理活动和组织的有效性方面,是一个至关重要的变量。令人满意的和有效的人力资源管理所期望的最终结果,是具有社会责任感的及合法的行为和高质量、有竞争力的产品或服务。研究表明,组织的有效性受到人力资源管理实践的重大影响。仅仅通过改进会计系统和技术,生产率、质量和顾客满意度方面的改进不会发生;它们在一定程度上典型的是依靠多种管理系统的改变而发生的。人员配备、培训和报酬的改变,组成了协同改变努力的完整部分。因为人力资源管理系统是行为的重要驾驭者,因此必须与其他的管理系统相结合。否则,改变的努力若遇上抵制,经常会失败。简而言之,如果不把注意力放在人力资源管理上,改进组织绩效将是非常困难的。因此,在一个公司的竞争努力中,人力资源部门必须是中心的演员。

4.3.3 临时员工

与临时员工相对应的是持久的或全职的员工和其他类型员工。临时员工包括:临时工、兼职者、合同工或契约工(外部来源)(Outsources)和其他被雇来处理额外工作任务和工作担子的个人。临时性员工正成为公司员工混合体中分布广泛的一部分。

从19世纪70年代初期到如今这段时间,临时性员工的数量平稳地增加。在19世纪早期,这一群体以每年高于4%的速度增长。临时性员工增长率最高的行业是健康服务业、物业管理业和数据处理和计算机服务业。

兼职者比全职员工投入更少的时间。通常,兼职者获得更少的边际利益,有灵活的工作安排。20小时或时间更少的工作周经常是兼职者正常的安排。劳动统计局把全职工作定义为每周工作35小时或更多,而这些员工具有以下工作特征之一:在一份主要工作上是全职的,同时也有一份或多份兼职工作;他们把许多兼职工作进行组合,组成一个全职的工作周;或者,他们组合不同时间的工作,组成一个全职的工作周。

微软公司雇用了6000多名临时性雇员。这些雇员被排除在微软的19 000名正式美国员工所得到的福利和股票期权计划之外。微软公司的临时性员工表达了他们被视为二等公民的感觉,这种感觉通过他们佩戴橘色标志身份的徽章,而正式员工佩戴蓝色的徽章得到了加强。在微软公司,一个令人担忧的问题是只要临时性员工存在被视为二等公民的感觉,工会的努力就能获得稳固的地位。

外部来源是通过雇佣另一个公司来完成重要的及必须有效完成的工作的一种实践。越来越多的公司正在从外部引进人力资源管理活动。外部来源公司为其员工提供完整的工作。这类活动又被称为雇员租用。它们越来越受欢迎,因为它们能为公司省钱、降低风险、改进效率和允许公司把重点放在其核心经营运作上。估计约有2 500 000名员工把职业雇员组织视为他们的主要雇主。

显然存在这样一个问题:对于机构内部的人力资源管理活动和专家来说,职业雇员组织是否是一种威胁?对于许多小型和中型的公司来说,职业雇员组织仍将是一个值得花钱来分析的可选择物。今天,职业雇员组织主要为少于50人的小公司提供服务。这是一个绝对的选择,并且它不可能取代大部分人力资源管理专家。事实上,许多人力资源管理专家能更大程度地转入这种雇佣中,因为他们的专业和经验正是所需的。外部来源和雇员租用,对于那些寻求可获得的全职、兼职和合同机会,来为工作配备人员和满足公司的需要的公司来说,是有效的选择。

4.4 动态环境下的组织发展和变革

4.4.1 组织和人力资源的新挑战

21世纪的经济全球化、经济中心的转移、人口跨国流动、高新技术的迅猛发展、竞争焦点的变化,使得企业管理面临着全球化、竞争力、持续增长、变革的挑战,基于成本、技术、销售、生产及产品特色等传统的竞争方式成为竞争的必要条件,拥有这些优势只能保证企业能够参与市场竞争,但不能保证一定有竞争力。迎接未来的挑战应该把注意力放在如速度、反应能力、关系协调、灵敏度、学习能力以及员工素质这些组织能力上。为了尽最大可能获得并利用这些组织能力,企业管理必须把人力资源作为竞争优势的来源,以适应、调整、超越这些挑战带来的各种复杂难题。人力资源管理可以通过以员工为中心的结果引发以组织为中心的结果,创造出一种企业不可模仿的竞争优势。企业人力资源管理实践日益向战略人力资源管理转变(钟武勇,2010)。

值得一提的是,人力资源战略规划应当是一个闭环项目,这一特征在当今动态环境背景下,更应受到企业关注和重视。人力资源战略规划将人力资源战略与人力资源规划联系起来,内容包括人力资源环境分析、制定人力资源战略、进行人力资源供给和需求预测、制定人力资源规划方案,以及人力资源战略与规划的评价和控制等方面,构建的统一人力资源战略与规划体系(赵曙明,2002,2009)。人力资源战略规划可分为四个阶段进行:第一阶段是信息收集与处理,主要分析企业发展战略、内外部环境、人力资源状况以及相关影响因素;第二阶段是总体规划与分析,即根据收集处理后的信息来制定人力资源战略规划的总体设计方案及目标;第三阶段是制定并实施与业务战略直接相关的详细计划;第四阶段是对人力资源战略规划实施的过程监控、评估及修正(张艳和倪金样,2008)。在动态环境下,这个闭环项目的试错-反馈速度需要加快,否则制定的人力资源规划可能落后于市场变化和公司发展需求,这将对评估和监控人力资源规划实施的组织能力提出更高要求,而现实中,这个闭环的最后一步往往在企业实践中被忽视。

在人力资源战略规划这个闭环项目中,要求多部门共同参与、积极配合。一个切实可行的人力资源战略规划的制定过程是一个综合的多方互动过程,离不开企业高层及各业务部门的积极参与,人力资源部门无法独自完成。很多企业将人力资源战略规划看成人力资源部一个部门的事情,人力资源战略规划方案在制定的过程中缺乏充分的沟通,各业务部门不了解人力资源规划的重要性,可能导致其参与的积极性和主动性不够。

在新时代背景下,保持人力资源战略规划的前瞻性既具重要性又富有挑战性。由于环境不确定性日益提升,企业面临的经营环境越来越难以预测,人力资源规划必须适应企业经营管理的需要,保持一定的弹性。因此,企业必须前瞻性地评估企业内部环境、发展战略的变化以及现有人力资源存量和界定核心人力资源,制定预备性的支援人力资源规划,并做出相应的培训计划。其目标是在企业面临生产或服务能力扩张性机遇时,尽快地为核心人员配置支援人员,提高组织的反应能力。

4.4.2 发挥内部环境因素在战略变革中的能动性

身处 VUCA 时代的企业,其组织动态能力逐渐成为决定动态环境下、开展人力资源战略规划的重要内部因素。动态能力被认为企业应对环境不确定性、高动态性的最佳策略之一,对于快速变化的市场,基于资源的企业长期竞争优势,往往难以持续适用,因为整个产业结构都处于变化中,且不仅仅是外部竞争加剧,内部竞争也在发生,因此,基于路径依赖逻辑的资源基础观不能预测现有优势还能维持多久;而动态能力则能够帮助企业在高动态性的市场环境中发现机会、更好地建立短期竞争优势。典型的动态能力有知识获取能力、吸收能力(Absorption Capability),这些能力极大程度上决定了在动荡市场中,企业人力资源战略规划的可行性和有效性。例如,企业在知识获取能力上具有优势,说明其不论是内部知识创新还是外部知识获取上都表现出色,企业成熟的知识网络已经建立,那么人力资源战略规划的前期信息搜集过程将会大大加快、更加高效,用于战略规划的相关信息也将更加全面和准确。

随着团队成员日益多元化、国际化,个人观念和工作理念日益多元化,企业文化作为人力资源战略变革的有力助推手段,其有效性不断受到挑战。多元的员工带来四面八方的信息、知识和资源,丰富的异质性信息意味着新的机会,这对于企业在动态环境中赢得竞争优势具有至关重要的地位。因此,团队多样化成为一大趋势。由于人力资源战略规划这个闭环要求多方参与、积极合作,如何让高异质性的工作团队高效参与到这一闭环中,越来越成为国际化组织亟待解决的问题,例如,针对跨国团队的人力资源战略规划如何制定、如何落地。企业文化是解决员工多样性问题的传统手段之一,但随着人们的需求日趋个性化、观念日趋多元化,利用企业文化推动战略变革需要做相应调整,才能保证有效性。企业需要分析现有文化环境和组织氛围,是否能够支撑新的战略变革、可接受的战略创新程度等,从而为制定人力资源战略规划做出指导。例如,在国际化并购的组织调整中,需要考虑企业是否具备吸收融合国际化员工的组织文化,如果企业文化开放性、包容性程度很高,那么它可能有利于并购相关的人力资源规划的实施落地。与此相对应的,如何培育更能适应战略变革的企业文化,是企业应对动态变化时可以思考的一个问题。

人力资源规划和虚拟人力资源管理

早在几年前,计算机技术使得人力资源管理产生了革命性的变化。组织可以通过电脑技能清单,来进行薪资、福利管理,建立申请人跟踪系统。而今天,随着计算机技术和因特网的飞速发展,这种变化正发生根本性的改变。人力资源管理开始走向网络化。虽然有许多因素推动这一变化,但最重要的原因是经济全球化。因为组织的员工分布在世界范围内,企业运作全球化,这就使得对一个真正的全球性,综合性的人力资源信息系统的需求迫在眉睫。而最明显的答案,就是在因特网上虚拟化人力资源管理。

2006年的一项调查报告显示,在北美的325个主要企业中,超过90%的人力资源决策者使用网络开展人力资源的相关活动,如福利登记。而1977年的调查报告表明,被调查的企业中只有27%的组织使用网络人力资源系统。在过去的10年中,利用网络人力资源系统的美国企业数量已增加了3倍多。

在人力资源规划中因特网最常见的用途是进行交流合作、申请、追踪,以及福利和退休等规划。在招聘方面,Humana Inc.发明了一个世界上最先进的申请人识别和跟踪系统。Human是一个拥有大约20 000雇员和600万志愿者的卫生维护组织。他们的人力资源招聘人员在公开招聘时,能迅速查明、联系,并跟踪合格的申请人。他们的成功得益于Hotjobs.com上提供的一个专门的应用软件,Softshoe Select。这个软件自动搜寻上百万的个人网页,寻找可能符合Humana公司需要的人才。但是,安装费用也相对较大(需一次性付50 000美元的许可证费和每月付2000美元的配置租赁费),但是像Humana之类的公司认为,还是物有所值的。例如,按原先的估计,Humana,找到一个单一的合格申请人平均消费128美元的广告费,而现在,估计只需要0.06美元。对于Humana公司而言,这种转变每年可节省830万美元。

互联网还帮助不少企业改革了人力资源规划活动的其他很多方面。例如,花旗银行有一个单独的全球性的HRIS,里面保持了详细的技能清单,备份的资料库,以及全球98个国家和10 000名管理人员的人力资源管理实例。全球其他许多雇主可以让他们的雇员通过自我服务系统自己管理他们的退休计划,保持/改变健康状况,并跟踪个人的其他相关信息。

但是,在这些人力资源规划活动中使用因特网不是没有危险的。轻轻松松就能获得如此多的信息,就总是有可能引起雇员和黑客,或未经授权的系统用户触犯法律和道德伦理。组织必须采取一切必要的预防措施,以保障这些虚拟人力资源系统的保密性和完整性。挑战是巨大的,但企业所收获的也是无价的。

资料来源:吴丹,程俊杰.虚拟人力资源管理及其趋势研究.知识经济,2007(12):107-109.有删改。

问题讨论:

1. 互联网的出现如何改变了组织计划和管理其人力资源的需求的方式?
2. 在未来几年里,什么样的人力资源实践会得到发展?

第五章　人力资源战略规划

学习目标

1. 人力资源战略规划的关键问题有哪些？
2. 人力资源战略规划的分类、内容和过程。
3. 人力资源战略规划在企业的哪 5 个组织层面上发挥作用？
4. 人力资源信息系统的作用。

本章引例

福特汽车公司几度沉浮说明了什么？

亨利·福特在 1899 年开始创办汽车公司，后来他经营的福特汽车公司成为世界上最大的汽车制造企业，福特也成为誉满全球的汽车大王。然而到了 1945 年，第二次世界大战即将结束的时候，福特汽车公司却濒临破产。它不仅失去了世界第一大汽车公司的地位，而且每月亏损额高达 900 万美元。9 月，老亨利·福特下台让贤，由他的孙子小亨利·福特接管这个岌岌可危的家族企业。

小福特决心重整旗鼓，重振福特公司昔日的雄风。彼时的小福特已经认识到福特公司陷入困境的原因。原来，老福特在福特公司繁荣发展的时候，变得主观武断，放弃了任人唯贤的成功之道，实行家长式的管理作风，他变得不能容忍外人来插足其家族事业，决心打扫房子。于是，他接连辞退了一大批有才能的人，在 1921 年的某一天，他竟然赶走了 30 名经理。老福特最大的错误在于，1915 年，他辞退了库兹恩斯。此人是汽车工业专家，精于管理，福特汽车公司之所以能成为世界头号的汽车制造企业，正与此人密切相关。1903 年，老福特再度创业时，就是聘请他来担任总经理的。库兹恩斯苦心经营，认真调研市场，建立分销网，采用先进的管理方法，建成世界上第一条汽车装配流水线，使"T"型车的价格由 780 美元降至 290 美元，生产效率提高十几倍，福特汽车公司由此一路高歌前进，成为世界上汽车工业的龙头老大。辞退库兹恩斯使老福特付出了惨痛的代价，由于他的管理方式相对落后，而且独断专行，福特公司是每况愈下，陷入困境，被通用汽车公司所超过。

小福特对其祖父的失败原因有深刻的认识，决心启用有用之才。他从通用汽车公司挖来了布里奇，并由他主持公司的全面业务。布里奇是通用汽车公司的副总裁，具有高超的管理才能,在通用有极大的影响力。他又带来了通用公司的克鲁索,录用了十几位才华出众的年轻人,包括后来出任美国国防部长的麦克纳马拉。精兵强将组成的领导群体,具有所向无敌的力量,先进的管理方法使福特公司老树发新芽,重新焕发出勃勃生机,当年公司就实现了扭亏为盈。在以后几年的努力奋斗下,他们终于使福特公司容光重现,成为仅次于通用汽车公司的第二大汽车公司。可见,一个优秀的人才对于一家陷入危机的公司具有多么大的作用。

后来,小福特也犯了不用人才、独断专行的错误,再次陷入危机之中,他的错误做法又一次证明了人才的重要性。被小福特辞退的艾柯卡来到克莱斯勒汽车公司,使这家危机的公司重现光辉,成为美国第三大汽车公司。

资料来源:赵曙明,戴万稳.人力资源战略规划.北京:北京师范大学出版社,2009.

热身思考:基于福特公司的遭遇论述人才对于公司发展的重要性。

5.1 人力资源战略规划的关键问题

5.1.1 人力资源战略规划的含义

人力资源战略规划从本质上说,是一种基于企业战略针对人力资源的计划过程。它经历了几十年的发展过程,其含义也从一个仅仅针对人员配置需求的狭义过程发展成为一个阐明比较广泛的与人有关的企业问题的过程。20世纪初,对"人力规划"的关注点主要是劳动生产率,通过改进工作过程和运用早期工业心理学的方法达到改进工作效率的目的;第二次世界大战期间,以及之后的许多年,人们更关心如何获取有能力的管理人员;到20世纪的60、70年代,技术进步和企业的快速扩展使人力资源战略规划转向人才的供需平衡上,在当时美国人口中30—40岁的男性以及特殊工程与科学技术人才短缺,因此,管理人才、专业技术人才的供需平衡成为规划的重点;这一时期,人力资源战略规划被定义为管理人员的一种工作:即通过制定规划,努力让"适当数量和适当种类的人,在适当的时间和适当的地点,从事使组织与个人双方获得最大的长期利益的工作"。在这个过程中,过去是规划未来的基础。人力资源战略规划仅仅作为一项战术计划来制定和执行。80年代以后,人力资源战略规划被广泛作为大企业和政府组织的一种活动,在内涵上扩大了范围,不再仅限于供需平衡和数量预测,而是扩展为上与战略计划相联系,下与行动方案相结合的更广泛的过程。

20世纪90年代以来,西方发达国家的企业管理者和研究人员发现,在影响组织目标实现的诸多因素中,人力资源已成为一个重要的前提条件。企业在招聘员工时,已经不能再假定需要什么人就能招到什么人,有些关键岗位往往长期找不到合适的人选,谁能在稀缺人才的竞争中获胜,谁就能在市场竞争中占有优势。因此,战略性人力资源管理的研究认为人力资源战略规划应当是通过人员管理获得和保持竞争优势机会的计划,是管理人员对正在出现的问题的反应。在以往的理论中,人力资源仅仅被当作实现战略目标的手段,而不是一个组成部分,在决定战略方向时,仅从战略方案推出人力资源计划方案,没有考虑两者相互的作用和影响,从而在很大程度上限制了人力资源可能对企业竞争力做出的贡献。人力资源战略规划的角色应当不仅仅是在既定的企业目标下的一项战术计划,它还必须充分考虑人力资源环境的影响,并且从人力资源环境的角度影响企业目标的制定。综合以上的观点,我们认为人力资源战略规划的含义应当是:它是预测未来的组织任务和环境对组织的要求,根据组织任务和环境对组织的要求而制定人力资源管理的行动方针的过程。

从这个定义我们可以看出:(1) 人力资源战略规划应当可以预见未来人力资源管理的需要。组织的外部环境在未来处于不断的变化之中,这将使组织的战略目标也处于不断的变化和调整之中,人力资源战略规划就是要在未来环境和组织目标可能发生变化的前提下进行预测分析,对组织的需要进行识别和应答,把握环境和战略目标对组织的要求,以确保组织长期、中期和短期的人力资源需求,使组织能够更快地学习和对环境做出反应,从而增加竞争优势。(2) 人力资源战略规划是以组织的战略目标为基础的,当组织战略目标发生变化时,人力资源战略规划也随之发生变化。(3) 一个组织需要通过人力资源战略规划来确定行动方针,制定新的政策、系统和方案来指导人力资源管理的政策和实践,使人力资源管理在变化的条件下保持有效,保持一致。(4) 人力资源战略规划是管理循环中的一个过程。规划为组织实施和评价控制提供目标和依据,同时通过反馈进行修正。

5.1.2　人力资源战略规划的基本问题

人力资源战略规划是一个制定人力资源管理行动方针的过程,从实质上看就是一个确定目标和目标实现方式的决策过程。因此,制定人力资源战略规划必须回答以下几个基本问题:

我们所处的环境怎样?通过回答这一问题,我们可以对组织所处的外部环境、内部环境有一个全面的了解。外部环境包括组织所处的政治、经济、技术、社会环境和行业环境,作为制定人力资源战略规划的前提,我们还必须从组织的外部环境中分离出人力资源外部环境状况及变化趋势;内部环境主要包括组织本身和员工个人方面的因素。通过考察内外环境,可以确定在目前的竞争环境中组织的人力资源管理状态。

我们的目标是什么?回答这一问题,是通过明确人力资源管理的战略目标,找出现状与目标之间的差距,其中最大的和最重要的差距就成为人力资源战略规划的具体目标。确定目标需要考虑有哪些前提条件需要改变,具体衡量成功与否的标准是什么等等。

我们怎样才能实现目标?为了缩小现状与目标之间的差距,需要花费组织资源从事人力资源管理活动,这也是人力资源管理工作的主要内容。人力资源战略规划就是要在各种行动方针中做出选择并把一系列方针整合起来,成为一个管理系统。

我们做得如何?在花费资源实施了规划的人力资源管理活动之后,我们需要考察组织是否已经达到了既定的目标。在通常情况下,当初设定的目标就是最终的成果评价标准。然后再回到人力资源战略规划的第一个问题上,并重新制定新一轮计划。

5.1.3 人力资源战略规划的种类

人力资源战略规划的种类繁多,可以根据实际需要灵活选择。

(1) 从规划的时间上,人力资源战略规划可分为三种:短期规划,一般指 6 个月到 1 年;长期规划指 3 年以上;中期规划介于二者之间。规划期长短和环境不确定性大小的影响因素之间的配合关系,如表 5-1 所示。一般而言,规模较小的企业不适于拟定详细的人力资源战略规划,因为其规模小,各种内外环境对其影响大,规划的准确性较差,规划的指导作用往往难于体现。另外,小企业规划成本较高也是其缺少适应性的原因之一。

表 5-1 不确定性与计划期的长度①

短期计划:不确定/不稳定	长期计划:确定/稳定
组织面临诸多竞争者	组织居于强有力的市场竞争地位
飞速变化的社会、经济环境	社会、政治、技术等环境变化是渐进的
不稳定的产品/劳务需求	强大的管理信息系统
政治法律环境经常变化	稳定的产品/服务需求
组织规模小	管理水平先进
管理水平低	

(2) 从规划的范围上,可分为企业总体人力资源战略规划、部门人力资源战略规划、某项任务或工作的人力资源战略规划。

(3) 从规划的性质上,可分为战略性人力资源战略规划和战术性人力资源战略规划。前者具有全局性和长远性,通常是人力资源战略的表现形式,后者一般指具体的、短期的、具有专门针对性的业务计划。

5.2 人力资源战略规划的内容和过程

5.2.1 人力资源战略规划的内容

企业的人力资源战略规划按照影响的范围,可分为两个层次的内容:

(1) 人力资源总体规划。指在计划期内人力资源管理的总目标、总政策、实施步骤和总预算的安排,它是连接人力资源战略和人力资源具体行动的桥梁。

(2) 人力资源业务计划。包括人员补充计划、分配计划、提升计划、教育培训计划、工资计划、保险福利计划、劳动关系计划、退休计划等等。这些业务计划是总体计划的展开和具体化,每一项业务计划都由目标、任务、政策、步骤及预算等部分构成。这些业务计划的结果应能保证人力资源总体规划目标的实现,如表 5-2 所示。

---

① 资料来源:Terry L. Leap and Michael D. Crino, *Personnel Human Resource Management*, Macmillan, 1989, p. 160.

表 5-2 人力资源战略规划内容一览表①

计划类别	目标	政策	步骤	预算
总规划	总目标:(绩效、人力资源总量素质、员工满意度等)	基本政策:(扩大、收缩、保持稳定等)	总步骤:(按年安排,如降低人力资源成本等)	总预算:×××× 万元
人员补充计划	对人力资源素质结构及绩效的改善等	人员素质标准、人员来源范围、起点待遇等	拟定补充标准,发布信息、设定选拔方法、录用、上岗教育	招聘选拔费用
人员分配计划	人力资源结构优化及绩效改善、人员能位匹配、职务轮换幅度等	任职条件,职位轮换范围及时间	略	按使用规模、差别及人员状况决定的工资、福利预算
人员接替和提升计划	后备人才数量保持,提高人才结构及绩效目标	选拔标准、晋升比例、为提升人员的安置等	略	职务变动引起的工资变动
培训计划	提高素质、技能,改善技巧,转变态度和作风等	培训时间的保证,培训效果的评估等	略	培训投入及脱产培训的工资费用
薪酬激励计划	人才流失减少,提高士气、绩效改进等	工资政策,激励政策,激励重点等	略	增加的工资奖金总额预算
劳动关系计划	降低非期望离职率,改进劳资关系,减少投诉,提升员工参与度等	鼓励员工参与管理,加强沟通	略	法律诉讼费
退休解聘计划	编制合理,降低劳务成本,提高劳动生产率	退休政策及解聘程序	略	退休人员安置费,人员重置费

5.2.2 人力资源战略规划的过程

人力资源战略规划的最终目的是通过人员管理获得和保持企业竞争优势的机会。随着组织所处的环境、企业战略与战术计划、组织目前的工作结构与员工的工作行为的变化,人力资源战略规划的目标也不断变化。因此,制定人力资源战略规划不仅要了解企业现状,更要认清企业的战略目标方向和内外环境的变化趋势,不仅要了解现实的表现,更要认清人力资源的潜力和问题。

人力资源战略规划过程可以分成四个阶段:

1. **调查分析准备阶段**

在收集制定人力资源战略规划所需要的信息时,首先要把握影响企业战略目标的宏

---

① 资料来源:赵曙明编著,《人力资源管理与开发》,人事出版社,1998年.

观环境因素和行业环境因素;其次,可以利用企业的人员档案资料来估计目前的人力资源技术、能力、潜力,并分析目前这些人力资源的利用情况;对于外在的人力资源环境,如劳动力市场的结构,市场供给与需求的状况,人口与教育的社会状况,劳动力择业心理等有关影响因素需要做专门的深入调查分析。需要特别指出的是,在这一阶段,组织内人员流动的状况需要特别分析。人员流动可分为组织内流动和组织内外流动两大类,其中组织内外流动包括各种形式的离职、招聘。由于员工离职具有较大程度的不确定性,使得离职信息难以准确把握,给人力资源供需预测带来不确定性。

2. 进行供给和需求的预测

这一阶段是人力资源战略规划中较具技术性的部分。在所搜集的人力资源信息的基础上,预测可采用主观经验判断和各种统计方法及预测模型,并与所实施或假定的人力资源政策相关,它对组织的管理风格和传统往往会发生重大影响。

3. 规划的制定和实施

规划的制定与实施紧密相连。企业通常首先形成人力资源战略,根据人力资源战略制定总体规划,再制定各项具体的业务计划以及相应的人事政策,以便各部门贯彻执行。人力资源战略规划的制定要保持各项计划和政策的一致性,确保通过的计划实施将人力资源战略的目标加以实现。

人力资源战略规划的方案最终要在方案执行阶段付诸具体实现。方案执行阶段的关键问题在于,必须要有实现既定目标的组织保证。除分派负责执行的具体人员外,还要保证实现这些目标所需要的必要权力和资源。

4. 规划的评估和反馈

人力资源战略规划是一个长久持续的动态过程,它具有滚动的性质。组织将人力资源的总规划和各项业务计划付诸实施后,要根据实施的结果进行评估,并及时将评估结果进行反馈,以修正人力资源战略规划。

对人力资源战略规划的反馈与评估可以采用定期报告执行进展的形式。通过定期的报告和检查,可以确保所有的方案都能够在既定的时间里执行到位,并且方案执行的初期成效与预测的情况是一致的。在有些企业中只重视人力资源战略规划的制定与实施,而忽视了人力资源战略规划的评估工作,这可能导致人力资源战略规划流于形式,最终导致战略目标无法实现。对人力资源战略规划的实施结果进行评估可以明确规划的有效性,了解问题所在,能促使规划得以更好地落实。

人力资源战略规划的过程可以概括为一个人力资源战略规划模型,如图5-1所示。

Ⅰ．收集信息
A．外部环境信息 　1．宏观经济形势和行业经济形势 　2．技术的变化 　3．竞争 　4．劳动力市场 　5．人口和社会发展趋势 　6．政府管制情况 B．企业内部信息 　1．企业战略 　2．业务计划 　3．人力资源现状 　4．辞职率和员工流动性
Ⅱ．人力资源需求预测
A．短期预测和长期预测 B．总量预测和各个岗位预测
Ⅲ．人力资源供给预测
A．内部供给预测 B．外部供给预测
Ⅳ．具体项目的计划与实施
A．增加或减少劳动力规模 B．改变技术组合 C．开展管理职位的接续计划 D．实施员工职业生涯计划
Ⅴ．人力资源计划的反馈
A．计划是否符合环境与战略的需要？ B．实施的项目是否达到要求？

图 5-1　人力资源计划模型

资料来源：Cynthia D. Fisher, Lyle F. Schoenfeldt, and James B. Shaw, *Human Resource Management*, Houghton Mifflin Company, 3rd edition.

5.2.3　影响人力资源战略规划的两种劳动力市场类型

具有相似的工作资格特征的员工通常被看作同一个劳动力市场。一般而言，劳动力市场的结构被划分为蓝领员工（如装配线的工人）市场、职员市场（如秘书）、专业技术人员市场（如工程师和会计师）和管理人员市场。组织的工作结构、人员素质、和人员构成最终取决于组织内部和外部劳动力市场的结构与相互作用。

在人力资源管理中，劳动力市场是劳动力供给方（申请工作者）和劳动力需求方（寻找劳动力的组织）相互作用，从而决定劳动力价格的地理区域或劳动力特征的类别。在地理空间意义上，相对而言，员工面临的是一个范围比较小和相对比较确定的、单一的劳动力市场。而企业所面对的不是一个单一的劳动力市场，而是一些范围广阔的、相互分割的劳动力市场。这些市场的供求条件差别很大,在经济学的立场上,这是各种职业之间和地区之间工资差别的主要原因。确定劳动力市场范围的主要因素有地理位置和从事工作所必需的文化程度或技术能力等。

根据所需的人力资源与组织的关系,我们可以把组织面临的劳动力市场分为外部劳动力市场和内部劳动力市场。

企业需要使用外部劳动力市场的理由主要有以下两个:第一,由于员工自愿辞职、退休、生病、死亡和开除等原因,可能引起的员工自然减少,这时企业需要借助于就业服务机构、大学、人才市场等企业以外的渠道来补充人力资源需求;第二,企业规模的扩大或战略目标的调整也要求企业依靠外部劳动力市场来获得额外数量与类型的员工。企业的人力资源战略规划者必须了解可以使用的外部劳动力供给来源。

在许多情况下,内部劳动力市场对人力资源计划的影响更为直接。这是因为组织通常优先考虑为自己的员工提供晋升、工作调动和其他职业改善的机会。随着时间的推移,由于企业为员工实施培训与开发计划,对内部优秀员工予以晋升,也由于新员工工作经验不断积累,年纪较长的员工可能要实施退休计划等,在企业中会出现一些职位空缺,需要在企业内部对员工的工作进行调动。同时,当地劳动力市场流行工资率的变化和竞争对手的政策变动也可能引起本企业的员工辞职,这会使企业面临的内部劳动力市场的供给形式发生变化。

要想利用劳动力市场来获取竞争优势,应注意以下三个关键点:第一,企业必须对自己现有的人力资源状况有一个清楚的认识。尤其应当清楚自己目前已有的员工存量的优势和劣势分别是什么;第二,公司必须制定一个关于自己未来的发展规划,并且认识到自己目前的人力资源现状与未来所要求达到的人力资源状况之间是怎样一种关系;第三,当目前的人力资源状况与未来需求的人力资源状况存在差距的时候,企业就需要制定一系列的计划来设法弥补这种差距。在劳动力过剩的情况下,这可能意味着企业需要制定一个有效的人员裁减计划;而在劳动力短缺的情况下,这可能意味着企业需要发起一场有效的人员招募活动。

通过人力资源战略规划,可以把劳动力市场存在的"问题"转化为获取竞争优势的"机会"。

5.3 人力资源战略规划的层次

人力资源决策必须成为更广泛的组织计划架构的一个有机组成部分,而人力资源战略规划正是架在更广泛的组织计划与具体人力资源活动选择之间的一座桥梁。

一般而言,人力资源战略规划划可以在组织的五个层面上发挥影响作用:

1. 环境层次

一个组织的人力资源决策会在不同程度上影响到组织在社会上的地位和声望。企业的人力资源管理决策可以直接影响到企业生产的安全性、公共关系,以及劳动法规的执行、就业等情况,进而影响政府对企业的评定等级、社区的态度和看法等战略环境。企业的人力资源决策还可能间接地影响一些财务指标如股票价格、债券评级等。虽然公司的人力资源管理决策对股票价格、债券等级等财务指标的影响要相对弱一些,但在美国,市场分析人员确实对IBM、福特、和通用汽车等大公司的降低劳动力成本或公司组织结构的改变等人力资源管理方面的决策极为关注,而且有研究结果表明,金融市场会对公司的人力资源管理决策做出反应。

2. 组织层次

人力资源战略规划在组织层面的影响,主要是致力于把组织结构,组织文化和管理理念等与企业的战略目标有机结合起来,使它们相互配合,保持一致,以利于组织目标的实现。例如,在一年之内,使所有员工接受公司的组织理念和公司文化;使组织的管理层级和组织结构与成本领先战略或差异化战略相互协调;在3年之内使公司利润水平增长20%;在2年之内开发出3种新产品等等,都属于组织层次的人力资源战略规划可设定的目标。在组织中,人力资源经理是其他部门的业务伙伴,他们必须考虑公司的盈亏,并与制定战略者相互配合。

一般来说,组织是指整个企业,但在大型企业或分权化组织中,人力资源战略规划的组织层次也可以是一个部门、一个地区、一个利润中心或者一个分公司。

3. 人力资源部门层次

这一层次的计划主要是把组织的整体目标转化为人力资源管理部门的具体活动目标,典型的决策包括人力资源管理部门将如何为组织的业务发展服务、人力资源部门将使用多少资源、重点的努力方向等。例如,在3个月内实施一个招聘计划,在一年之内进行2次高层管理人员的管理技能培训。人力资源战略规划在部门层次上的计划有时可以用成本的降低来描述,例如,通过设计相应的政策来鼓励员工提前退休,以降低企业成本。

一般而言,人力资源管理部门层次的计划应当与企业的组织结构、管理理念、企业文化、市场定位及生产方式互相适应。对于那些容易面临人才短缺的企业,需要人力资源管理部门在外部招聘和员工保持方面发挥重要作用;对于那些员工过剩的传统制造型企业,需要人力资源管理部门强化公平的内部激励机制,同时保持最有价值的员工;那些强调组织文化的企业则希望人力资源管理部门能够加强与员工的交流,了解并引导员工的需求。

尽管企业的整体目标与人力资源管理部门的工作具有密切的关系,但在有些情况下,即使人力资源管理是成功的,整个企业的目标却可能没能很好实现。因此,我们判断人力资源管理工作是否有效,需要考虑人力资源管理部门的作用和活动安排是否适当,以及人力资源管理部门是否在做创造价值的工作。

4. 人力资源数量层次

一旦人力资源管理的部门层次计划制定以后，接下来的工作就是考虑组织所使用的人力资源的数量及其任用问题。这一层次上的人力资源计划需要考虑三个问题：即分析人力资源的需求、分析人力资源的供给和协调人力资源的供需缺口。这一层次的典型决策包括人力资源供给和需求预测、需要弥补的缺口大小等。如半年之内把公司总部的行政人员削减20%，并把他们充实到销售部门。

人力资源计划中的需求分析描述的是企业未来的人力资源需求。在传统的人力资源管理中，这种需求用每一个工作岗位所需要的员工人数来表示。但是，随着工作结构的迅速变化、工作执行单位的团队化，以及组织越来越强调员工的能力，这种需求分析已经开始朝着重视员工经验、能力、技能的多样性和劳动力成本水平等方面发生变化。在现代人力资源管理活动中，实际的人力资源需求预测并不是预测未来对员工个人的需要，而是预测未来对员工整体特征的需要，这是由企业面临的经营环境特点所决定的。

5. 人力资源管理活动层次

这一层次的计划是人力资源管理的行动计划，它应该能够为各种人力资源管理活动的继续、扩展和取消提供非常明确的指导。例如特定人力资源管理活动的相关员工数量、活动的成本、活动的结果、活动的影响范围，以及受益或效用等。在年底以前让每一位参加过技能培训的员工都通过三级证书等级考试，证明建立工作小组的受益超过其成本的150%等都属于人力资源管理的活动层次计划。

5.4 人力资源战略规划与信息系统

5.4.1 人力资源信息系统及其要求

人力资源信息系统（Human Resource Information System，HRIS）是组织进行有关人及人的工作方面的信息的收集、保存、分析和报告的过程，是获得人力资源决策所需相关和及时信息的有组织的方法。"系统"特指为实现特定目标而将各种分散活动组合成合理的、有意义的整体的过程。

一个有效的人力资源信息系统对于做出正确的人力资源决策是非常关键的。信息系统可以是人工的，也可以是计算机化的。小型组织（少于250人）中使用人工的档案管理和索引卡片系统比较有效。而在大型组织中，人力资源信息的计算机存取则是必需的。

一个人力资源信息系统应当提供具有以下特征的信息：

◇ 及时。管理者必须能够获得最新的信息；

◇ 准确。管理者必须能够信赖系统所提供信息的准确性；

◇ 简明。管理者一次只能吸收一定数量的信息,系统不应当让重要的信息被淹没;
◇ 相关。管理者应当能通过系统获得特定情况下有较强针对性的信息;
◇ 完整。管理者所获得的信息应当是完整的。

如果一个人力资源信息系统所提供的信息缺少上述特征之一,就会降低其有效性,并使决策过程复杂化,相反,拥有上述特征的系统将使决策过程更容易、更准确。

人力资源信息系统不仅是进行人力资源战略规划所必不可少的,而且是现代企业人力资源管理的基础性工作。人力资源信息系统内容庞杂,有些信息的采集成本较高,虽然从理论上讲,人力资源信息愈详细愈好,但这势必增加企业管理成本,达不到有效进行人力资源管理的目的。所以,企业人力资源信息系统的建立,不能教条,而应该根据不同企业的不同情况来设计、建立。在这一过程中要考虑如下因素:

◇ 企业发展战略及现有规模;
◇ 管理人员对人力资源有关数据要求掌握的详细程度;
◇ 企业内信息复制及传递的潜在可能性;
◇ 人力资源管理部门对人力资源信息系统的运用程度和期望;
◇ 其他企业人力资源信息系统的建立和运用情况。

人力资源信息系统的复杂程度如表5-3。

表5-3 人力资源信息系统的复杂程度

不复杂	相对复杂
面向人工的	半自动化的数据存贮及取用
有限的人事及雇佣方面数据	扩展的数据(对当时及潜在工作表现的评价)
(教育、工作经验、个人履历)	能提供基础管理报告
复杂	较复杂
半自动或全自动化	自动化
能对主要人力资源战略规划做计算和支持	能对大范围内人员进行计算与规划
信息文件进一步扩展(个人兴趣、工作偏好、行为和自我评价)	扩展的信息文件
	能进行成本收益评估
	能为人力资源的研究和开发提供数据库支持

资料来源:Terry L. Leap & Michael D. Crino, *Human Resource Management*, 1989.

在建立人力资源信息系统的过程中,还要考虑企业发展时系统的扩展性和使用过程中系统的可修改性,因为任何一位员工的信息都不是永远不变的,随时需要更新,此外,还需要考虑其他诸如数据存储、关系范式等纯技术性问题。

5.4.2 人力资源信息系统的建立

人力资源信息系统的建立包括以下四个阶段:

首先,对系统进行规划。这其中包括使全体人员充分理解人力资源信息系统的概念;考虑人事资料设计和处理的方案;做好系统发展的时间进度安排;建立起各种责任制和规章制度等等。

其次，系统的设计与发展。其中包括：分析现有记录、报告和表格，以确定对人力资源信息系统中数据的要求；确定最终的数据库内容和编码结构；说明用于产生和更新数据的文件保存和计算过程；规定人事报告的要求和格式；决定人力资源信息系统技术档案的结构、形式和内容；确定工资和其他系统与人力资源信息系统的接口要求。

再次，系统的实施。其中包括：考察目前及以后系统的使用环境以找出潜在的问题；检查计算机硬件结构、所用语言和影响系统设计的软件约束条件；确定输入——输出条件要求、运行次数和处理量；提供有关实际处理量、对操作过程的要求、使用者的教育情况及所需设施的材料；设计数据输入文件、事务处理程序和对人力资源信息系统的输入控制。

最后，系统的评价。包括：估计改进人事管理的成本；确定关键管理部门人员对信息资料有何特殊要求；确定人们对补充特殊信息的要求；对与人力资源信息系统有关的组织问题提出建议；提出保证机密资料安全的建议。

5.4.3 人力资源信息系统的用途

首先，人力资源信息系统可以建立人事档案。人事档案既可以用来估计目前劳动力的知识、技术、能力、经验和职业，又可以用来对未来的人力资源需要进行预测。这是人力资源战略规划所必需的两种基础信息。这两种信息必须互相补充，否则对人力资源战略规划是无用的。例如，如果不以组织内现有人员状况为基础进行预测，显然会导致脱离实际。并且我们也只有对未来人员的数量、技术和经验等有所预见，才能制定行动方针去解决未来的问题。

其次，人力资源信息系统为各类人事决策提供依据。如晋升人选的确定，对特殊项目的工作分配、工作调动，培训，绩效评估和工资奖励计划，职业生涯计划和组织结构分析等。这些工作的完成都必须借助人力资源信息系统。

最后，人力资源信息系统可以产生出若干重要的报表和各种报告。如按时间进度每周、每月或每季度将用人情况送达总经理或最高管理层的一些常规报表，以及反应经营活动中出现变化的例外报表；在经营活动中用于日常管理的工作性报告：包括岗位空缺情况、新员工招聘情况、辞职情况、退休情况、提升情况和工资情况等；还可以向政府机构和一些指定单位提供规定性的报告和用于组织内部研究的分析性报告，以表明人力资源在各个部门或各管理层次上的性别、种族和年龄分布，按消费水平划分的员工福利情况，也可表明录用新员工的测验分数与工作绩效考核分数之间的统计关系的有效性研究等。

历史上，会计信息系统是企业建立的第一个信息系统，而人力资源信息系统通常是最后一个。许多企业开始意识到，一个合理的人力资源信息系统对于整个组织而言是非常有益的。图5-2是为一个组织设计的人力资源信息系统的概貌。由于运用了各种类型的数据，该人力资源信息系统可以提供对于人力资源计划和组织运作具有广泛价值的多种类型的输出数据。

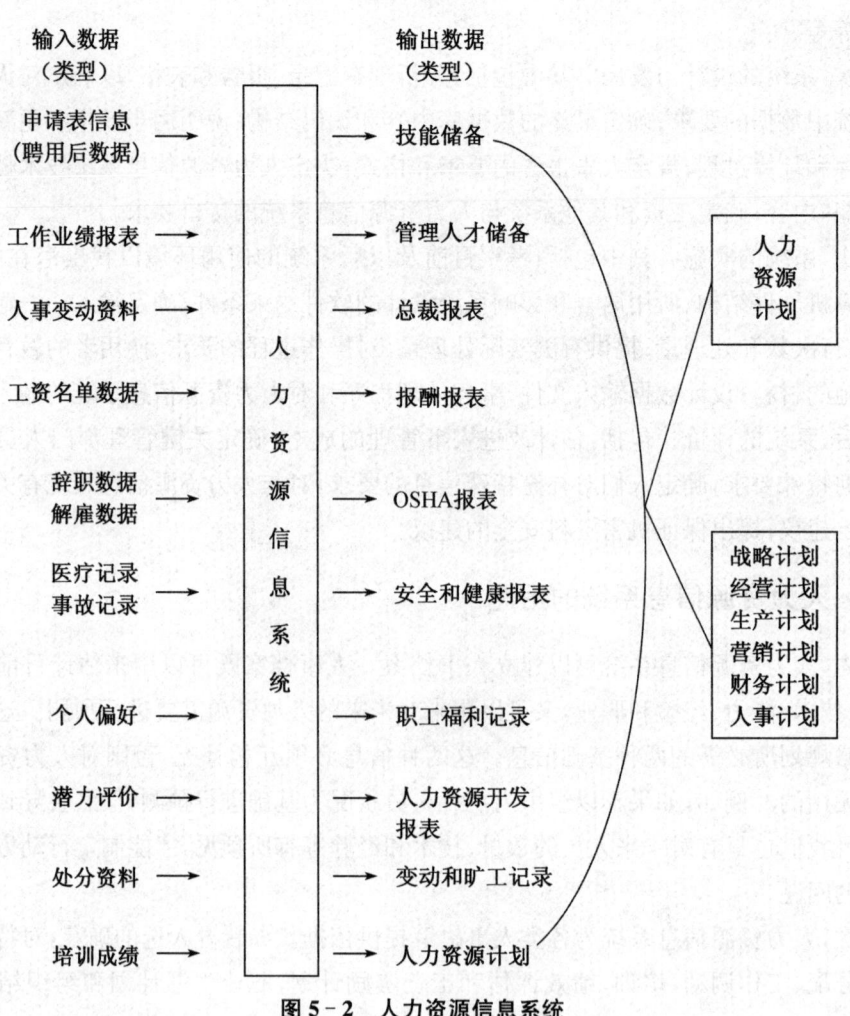

图 5-2 人力资源信息系统

案例分析

通用电器医疗系统公司：突出劳动力短缺的重围

1998年夏天，美国全国的失业率下降到4.7%，降至美国25年来的最低点。对于雇主而言，这一方面意味着增长中的经济和市场对他们的产品及服务的需求上升，但另一方面，这也意味着他们可能无法满足市场对他们的产品和服务的需求，因为高素质的人力资源出现了短缺。根据一项对300家金融公司、高科技公司、制造业公司以及管理咨询公司所进行的调查，4/5（80%）的公司都认为，如果自己能够找到所需要的工人——大约是当前工人数量的两倍以上，他们的收益还可以有所增加。

普遍性的劳动力短缺可以在许多行业中见到。比如，就拿整个经济中对低技能工人的需求来看，招聘员工的标志几乎可以在全国的每一家快餐店、百货商店，以及露天零售商店中见到。再拿经济中对高技能工人的需求来看，市场对工程类的毕业生需求是如此强大,以至于据估计这类人的失业率在1‰以下。事实上,根据美国信息技术协会的估计,在信息技术行业中大约存在19万个职位空缺。由于大部分在婴儿出生高峰期出生的人从下一年开始就逐渐步入退休年龄,所以现在看来,认为低技术劳动力和高技术劳动力短缺的现象会在短期内消失的想法显然是不太现实的。

就在许多雇主抱怨这种史无前例的劳动力短缺状况给他们带来的种种困难之时,另外一些公司则将此看成一种比竞争对手获得更大优势的机会。比如,通用电气医疗系统公司,就不仅填补了公司里的每一个高技术职位空缺,而且将雇用成本降低了20%,将填补一个职位空缺所需要的时间缩短了30%,同时还把雇用工作的失败率降低了50%。通用电气医疗系统公司之所以能够成功实现这些目标,是因为他们将过去积累下来的、用于采购线圈、螺丝,以及接线板等零部件的技能运用到了人员的获取方面。这一过程的第一步是对工作的要求加以严格说明,然后对通过哪些渠道——比如学徒培养计划和公司内部员工推荐等——得到的人员能够最好地完成这些工作进行定量分析。

为了强调招募过程的竞争性,公司比较偏好的新员工来源之一,是由公司的现有员工推荐的过去曾经在摩托罗拉公司工作过的人。这些人又被用来帮助通用电器医疗公司去招募他们过去的在摩托罗拉公司工作时的一些最优秀的同事。这就强化了通用电器医疗系统公司的竞争力,同时还直接削弱了竞争对手的实力。类似的,思科系统公司,也对其网站主页进行了特殊设计。只要任何一位在其竞争对手3M公司工作的员工到这里来访问,该网站都会自动的问候道:"欢迎您加入思科系统公司,您想要一份工作吗?"这种富有进攻性和创新性的招募方法是思科系统公司竞争战略中的一个重要组成部分。事实上,正如思科系统公司的人力资源总监简尼特·司科特所言,该公司在每6个月—12个月的时间内,便使自己的产品更新一次,在人力资源方面也同样如此。

资料来源:赵曙明,戴万稳. 人力资源战略规划. 北京:北京师范大学出版社,2009.

本章案例思考分析:

1. 通用电气医疗系统公司如何制定人力资源战略规划?
2. 通用电气医疗系统公司如何解决劳动力短缺?

第六章 人力资源需求

学习目标

1. 人力资源需求的影响因素分析。
2. 人力资源的工作分析流程。
3. 人力资源需求和企业战略的整合。
4. 人力资源需求分析技术。

本章引例

秦永光的人力资源需求分析

秦永光刚刚从总经理办公室被调到公司人力资源部当助理,虽然他进入这家电子企业工作已有3年,但面对桌上的一大堆文件和报表,他感觉到压力山大,关键的问题在于他要完成的任务超出了他的工作经验:主管人力资源的副总经理张正要求他在一周时间里拟一个公司近五年的人力资源规划。

秦永光拿来一些专业书籍和公司人力资源材料,对人力资源规划进行了专门的研究。他认为公司的人力资源规划应该考虑下列关键因素:首先是本公司的人力资源现状。公司共有一线工人1200人,职能部门职员174人,所有经理人员85人,工程技术人员41人,销售员28人。其次,秦永光从统计材料中看到,近五年来公司员工的平均离职率为4%,他预计未来5年应该没有太大的改变。细细研究,他进一步发现,不同类别员工的离职率并不一样,一线工人离职率高达9%,而技术人员和经理人员则只有4%。按照公司规模扩张的需要,职能部门职员和销售人员要新增12%到16%,工程技术人员要增7%到10%,经理层人员不增也不减,一线蓝领工人要增加6%。秦永光认为,还有一些特殊情况需要考虑:例如,本地政府刚刚颁发了一项新政,要求当地企业招收新员工时,优先照顾妇女和下岗员工。秦永光所在的公司没有故意对妇女或下岗员工的排斥和歧视,但也没有特别的照顾。但是,公司里几乎全部的销售员都是男的,只有一位女销售员,中层经理只有两位是女性,其余也都是男的;工程师里只有三位女性;一线蓝领工人中约有13%是女性或下岗工人。

秦永光还有一周内就要交出计划,其中,关于人力资源需求的数据,需要包括各类经理人员和员工的现有人数,准备从外部招收的各类人员的人数,以及如何贯彻市政府关于照顾妇女和下岗员工政策的计划。此外,由于该公司刚开发出了几种有吸引力的新产品,预计公司的销售额五年内会翻一番,秦永光还需要提出一项应变计划以应付这种快速增长。

资料来源:赵曙明,戴万稳.人力资源战略规划.北京:北京师范大学出版社,2009.

热身思考:秦永光进行的人力资源需求分析合理吗?在编制人力资源规划时要考虑哪些情况和因素?你认为需要补充哪些有关人力资源需求的分析?

人力资源需求预测是对企业未来所需员工的数量和类型进行预测。但是在企业人力资源管理中,不仅仅要进行需求预测,而且还要解决以下几个问题:所需员工来自何处?是来自企业内部,还是外部劳动力市场?所需各类员工的能力和水平能否满足企业的需求?企业如何根据不同岗位、不同部门的人员流动情况进行人员的配置等。人力资源需求分析在人力资源战略规划制订过程中具有重要意义。

6.1 人力资源需求的影响因素

企业要进行经济活动,离不开对人力资源和物质资源的需求。人力资源需求,是指一个企业按照自己的发展规划,为生产一定量的产品或服务而需要招聘的员工数量和类型。员工类型可以按员工所拥有的知识、技艺、能力,以及其他特征来划分,这代表员工具有的不同的素质特征。因此,人力资源未来需求实际上就是企业将来期望获得的一定数量和一定质量的劳动力。

人力资源需求预测是依据组织的发展前景、组织能力及岗位要求,综合考虑各种因素,对未来所需员工的类型(含数量和质量)进行估计的活动。人力资源预测是人力资源战略规划中一个非常重要而又具有很大难度的环节。企业的人力资源既取决于外部的经济环境、社会、政治、法律环境、技术进步等情况,又与本企业的战略规划、经营状况、管理水平、现有员工的素质密切相关。这些因素作用的大小取决于组织的特性。例如,在加工工业中,技术变化和竞争的影响可能是主要的,但在公用事业中,政府的各项政策则更为重要。

人力资源需求预测作为人力资源战略和规划的核心内容,是制定人力资源计划,实施培训与开发方案的基础。它通过估算实现组织目标所必需的人员配置计划,帮助管理者组织来年及未来的人力资源需求,指导管理人员思考未来人员需求及如何满足这些需求。

对于处于不断变化环境中的组织,要想在一个动态的环境中保持竞争力,一支富有竞争力的合格员工队伍是不可缺少的。没有良好的人力资源需求预测活动,这支队伍无法建立和稳定,也无从获得这支队伍的核心——管理人才和技术人才。组织需要进行人力资源需求预测,去发现、培养、保留和储备这些人才。只有确定了人力资源需求,管理者才能引导人员配置活动去实现适当的实际目标。

影响人力资源需求的因素很复杂,既有社会、政治、经济方面的因素,还受到企业的战略、经营状况、管理水平及现有员工素质等因素的影响。如表 6-1 所示。我们将分别从宏观层面和微观层面加以分析。

表 6-1 人力资源需求影响因素

宏观（企业外部）	微观（企业内部）
经济	企业战略
社会、政治、法律	企业经营状况（产品、产量、效率等）
劳动力市场	企业管理水平和组织结构
技术	现有人员素质和流动情况
竞争者	

6.1.1 宏观因素

宏观上影响人力资源需求的因素很多。由上图看出，经济方面的因素，社会、政治、法律方面的因素，科技进步，竞争者状况和劳动力市场等宏观因素都会影响人力资源需求情况。

1. 经济环境

经济环境影响企业未来的发展趋势和社会经济发展状况，对企业人力资源需求也有很大的影响。这里所说的经济环境既包括国家或地区的经济状况、行业的经济状况，也包括世界的经济状况。特别是在经济全球化的今天，企业越来越多地参与世界范围的竞争，各国经济状况都可能对一国企业的人力资源需求和配置产生直接或间接影响，如区域性的经济危机，使得世界范围的经济疲软，对人力资源的需求普遍下降。再如，经济周期的变化也会影响人力资源需求。经济高速发展期间，企业对人力资源需求比较旺盛，而经济低迷期，社会对人力资源需求可能存在普遍不足的情况。虽然经济因素对人力资源需求的影响较大，但是可测性较差，只能据此做一些宏观层面的分析。

2. 社会、政治和法律环境

这包括社会习惯、法律法规、国家政策和行政体制等方面的因素。社会政治环境因素如政局的动荡，会影响人力资源需求，进而也会影响企业的人力资源战略规划。法律法规的变更也会影响人力资源需求，如户籍管理政策和档案管理办法的变更，社会保障法规的变更，环境保护法规的变革等都会引起人员流动及供求的变化，进而也会影响人力资源战略规划。特别是在西方发达国家，法律法规的影响更显著。有关雇佣关系的各种行政法规，规范和界定了雇佣关系的性质以及人力资源管理活动的合法范围。从表面上看，雇佣关系建立在一系列人力资源管理政策和实践的基础上，但同时必须遵守有关的法令法规和行政命令。在欧美等员工关系比较发达的国家，政策法规对企业人力资源管理活动的强制作用十分明显。

这些因素虽然容易测量，但是对企业的真正影响却难以确定。比如国家的一项法规从颁布到执行上有一段滞后期，在此期间很难不折不扣地执行。不过这些因素对人力资源需求的影响有时却很明显，如国家制定了扶持高科技产业的政策，会导致企业对计算机信息类人才的需求增加。

3. 劳动力市场

劳动力市场是企业获取合格人才的潜在场所，而企业员工的能力在很大程度上决定着企业能否顺利地完成自己的目标，因此劳动力市场是人力资源管理必须考虑的一个重要外部环境因素。劳动力市场是随时变化的，这也带来企业内部劳动力质量和数量的变化。劳动力市场作为影响企业人力资源需求的一个重要因素，企业只有对劳动力市场进行分析，才能够进行准确的人力资源需求预测。这一内容在本书的第二章已经有所论述，在此不再进行详细分析。

4. 技术进步

技术革新与进步对人力资源需求的影响较大。市场竞争推动技术进步，技术创新和升级换代通常伴随着对技术水平低的工人的需求减少，对有技能的工人的需求增加。技术的创新和升级经常在不同行业中出现，不同技术也需要不同类型、不同专业的人力资源。如二次工业革命，大大提高了劳动生产率，使对人力资源（主要是低技能的工人）的需求锐减，而相应要求大批能熟练使用现代机器的工人的出现。现在扑面而来的信息技术和生物技术革命，已经对我们的社会经济生活的各方面产生巨大的影响，既会直接影响企业的人力资源需求，也会通过人们对企业产品或服务需求的改变对企业人力资源需求产生间接影响。

5. 外部竞争者

竞争者一直是影响企业人员需求的一个重要因素。一方面，竞争者间可能相互争夺人才，直接影响企业的人力资源配置和需求；另一方面，竞争对手的易变性，导致社会对企业产品或劳动力需求的变化，对产品或劳动力的需求变化必然引起企业人力资源需求变化。特别是在人才紧缺的地方，竞争对手的人才政策对企业的人才有很大的影响，企业更需要有针对性地进行人力资源需求预测，并开展人员招募活动。

此外，由于不同的地区经济发展不同，人力资源需求也不一样。典型的是，中国的东部沿海地区和西部地区，东部地区经济发达，对高级经营管理人才和技术人才有更高的现实需求，而西部地区随着经济发展步伐的加快，对人才的需求也会越来越旺盛。地区因素在对人力资源需求产生影响的同时，对人力资源的供给也会产生影响，而且地区因素对人力资源供给的影响也许更为显著。

上面分析了影响人力资源需求的宏观因素。不过，我们知道社会对人力资源需求（总需求）是以微观经济单位（即企事业单位等）为基础的，人力资源需求的现实形态是微观的，各个微观经济单位对于人力资源需求的总和，才形成一个社会对人力资源的总需求。因此，仅仅从宏观上研究影响人力资源需求的因素是极为粗糙的，很可能在数量和质量方面存在极大误差。即使在总体上大致准确,也会在需求结构上存在缺陷。所以说,尽管我们进行人力资源需求预测离不开对宏观因素的考虑,对企业而言,明白影响本企业人力资源需求的微观因素也许更有意义,下面就从微观层面即企业的角度来分析影响人力资源需求的因素。

6.1.2 微观因素

从微观层面看,影响企业人力资源需求的因素主要有企业的战略、经营状况、管理水平及现有员工的素质和流动状况等众多微观因素。

1. 企业战略

企业战略是影响人力资源需求的重要因素,企业的战略目标规划为企业规定了发展方向和目标,决定了其发展速度,决定了企业发展需要什么人的发展来完成。由于战略的实施实现一般需要较长的时间,在制定企业战略时,既要考虑现有的人员状况也要为未来的实施贮备人才,要么进行培训开发,要么从外部招聘。战略一旦制定,就会对企业的未来人力资源需求和配置产生决定性影响。如果企业希望发展壮大,采取扩张性战略,进入新的市场或扩建部门机构或分公司,则将来需要的具备一定素质的员工数量就会增加。因此,战略规划和组织计划制约、规定着人力资源战略规划,对人力资源需求预测提出要求。

2. 企业的经营状况

组织的经营效率也是影响人力资源需求的重要因素。高效率的组织为了满足企业高速扩张的需要,可能需要的人员数量较少但是质量要求较高。组织经营效率低下,则需要分析现有人员的配备是否合理,甚至涉及裁员问题。其他与经营状况有关的影响企业的人力资源需求的具体指标有:组织的工作任务(如销售量和销售额)、完成工作量的决定因素等。举例来说,如果企业想要生产量或销售量增加一倍,完成工作所需的人数必然也要相应增加,不过不能简单地增加同样的倍数,而是要考虑企业的生产率和管理效率等因素。

3. 企业的管理水平和组织结构

企业的管理水平是指组织、管理生产经营活动的技术和方法所达到的先进程度。管理水平高则企业可以充分利用现有人员,但是管理水平高低首先取决于管理人员的素质。管理水平高自然就对高水平管理人员的需求较高。此外,现有组织高层发生重大变化时,组织战略及人事政策都会随之改变,自然也会影响人力资源需求。

组织结构对人力资源需求也会产生影响。随着组织趋向于扁平化,管理幅度增加,员工跨层次升迁的机会也就有所减少,同一级别的人员供给相对过剩。对一般员工的需求减少,对具有较高管理能力的高层管理人员需求增加;对现有员工的需求减少,而从外部招募新人的需求增加。组织结构对人力资源需求的影响,还体现在要求员工有更高的素质,能学习适应新角色。

4. 现有人员的素质和流动情况

人力资源需求预测其实不仅仅是为了预测未来所需的人才,合理使用现有的人力资源显得更重要。现有的人员是否能够满足企业增加产量、提高效率的需要,能否适应市场竞争的需要。如果现有的人员配置合理,则相对来说,现有工作对人力资源需求就不太重要,而可以着眼于未来。此外,还要考虑组织中人员因为辞职或中止合同而发生的流动比例或流动频率等因素。人员流动对企业来说,成本相当高,包括离职成本、重置成本和培训与开发成本等,对于其他专业技术人员和管理人员可能流动成本还要高得多。人员流动性对人力资源需求提出了更高的要求,一方面可能是由于前期的人力资源需求预测不到位,另一方面也要求面向未来做出更合理的预测。

6.2 工作分析与人力资源需求

6.2.1 工作分析

工作分析是人力资源需求预测的基础。工作分析收集的信息是许多其他人力资源管理职能的起点,因而有时被称为人力资源管理的基石。工作分析收集的信息对企业进行人力资源预测也起到非常关键的作用。

工作分析是通过确定工作的义务、任务或者活动来收集信息的过程。工作分析的内容具体分为两大部分:工作描述和任职资格。工作描述具体说明某一项工作的内容、特点以及工作环境等,主要包括工作名称的描述,工作内容(主要指工作活动和工作程序)的描述,工作环境的描述,工作报酬的描述,以及工作的人际关系和社会文化和习俗等内容。任职资格主要是根据工作描述的内容,指出从事一种工作的人员必须具备的各项要求,包括知识要求、能力要求、技能要求等。

工作分析收集信息的过程包括依照一系列事先确定的步骤,进行一系列的工作调查。在结束时,工作分析的结果便形成了一份书面报告,通过对若干个工作任务或活动的分析,该报告对收集来的信息进行了总结。进行工作分析是人力资源部的主要职责,不过他们需要那些工作进行分析的部门员工和经理的合作。工作分析的流程如图 6-1 所示。工作分析的结果形成了两份重要的文件:工作描述和工作说明书。工作分析形成的工作描述文件和工作说明书以及分析过程中收集的数据都对人力资源需求预测有重要的作用,如图中虚线框所示。

6.2.2 工作分析与人力资源需求

在瞬息万变的环境中,进行工作分析至关重要。新的工作不断产生,旧的工作要重新设计。参考一份几年前所做的工作分析可能无法得到确切的数据资料,甚至产生误导。

而工作分析就可以帮助组织觉察环境发生的变化。工作分析对人力资源管理的每一方面都有影响,如招聘时不知道胜任某项工作所必需的资格条件,那么员工的招聘和选拔将漫无目的。工作分析提供的信息在确定人力资源开发需求方面也很有用。如果工作规范指出,某项工作需要特殊的知识、技能和能力,而在该职位的人又不具有,那么培训和开发就可能很必要。至于绩效评价,应根据员工完成工作说明中规定的职责的好坏进行,否则评价可能不公正。在报酬方面,相对来说,工作职责越大,工作就越有价值。要求有更多的知识、技能和能力对公司来说应该更有价值,例如,一般而言,要求具有硕士文凭的工作的相对价值应该高于只需大学文凭的工作。在考虑安全和健康问题,来自工作分析的相关信息很有价值,工作说明和工作规范中应该反映出存在的危险性。无论公司是否有工会,通过工作分析获得的信息经常能导致更客观的人力资源的决策。对于人力资源研究人员而言,工作分析研究也为研究者提供了一个研究的起点。而且完整的工作分析对支持招聘实践的合法性尤其重要,例如,工作分析的资料可以为提升、调动或离职提供依据。

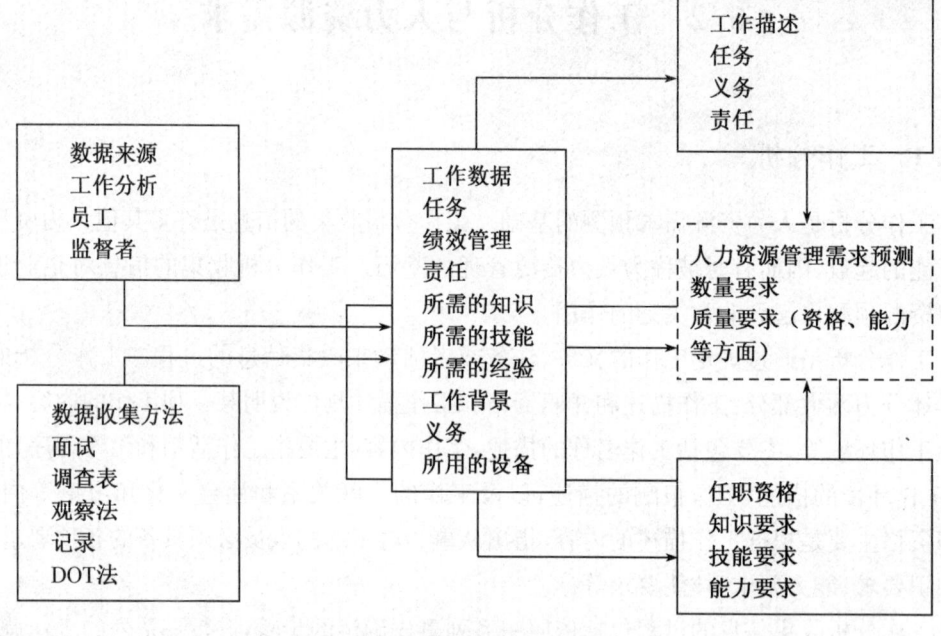

图 6-1 工作分析流程图

来自工作分析中的资料实际上对人力资源管理的各个方面都有影响。不过工作分析资料的主要作用在人力资源战略规划,特别是人力资源需求预测方面。仅仅认识到一家公司需要 1000 名或 500 名新员工生产产品或提供服务以满足销售需要是不够的,我们还应该知道每项工作需要不同的知识、技能和能力。显然,有效的人力资源战略规划必须考虑到这些工作要求,而人力资源需求预测也必须以这些要求为基础。人力资源经理会利用这些数据来扩充工作描述和任职资格的内容,可以为人力资源需求预测提供依据。反过来这些文件也会被用来实施和强化不同的人力资源管理职责,工作分析的最终目的是为了提高组织工作效率和生产率。

工作分析要对人力资源需求预测具有价值的话,则要求通过工作分析来使工作描述和任职资格尽可能地准确。详细的工作描述和工作说明书等工作文件为企业选拔、任用合格的员工奠定了基础。通过工作分析,组织掌握了工作任务的动态和静态特点,能够系统地提出有关人员的生理、心理、技能、文化和思想等方面的具体要求,并对岗位的用人标准做出具体而详尽的规定。工作分析是企业进行人力资源需求预测的基础,为企业进行有效的人力资源需求预测提供了重要的依据,让人力资源需求做到有的放矢。工作分析是企业有效预测人才,进行人力资源战略规划的重要前提。

工作分析也是组织找到合适人才的基础。组织的招聘、选择和淘汰员工等决策都必须依据工作分析,在人力资源需求设计的基础上来进行。在制造业、服务业,甚至高新技术产业中,越来越多的人力资源管理者发现,很难为空缺的职位找到合适的申请者,因此进行人力资源需求预测对经理而言有了新的意义,不仅可以找到完成当前工作所需的人才,也可以为组织的未来发展提前储备人才。

6.3 企业战略与人力资源需求的整合

6.3.1 企业战略与人力资源需求的关系

战略是企业关于组织未来的规划。它的制定、选择和实施都离不开员工的参与。作为组织最重要资源的人力资源对战略的实施与实现有着关键的作用。企业的一切其他资源都必须和人力资源相结合才可以创造效益。因此组织在规划未来的时候,必须使组织的战略和人力资源计划相吻合。战略的实施与实现离不开员工的参与,而战略是较长期的规划,不仅仅要考虑到现有的组织成员能否满足战略发展的要求,还需要预测未来的实施可能需要的人才,以便提前做好培训或招募的准备。

在战略规划中,管理者应该考虑一个重要因素,就是需要什么样的人来实现组织的目标,是否能够有足够的人来实施组织的目标。成功的人力资源需求预测有助于增进组织灵活应变能力,保持竞争优势的能力。

战略的实施与实现离不开人力资源需求预测的配合。人力资源需求预测首先考虑的不是眼前的某个具体人员,而是一个时期内的一批、一组或一类人员的需求。具体的人员只是满足人力资源需求的执行者而已。图6-2反映了战略与人力资源需求的关系。从图中我们看出了企业战略对人力资源需求的影响,反过来,战略的实施与实现离不开适当的人,人力资源需求预测可以为了战略的实现寻找合适的人员。

同时,企业总体上的竞争战略是制定人力资源战略规划的基础。所谓人力资源战略规划,就是对人力资源的需求和这种需求得以满足的可行性进行分析和确定的过程。人力资源需求预测的目的就是为了保证实现企业的各种目标所需要的各种人才。

不论企业采用什么样的战略,它都必须应付经济体制内各类基本关系的变化。特别是在经济全球化时代来临之时,世界各国正在兴起科技创新的热潮。与此相适应,企业组织需要一种能够支持创新的"柔性"结构体系。在目前的经营环境下,世界经济发展状况和员工数量的变动就是各种变化因素之一。这一因素是战略规划需要考虑的问题,也是人力资源需求预测需要解决的问题。

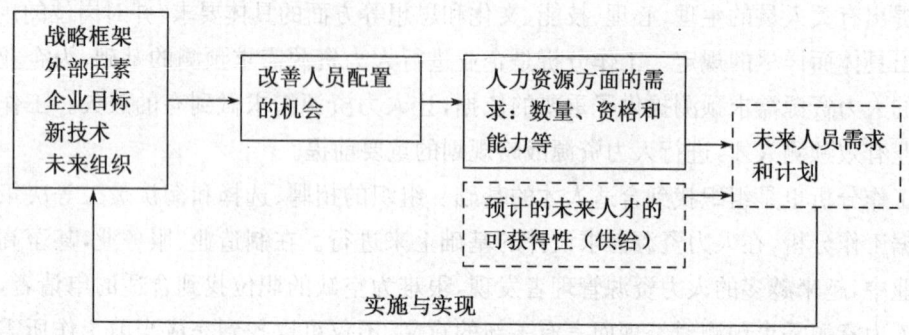

图6-2 战略与人力资源需求的关系

6.3.2 战略性人力资源需求预测

战略规划是影响人力资源战略规划的重要因素,同时战略的实施和实现又离不开人力资源需求预测配合。企业战略只有包括人力资源战略规划,才能保证落实企业战略计划的其他任务。而有效的人力资源需求预测也必须和企业战略相互依赖,相互作用。企业战略和人力资源需求预测的整合如表6-2所示。

表6-2 战略性人力资源需求预测

战略分析	战略阐述	战略实施
建立联系	阐明业绩期望和未来管理的方法	达到预期目标的实现过程
经营目标 SWOT分析	价值观与指导原则 经营任务、目标、行动计划和资源分配	组织的变革、学习与发展 人员配置战略
确定与人有关的经营问题	定义人力资源战略、目标和计划并进行人力资源需求预测	实施人力资源管理,按需求合理配置人员

一个企业可以根据不同的假设,制定几种人员需求方案。每种方案都可以运用到规划中,例如,企业为了实施一系列兼并与收购战略所制定的计划,要根据这些购并活动中不同层次的"成功",确定不同层次的管理及专业人才的需求。而别的企业则可能根据与经济环境相适应的各种增长率,制定不同的人员方案。

人力资源需求预测作为人力资源战略规划的核心部分,分析组织当前的人员配置是否合理及未来发展所需要人力资源,预先测定组织的总体规划实施所需要的人员数量和质量。比如,当一家公司决定进入一个新的领域,建立一家新的工厂,或者压缩活动范围,所有这些活动都会影响到需要补充的人员数量和种类,这就需要人力资源需求预测的帮助。同时这也会影响公司人力资源计划其他方面的活动。

而人力资源需求预测显然又会影响到战略的实施与实现。预测的主要作用是为管理者提供有用的信息。预期结果可能是一张表格,一些数据或者一份分析报告,都可以作为管理进行招聘或减员的参考。不过预计的需求和供给从来就不能符合。通过这个预测过程必须对需求进行不停地调整(例如需要更少的员工)或者来调整供给(例如,加速进行人员的轮换,或者增加招聘人员),直至供需达到平衡。

6.4 内部人力资源需求分析技术

在进行工作分析之前必须对企业现有的人力资源的状况进行分析,其包括现有的人力资源的数量、质量、类型、年龄和研究员工的需求的变化、工作情绪的好坏情况,以便决定完成各种业务所需的各种人才。

6.4.1 人力资源存量分析

人力资源分析的重点是探讨现有的人力资源存量是否与企业各部门的业务量相吻合,也就是现有的人力资源配置是否最佳。要做到这一点就必须测量各种业务所包含的工作量,以及处理某些工作的工作时间与人员需求,但在计算人员需求时必须减去缺勤、离职人数,只计算每天的实际工作人数。目前企业一般采用的人力资源存量分析计算方法有如下几种:

1. 工作分析法

这种方法是按照工作分析结果而编制的工作描述和工作规范为基础,计算完成各种工作所需的人员。在进行工作分析时,各工作的内容,按发生频率、处理时间等进行调查,并以此为基础计算工作量。工作量的计算一般以月为单位,发生频率按年月日做记录,处理时间则以分为单位比较好。以每月的总工作量所需的时间除以每月的工作时间,就可以计算出每项工作所需的人员,注意计算时应扣除工作时间内的休息时间。休息时间可按工作抽样法,根据调查资料计算出来。

$$所需人员 = \frac{每月总工作量所需时间}{(每人每天工作时间-休息时间) \times 每月工作天数}$$

2. 动作研究法

动作研究是在工作地点测量工作人员做某项工作或某一操作单元所需的时间,这种方法需要对工作人员的工作技能、努力程度及工作环境的因素进行评价,以便及时调整;同时还需考虑工作人员的私事、疲劳和延误等情况,以便决定延长的时间,而求出在正常技能、努力程度与工作环境等状况下完成此项工作的标准时间,然后以次计算标准的人员。这种方法主要用于制造业的生产职位,也适合那些重复又简单的事务性工作。它利用码表测定工作时间作为基础而求得标准时间,然后以此计算所需标准人员的数量。

标准时间是指生产一个单位产品所需的时间,是由纯时间乘以(1+休息比率)而求得,一天总需要时间是由标准时间乘以一天目标生产量。动作研究法的计算公式如下:

$$所需人员 = \frac{标准时间 \times 一天目标生产量}{每人每日工作时间}$$

3. 工作抽样法

工作抽样法是运用统计学的概率原理用随机抽样的形式,利用数学计算测定某个部门在一定时间内实际做的工作占规定时间的百分比,再以此百分比测量人员的利用效率。这种方法不但可用于生产职位,而且可运用于重复性的业务。

由于使用工作抽样法同时可观察许多样本,比动作研究法节省人力和经费,但分析人员必须事前充分了解研究对象的内容和业务流程。工作抽样法的步骤是先决定观察次数,再根据测量的结果计算工作的标准时间,然后运用动作研究法计算所需要的人员数量。

4. 绩效分析系统法

绩效分析系统法是记录作业人员在一个月或两个月期间,每人每天工作的名称、工作时间和工作量。根据记录可了解到某项业务在某一时间内,可完成哪些工作？每项业务的处理时间则根据统计方法设定它的标准,并以此为基础计算所需要的人员数量。这种方法适用于重复的业务。这种方法的使用程序如下:

(1) 设计个人的业务记录表。每当工作人员做完工作,就会立即记录工作名称、处理时间和工作量。如果工作无法用数字表示,应用工作完成的百分比来表示工作进度。

(2) 调查开工率。开工率可利用前面所说的工作抽样法计算出来。

(3) 确定个人业务记录表的统计方法与统计标准。对个人的业务记录表进行统计,然后将实际需要的时间与个人工作时间加以比较,以检验两者是否有显著的差别,如果要修正应与记录者面谈。另外,应将每项工作单位处理的标准时间计算出来,此统计的标准时间可根据平均数或中位数等方法计算。

(4) 计算所需的人员数额。利用前面已计算出的数据,根据下列公式计算所需的人员数额。

$$所需人员 = \frac{每月工作量 \times 统计的标准}{(每人每月的工作时间 - 每人每月平均缺勤的时间) \times 开工率}$$

(5) 管理幅度和线性责任图法。这种方法比前面几种方法都简单。其中,一个是根据管理幅度来决定人员数额。管理幅度指一位管理人员能够有效管理下属的人数。组织政策越明确,管理者制定政策所需的时间越少,则管理幅度越大;获得上级支持越多且下属能力越强时,其管理幅度也越大。这种方法根据垂直的组织层次分类决定合适的管理幅度,再以此为基础进行多层次的垂直分类,以便决定各层次的管理人数,最后计算出人员数额。

另一种方法是线性责任图法。这种方法是将组织内的业务与员工,以矩阵的行与列加以排列,且将各个员工对各项业务的责任记入矩阵表内。这样,则可明确表现出业务和决策是由谁、在何时进行,以及完成的程度。线性责任图比组织结构图或工作说明书,更能了解组织内的责任与权限关系,因此可作为计算人员定额的资料也可以个别职务的责任程序和现在负责该职务的人数为基础,计算出在各责任水准上需要多少人员。

6.4.2 人员类型分析

经过人员类型的分析,可以了解一个企业组织的主要业务。一般多元化经营的企业雇佣的人员类型很多,若以工作的职能区分,则可分为技术人员、业务人员及管理人员;若以工作的性质区分可分为直接人员和间接人员两种。如下将分别说明:

1. 以职能划分

◇ 技术人员:指从事生产、工程、设计和研究工作的人员。

◇ 业务人员:指从事销售、原材料、仓库、运输等工作的人员。

◇ 管理人员:指从事总务、人力资源管理、会计、策划及服务等工作的人员。

2. 以性质划分

◇ 直接人员:是指直接从事生产,或某一项工作的人员。如技术人员或业务人员;

◇ 间接人员:是指工作性质并非与某种工作的处理有直接的关系,但却是这种生产过程所必须提供的人员,如管理人员。

上述人员代表了企业内劳动力市场的结构,其配置比例随企业性质、规模而有所不同。通常直接参加人员占较大的比例,约占60%,而间接人员约40%,甚至更低。另外,如果某类人员的配置不足以应付变动时,企业应迅速举办培训或向外招聘合适的人员。若企业外部的劳动力市场能顺利供给所需人员,就不会引起内部人力资源的紧张;反之,企业则需要大量投资培训。

6.4.3 年龄结构分析

分析员工的年龄结构可以年龄作为标准,统计全公司人员的年龄结构的分配情况,并求出全公司的平均年龄,以分析公司人员的年龄结构是否有老化现象;在个人方面,可按工作人员的特点,如职位、学历、工作性质等,分别分析其年龄结构,以便为人力资源战略规划提供参考。

一般而言,年龄是能力的尺度。年龄增加则表示人从经验中获得的知识也增加,人员的能力也增加;但在另一方面也表明人员吸收新知识的弹性也在降低,使其难以适应环境的变化。

组织内工作人员年龄的增加也表示体力的下降。组织在安排职务和分配责任的时候必须实事求是地分析工作人员难以胜任现职的原因,是业务量的增加还是年龄的增长而导致精神体力的衰退。若是人员体力的原因则需调整人员的年龄结构,以保持企业的活力。通常企业理想的年龄结构应为三角形的金字塔,顶端代表退休年龄(60岁—65岁)的人数,底端代表就业年龄(18岁—22岁)的人数,而企业员工的年龄约为34岁—36岁。

6.4.4 工作流分析

企业的生产经营活动是一个相互联系、相互依赖、前后衔接的有机整体,每个部门的人力资源配置都应与其所承担的工作量相适应。否则必然会出现一些部门人手紧张、任务不能按时完成的情况;而与此同时,另一些部门会形成工作等待,造成人力资源的浪费。如图

6-3,假设某项活动由 A、B、C、D、E 五道工序依次完成。由图可见,企业的人力资源配置不合理,只有 A、D 两个工序的人员是满负荷工作的,因而整个活动的成果也就由这两道工序决定。B、C、E 三道工序的人员就存在工作等待,其阴影部分就表现为人员的冗余。

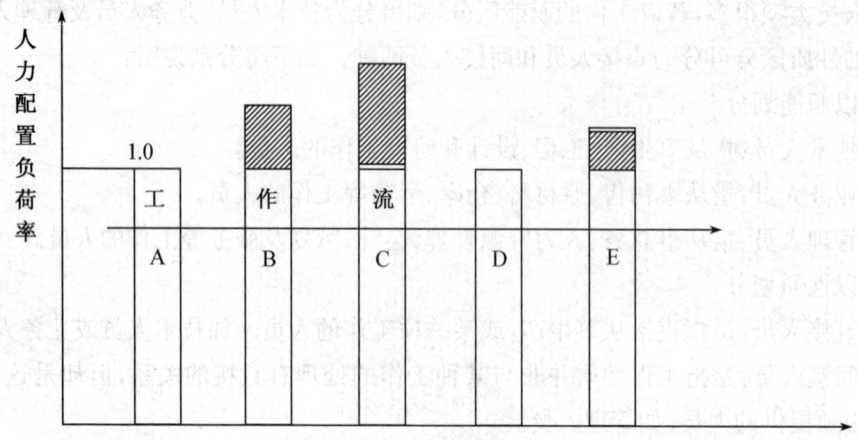

图 6-3 工作流分析图

6.4.5 岗位配置分析

人力资源战略规划的一个重要目标就是把各类人员分配在最能发挥他们专长的岗位上,做到人尽其才,才尽其用,否则就会造成人力资源浪费。进行岗位配置分析首先必须对岗位及其人员进行分类,用矩阵表列出企业现有人力的资源和使用情况,从中可以分析企业的人力资源的实际使用状况和使用效果。如表 6-3,W1 代表非熟练工,W2 代表熟练工,W3 代表技工,C 代表职员,T 代表工程技术人员,S 代表专业管理人员,M 为管理人员。从表中可知,该企业存在着较为严重的人力资源浪费现象,有 28 名熟练工在做非熟练工的工作,8 名技术工在做熟练工的工作,工程技术人员中,2 人在做熟练工的工作,8 人在做技工的工作,还有 5 名专业管理人员处于待岗状态。

表 6-3 岗体配置分析实例

资源类别 \ 使用类别	人数	W_1	W_2	W_3	C	T	S	M	待分配
	人数	78	582	200	100	50	75	35	5
W_1	50	50	/	/	/	/	/	/	/
W_2	600	28	572	/	/	/	/	/	/
W_3	200	/	8	192	/	/	/	/	/
C	100	/	/	/	100	/	/	/	/
T	60	/	2	8	/	50	/	/	/
S	80	/	/	/	/	/	75	/	5
M	35	/	/	/	/	/	/	35	/

6.4.6 冗员分析

企业中的人力资源问题主要表现在两个方面：一是人才的短缺；二是人力的过剩和浪费。实际上，绝大部分企业是同时存在这两种现象的，因此问题的解决必须从现有人力资源的浪费开始。

企业中过剩的人员表现为企业的冗员。所谓冗员，就是超出企业正常生产经营活动实际需要的人员，包括正常的后备人员。后备人员是为保证生产经营和企业长远发展需要而进行的适量的人员储备，如替补人员和在职培训人员。因此，企业中除了实际工作需要及合理储备需要的员工均可视为冗员。

冗员分析不只是确定企业冗员人数的多少，而是要分析冗员的具体构成和具体情况，以便于制定切实可行的冗员利用与处理方案。企业的冗员一般可分为两大类情况：第一类是素质与工作不相适应的人员，包括老弱病残人员，知识技能不足的人员；第二类是素质与工作适应但超过实际需要的富余人员，包括只愿干本职工作和希望调换工作的人员。

6.4.7 素质分析

企业的人力资源素质是指企业成员所具有的对企业生产力有直接和显著影响，并具有相对稳定性的品质特性。人力资源的素质分析可以从以下几方面进行：

一、人力资源的思想觉悟和企业的群体文化

有价值的行为源于有价值的思想观念的引导，这一点对个人和组织都是一样的。目前企业文化的建设也正是建立在这种认识的基础之上的。有没有效率观及雷厉风行的工作作风，有没有顾客至上的信念及热情服务的职业道德，有没有集体意识和协作精神，有没有开拓创新的意识和勤奋拼搏的精神……，对企业生产力的提高和战略目标的实现有着至关重要的影响。凡是事业有成的员工都有着过硬的思想觉悟和工作作风，大凡是成功的企业，也都有明确的企业精神和企业理念。

个人的思想觉悟和企业的群体文化，虽然难以用客观且明确的标准来测定，但还是可以通过社会心理调查及员工的绩效数据加以分析的。比如，有人曾对中美两国企业员工的需求进行分析对比研究，在被调查的454名美国员工中，以"能有所作为，获得自我实现感"作为第一需求的人数最多；而在被调查的301名中国企业员工中，以"工资奖金较高"作为第一需求的人数最多。这说明中国企业的员工与美国企业的员工之间的需求很不相同。

二、员工的知识技能水平

任何组织都希望能提高工作人员的素质，以期对组织做更大的贡献。员工的知识技能水平包括知识水平和技能水平两个方面。员工的知识水平主要指员工的文化知识、专业知识和工作经验等。员工的技能水平则包括操作技能、表达能力及管理技能。员工的这些技能对企业产品的市场竞争力及企业的发展有着直接的影响。随着科技的日益发

展,企业对员工的知识技能水平的要求也将越来越高。

企业员工的知识技能水平从员工个人来看,可以用员工所获得的专业技术职称及其最终学历来表示。而企业整体的知识技能水平,则可以用专业技术人员占全部员工的比重、中高级职称人数占全体员工的比重、大中专毕业生占全体员工的比重、员工的平均文化程度等指标来表示。

通常企业组织内的工作人员可能发生两种情况,一种是其中的一部分人员的能力不足,难以胜任目前工作而限制组织的业务发展;另一部分人员则能力有余但未能充分利用,不但浪费人才,同时也易导致人员的不满和变动。所以为了达到人尽其才的目的,人员素质必须和组织的工作现状相配合。企业管理者在提高人员素质的同时,也应该提高人员的工作品质,以员工创新工作,以工作开发员工,使组织得以发展。

提高人员素质的方法可以通过工作轮换、工作扩大化、工作丰富化和培训开发等方法;也可实施工作分析,确定详细的工作规范作为选拔人才的标准。

近年来,企业有个显著的趋势就是组织内脑力劳动者增加的比例超过体力劳动者增加的比例。其中的原因很多,但最主要还是在于科学技术的革新和工业生产的机械化与自动化。企业中脑力劳动者数量的急剧增加更突出了培训开发的重要性。

三、员工的心理健康分析

随着竞争的日益激烈,员工承受的工作与生活压力也越来越大,企业员工的心理健康与否,将影响企业内部的人际关系与人际沟通,进而影响到企业的文化。因此企业一定要注意保持员工的心理健康。

中国对心理健康的标准为:

1. 智力正常。正常智力水平是人们生活、学习、工作和劳动的最基本心理条件。心理学家把人的智力水平分为超常、正常、低常三个等级。智力水平在人群中表现为:两头小中间大。从智力测量角度看 IQ 小于 60 即心理不健康。当然,衡量一个人的智力发展水平要与同龄的人智力相比较。人的智力主要由观察能力、记忆能力、思维能力、想象力和操作能力组成。这五种能力要相对平衡以防止智力发展的畸形。

2. 情绪健康。情绪健康的标准为:

1) 情绪是由适当的原因引起的。欢乐、悲哀、愤怒的情绪是由相互事物或现象引起的。一定的事物引起相应的情绪。

2) 情绪的作用时间随客观情况而变化。在一般情况下,引起情绪的因素消失后,其情绪反应也应逐渐消失,否则,将被视为情绪不健全的表现。

3) 情绪稳定。情绪稳定表明一个人的中枢神经系统活动处于相对平衡状态,反映了中枢神经系统活动的协调。一个人情绪经常很不稳定、变化莫测是情绪不健康的表现。

4) 情绪愉快。情绪愉快是情绪健康的另一重要标志。愉快表示人的身心活动的和谐与满足。愉快表示一个人的身心处于积极的健康状态。

3. 意志健全

意志是人在完成一种有目标活动时,所进行的选择、决定与执行的心理过程。人在进行有目的活动时,总会遇到一些困难,因此人的意志行动总是与克服困难相联系的。人的意志品质是衡量意志健全的主要依据。人的意志品质包括意志的自觉性、果断性、顽强性和自制力。若一个意志行动经常表现盲目性、优柔寡断或草率决定。一个人在意志行动过程中遇到困难就半途而废,在行动中不能控制自己,经常表现出冲动行为,这些都是意志不健全的表现。

4. 统一协调的行为

人的行为是受意识支配的,因此人的意识与行为是统一的。心理健康的行为协调表现一方面在于意识与行为的一致,即言和行的一致;另外一方面在相同或类似情况下行为表现的一致性。心理不健全的人思维混乱、矛盾,言行不一,经常说的与做的不一致,语言支离破碎,语无伦次,做事有头无尾或三心二意,处理事情毫无秩序。

5. 人际关系适应

人生活在社会里,人与人之间要结成各种各样的关系。人际关系指的形式很多,其中较为重要的是父母与子女的关系、夫妻关系、师生关系、同事关系、朋友关系、亲属关系、上下级关系、个人与集体关系等。一个人能正确对待与处理这些关系,就具有正常的心理适应。如果经常不能正确对待处理这些关系,则被称为人际关系的心理失调。

6. 反应适度

人的反应适度是心理健康的又一重要标志。人的反应存在着个体差异,有的人反应敏捷,有的人反应迟缓,但这种差别是有一定限度的。反应敏捷绝不是过敏,反应迟钝也并不是不反应。人的反应的心理变态表现在对反应的异常兴奋或异常淡漠。

7. 心理特点符合年龄

在人的一生中,经历儿童、少年、青年、中年与老年各个年龄阶段,在一定的社会条件下,人在不同年龄表现出不同的心理特点。人的心理年龄特征具有一定的稳定性。但是在不同历史的时期、在不同的社会条件,及同时代社会而具体生活条件不同的人,其年龄心理特点也有所变化,存在着一定的差异。儿童、少年、青年、中年、老年各有其年龄的心理特点。不同年龄的人,一般心理特点与其年龄的心理特点基本符合,是心理健康的表现。

马斯洛以自我实现的人为研究对象,得出了自我实现的人的心理健康标准。所谓自我实现,即能充分利用和开发天资、能力、潜能,等等,这样的人几乎竭尽所能,使自己趋于完美。这些自我实现的人都感到安全和无忧无虑,感到被公认,感到爱和被爱,感到自身的价值并受到尊重。他通过对被试总体印象做整体分析,得出以下一些总体印象,从而作为自我实现的人的心理健康标准。(1) 有充分的自我安全感;(2) 能充分了解自己,并能恰当估计自己的能力;(3) 生活理想切合实际;(4) 不脱离周围现实环境;(5) 能保持人格的完整与和谐;(6) 善于从经验中学习;(7) 能保持良好的人际关系;(8) 能适度地宣泄和控制情绪;(9) 在符合团体要求的前提下,能有限度地发挥个性;(10) 在不违背社会规范的前提下,能适当地满足个人的基本要求。

员工的心理健康可通过心理测试的方法了解。

四、群体的知识及技能结构

企业生产经营的顺利运转需要各方面的人才,既需要掌握不同知识的专业人员,也需要不同技术层次的人员,这样才能保证生产经营任务的完成,又能尽可能降低人工成本;既能保证组织的需要,又能使员工得到最充分的利用和发挥。因此,企业员工的群体知识和技能结构是企业人力资源素质高低的又一个重要指标。

群体知识技能的年龄结构非常重要。一方面,它关系到企业发展过程中员工新老更替的顺利进行;另一方面,不同年龄的员工对不同的岗位有不同的优势和作用。年龄结构分析一般按员工的年龄进行分组统计,用统计图或统计表反映出员工的年龄分布状况,并预测今后年龄结构的发展趋势。

专业技能结构主要指企业员工中掌握不同知识技能的人员之间的比例关系。企业的运营需要多方面的人才,要有一线的操作人员,要有工程技术人员,也要有管理人员;在各类人员中又有其专业分工结构的问题。只有企业生产经营中所需要的各类人员按比例有序结合,人力资源才能得到充分合理的利用。专业技能结构的分析,可以通过计算其比例来分析,也可根据工作分析的原理进行分析。

知识技能层次结构指的是企业所拥有的高、中、初级职称人员的比例关系,一般通过计算各类人员的比重来进行分析。企业人力资源中,高、中、初级人员应与其生产经营的项目及其未来的发展前景和市场竞争状况相适应,否则就会出现人才的短缺或人力的浪费。

6.5 人力资源需求预测技术

用于测定人力资源需求的技术很多,有零基预测法、自下而上预测法、德尔菲法、回归分析法、计算机模拟法等。还有一些不太经常使用的其他方法如时间数列分析法等。

6.5.1 定性预测法

一、零基预测法

零基分析方法是以组织现有员工数量为基础来预测未来对员工的需求。而实际上人力资源计划也是采取同样的步骤进行零基预算,每年每项预算都要据此做出调整。如果一位员工退休、被解雇或出于某种原因离开了公司,这个位置则不会自动补充人。公司必须进行人力资源需求分析,以确定是否有必要补充人。当需要设立新职位时,也要进行同样的分析。零基分析法的关键是要对人力资源需求进行详尽分析。

零基预测需要了解当前的人员情况,确定任何新增的变化——职位增加、变化或撤销。具有其自身授权层次和人员配置结构的当前的组织,是开始进行人员配置需求分析的合乎逻辑的起点。甚至灵活的、不断变化着的组织也将其当前"需求"确定为"得到批准的人员配置",而不只是现有员工人数。

很多组织都使用一种正式的职位安置与控制程序来控制人员的增加以及职位及组织结构的更改。在这种情况下,由高级管理人员(或者一个委员会或职能部门)评审拟议的新职位或组织变革,包括人员扩充。无论何时,当一个职位成为空缺职位的时候,就可以对其进行评审,看它是否真的有必要,构成是否合适。如果在制定人力资源需求计划的过程中采取一种"零变化"的战略的话,这种方法就要求提出新职位或人员补充建议的单位管理者阐明理由。

一种类似的但较少限制的程序要求新职位、组织变革和人员聘用必须得到必要的批准或授权。人力资源信息系统(HRIS)可以提供一种自动指示,说明所建议的职位是否被纳入预算计划并得到授权。预算授权可以详细说明需要什么样的人员配置以及其与以前的人员配置要求有什么不同。

二、自下而上预测法(又称为管理者经验预测)

对于数据的数学分析也许很精确,也可能有帮助,但是事实上,企业到底需要什么样的人还是一种指导未来行动的管理判断。这种预测虽然不是正式的计划,但是体现了对新职位、新人员的需求或者职位名称和内容的变化。

自下而上法基于这样的推理,即每个部门的管理者最了解该部门的人员需求。自下而上法是先由组织中的每个层次——从最低层开始——预测其需求,最终汇总得出人员需求的预测总数。当管理者对现有的和预测的人员水平进行了比较,给人力资源充分的时间进行内部和外部资源研究,定期对人力资源需求进行规划时,人力资源预测最为有效。

本企业管理者是最有资格对为实现本企业目标所必需的人员配置做出判断的人。这个判断的质量取决于该管理者的估计,并且靠运用预测所得到的信息来提高。

这种"询问和发现"的预测方法通常能满足一个组织的需要,尤其是运营状态以及人员配置需求稳定的组织的需要。这种预测包括从单位管理者那里收集判断估计并将这些信息汇集成一个全面的预测。然后,在准备整体预测的过程中,根据连续的管理评价与分析来进行调整。一旦完成并得到批准,就会将这个预测分解开来,作为被批准的人员配置计划而返回给管理者。

这个方法体现了一种正式的、系统的规划过程,但是这个过程仍主要依赖企业管理者的主观判断知识。在这个预测过程中,"询问"应包括以下估计:

◇ 所需要的新职位
◇ 要撤销或不需要进行补充的职位
◇ 现有职位的变化
◇ 双重人员配置,预期的加班,等等
◇ 预期的人力闲置(由于新员工上岗参加培训或项目间的时间间隔等)
◇ 计划期内工作量波动
◇ 变化的预算影响(成本)

◇ 企业一般管理费用、签约的劳动力及管理监督的变化

将这些因素调整到当前人员配置表上，从而得到对每个单位未来人员配置的预测。这个表提供了对该单位内部工作层次与种类的一种预测和未来规划基准。

三、德尔菲法（Delphi）

德尔菲法是美国兰德公司开发的一种预测方法，这是一种使用频率很高的主观判断法，对于那些缺乏资料的预测尤为实用。

使用德尔菲法，首先应成立一个研究小组，将需要预测的专题概括为若干问题，然后邀请20－30位专家，将问题表寄给他们，请他们回答，参与的专家是匿名的，参与者处于互不知晓的状态。当小组收到专家寄回的问卷解答后，进行统计分析与归纳，将第一次回答的结果归纳成新的问题表，反馈给专家。一般经过两三轮的反馈后，意见趋于收敛。根据专家提出的最后意见和根据，总结前几轮的反馈结果，进行最后预测。

运用德尔菲法，专家不用同时出席会议就可研究问题，既方便了专家，又可以防止专家之间相互干扰，信息反馈有助于提高回答质量。人力资源需求预测可以邀请的专家可以是一线管理人员、高层管理人员、外请专家等。

利用德尔菲法进行预测，应该注意以下的原则：

◇ 挑选的专家应该有代表性

◇ 问题表设计应该措辞准确，不引起歧义，征询的问题一次不宜太多，列入征询的问题不应该相互包含

◇ 进行统计分析时，应该区别对待不同的问题，对于不同专家的权威性给予不同的权数而不应该一概而论

◇ 提供给专家的信息应该尽可能地充分

四、驱动因素预测法

该方法的原理是某些与企业的本质特征有关的因素主导着企业的活动或工作量，并进而决定人员配置需求。

影响人力资源需求的因素包括：

◇ 产量方面的变化（收入、生产或销售的单位或数量、完成的项目、交易等）。

◇ 所提供服务的变化（数量、质量、时速等）。

◇ 客户关系方面的变化（规模、时间长短、质量）。

◇ 新资本投资（设备、设施、技术等）。

综上所述，可以通过直接运用驱动因素的变化来进行人力资源需求预测，确定人员配置需求。扩张、新的购并、新的设备、组织重构或其他因素都可能直接影响未来的人员配置需求。例如，组织中的研发部门，根据特殊的项目计划确定人员配置需求。每个项目都有明确的工作计划和含人力资源在内的资源需求。

这是当今企业首选的方案，因为该方案透明、合理、慎重。管理者很清楚对企业具有直接影响的人员配置需求驱动因素，并能够根据自己的判断去进行调整。这种方法也考

虑到对规划"模型"的快速调整，无论何时对计划进行更新时，都可以在这个模型中对驱动因素进行评估、再评价和调整。它还将人力资源需求预测直接与经营和资本规划联系起来。

不过这种方案合理应用的前提是驱动因素的影响容易测量，更常用于确定操作人员和事务岗位的人员需求，而不是管理、专业和某些技术岗位的人员需求。

6.5.2 定量预测法

一、回归分析法

回归预测是一种定量的预测技术，通过建立人力资源需求和其影响因素之间的函数关系，从影响因素的变化来推测人力资源需求量的变化的一种数学方法。既有一元回归，二元回归和多元回归之分，又有线性回归和非线性回归之别。我们主要讨论一元回归和多元回归的预测技术。

1. 一元回归预测法

一般只有在某一因素对人力资源需求量具有高度相关关系时，才运用这个方法。在应用一元回归方程进行预测的时候，首先必须预测自变量和因变量之间的相关系数。

公式如下：

$$r = \frac{\sum_{i=1}^{n}(x_i - \bar{x})(y_i - \bar{y})}{\sqrt{\sum_{i=1}^{n}(x_i - \bar{x}) \cdot \sum_{i=1}^{n}(y_i - \bar{y})^2}}$$

其中：r——相关系数

x_i——自变量第 I 期的值

y_i——因变量第 I 期的值

$\bar{x}$——自变量的平均值

$\bar{y}$——因变量的平均值

只有当｜r｜值较大时，才可用一元线形回归方程进行预测。

即：$y = a + bx$

其中：

$$b = \frac{\sum_{i=1}^{n} x_i y_i - \bar{x}\sum_{i=1}^{n} y_i}{\sum_{i=1}^{n} x_i^2 - \bar{x}\sum_{i=1}^{n} x_i}$$

$$a = \bar{y} = b\bar{x}$$

在实际工作中，影响企业人力资源需求的因素往往不止一个，而是多个主要因素共同决定了企业人力资源需求量，且它们与人力资源需求量间也是线性关系，那么就需要采用多元线性回归预测法进行分析。

2. 多元线性回归预测法

多元回归分析能够确定许多变量之间的关联模式。这种方法在人力资源需求预测中得到广泛的使用,因为人们相信未来人员配置需求与某些可衡量的指标如产出、收入等之间存在某种联系。如果我们能够量化人员需求和其他影响因素的关系的情况下,我们就能做出准确的预测。我们把人力资源需求设定为因变量 y,而影响因素分别设为:

$$y=\beta_0+\beta_1 x_1+\beta_2 x_2+\cdots\cdots+\beta_s x_s$$

利用最小二乘法,使离差平方和最小,即:

$$Q(\beta_0,\beta_1,\beta_2\cdots\cdots,\beta_s)$$
$$=\sum_{i=1}^{n}(y_i-\hat{y}_i)^2$$
$$=\sum_{i=1}^{n}(y_i-\beta_0-\beta_1 x_{1i}-\cdots\cdots-\beta_s x_{si})^2$$

$\beta_0,\beta_1,\beta_2,\cdots\cdots,\beta_s$ 要满足方程:

利用最小二乘法,使得离差平方和为最小。得出系数的值,就可以用公式求得 y 即未来的人力资源需求。

二、趋势外推法

这是时间序列法中最简单的一种方法,时间序列还包括滑动平均法、指数曲线法。由于有些方法不太使用,这里就介绍这一种比较简单易行的方法。

它是企业人力资源需求量在时间表表现出明显的均等的趋势的情况才使用的方法。具体的方法是:将企业人力资源需求量作为横轴,时间为纵轴,在坐标轴上直接绘出人力资源需求曲线,如图 6-4 所示。

根据需求线可以预测企业未来某一时点的人力资源需求量。缺点在于过于简单,只能预测人力资源需求的大概走势,且未能提供有关人力资源质量的数据。

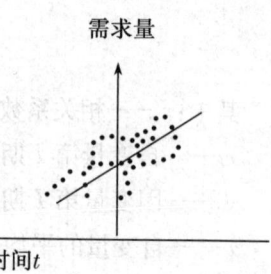

图 6-4 人力资源需求曲线图

这种方法的另一个优点在于它的实用性比较强,只要将横坐标换成其他对人力资源需求影响显著的因素如组织的工作任务、销售额/销售量、生产率等,就可以用这种方法来预测完成一定的工作量所需的人力资源数量。具体操作是通过对同一类型的同类活动需要人力资源散点图进行比较,可以根据散点的走势来判断工作量或其他因素的变化对人力资源数量的影响。

三、计算机模拟预测法

计算机模拟预测是人力资源需求预测中最复杂也是最精确的一种方法。这被比喻为在一个"虚拟的世界"里的实验,它能综合考虑各种因素对企业人员需求的影响。该方法主要在电脑支援的虚拟环境中,对组织可能面临的外部环境的变化及自身的复杂动态进行分析,得到未来需求的人力资源配置方案。目前随着信息技术的广泛应用和计算机的普及,这种方法将会逐渐得到普及和应用。

以上从定性和定量两方面介绍了人力资源需求预测的几种方法。定性预测方法的使用使管理部门直接参与人才需求预测过程,还可以将一些技术变化、工作负荷的变化、组织的变化综合起来考虑,包括一些没法度量的因素考虑在内,预测结果更让人可信。而定量的分析方法,提供了一种有效的补充信息,有助于管理人员做出有关未来人员配置需求的判断。这一分析方法的重要价值可能在于为可能的人员配置目标来确定可能的人员配置水平,而不在于其精确性。包括回归分析、数学模型等在内的定量分析可以改变对生产、销售及其他经营计划的人力资源管理。总之,人力资源需求预测的各种方法,各有优劣,在实践操作中可以结合使用。

 案例分析

星火公司的岗位分析为什么会失败?

星火公司是华中某份的一家房地产开发公司。近年来,随着地方经济的迅速发展,人们的生活水平越来越高,对房产市场的需求也越来越强劲。星火公司在过去的3年内发展非常快。随着公司的发展和壮大,员工人数从三年前的20人增加到了现在的210人,随着人数的增多,组织中的矛盾日益凸显出来。部门之间、职位之间的职责与权限缺乏明确的界定,扯皮推诿的现象不断发生;有的部门抱怨事情太多,人手不够,任务不能按时、按质、按量完成;有的部门又觉得人员冗杂,人浮于事,效率低下。

星火公司的人员招聘方面,用人部门给出的招聘标准往往含糊,招聘主管往往无法准确地加以理解,使得招来的人大多差强人意。同时目前的许多岗位不能做到人事匹配,员工的能力不能得以充分发挥,严重挫伤了士气,并影响了工作的效果。公司员工的晋升以前由总经理直接做出。现在公司规模大了,总经理几乎没有时间与基层员工和部门主管打交道,基层员工和部门主管的晋升只能根据部门经理的意见来做出。而在晋升中,上级和下属之间的私人感情成为决定性的因素,有才干的人往往并不能获得提升。因此,许多优秀的员工由于看不到自己未来的前途,而另寻高就。

面对这样严峻的形势,人力资源部开始着手进行人力资源管理的变革,变革首先从进行岗位分析、确定职位价值开始。岗位分析、职位评价究竟如何开展、如何抓住岗位分析、职位评价过程中的关键点,为公司本次组织变革提供有效的信息支持和基础保证,是在星火公司人力资源经理徐涛面前的重要课题。

首先,徐涛开始寻找进行岗位分析的工具与技术。在阅读了几本流行的岗位分析书籍之后,他从其中选取了一份岗位分析问卷,作为收集职位信息的工具。然后,通过人力资源部将问卷发放到了各个部门经理手中,同时他还在公司的内部网上也上发了一份关于进行岗位分析问卷调查的通知,要求各部门配合人力资源部的问卷调查。

据反映,问卷在下发到各部门之后,却一直搁置在各部门经理手中,而没有发下去。很多部门是直到人力部开始催收才把问卷发放到每个员工的手中。同时,由于大家都很忙,很多人在拿到问卷之后,都没有时间仔细思考,草草填写完事。还有很多人在外地出差,或者有任务缠身,自己无法填写,而由同事代笔。此外,据一些较为重视这次调查的员工反映,大家都不了解这次问卷调查的意图,也不理解问卷中那些陌生的管理术语,何为职责、何为工作目的,许多人对此并不理解。很多人想就疑难问题向人力资源部进行询问,可是也不知道具体该找谁。因此,在回答问卷时只能凭借个人的理解来进行填写,无法把握填写的规范和标准。

一个星期之后,人力资源部收回了问卷。但他们发现,问卷填写的效果不太理想,有一部分问卷填写不全,一部分问卷答非所问,还有一部分问卷根本没有收上来。辛苦调查所得的结果却没有发挥它应有的价值。

与此同时,徐涛安排人力资源部着手选取一些职位进行访谈。但在试着谈了几个职位之后,发现访谈的效果也不好。因为,在人力资源部,能够对部门经理访谈的人只有人力资源部经理徐涛一人,主管和一般员工都无法与其他部门经理进行沟通。同时,由于经理们都很忙,能够把双方凑在一块儿,实在不容易。因此,两个星期时间过去之后,只访谈了两个部门经理。

人力资源部的几位主管负责对经理级以下的人员进行访谈,但在访谈中,出现的情况却出乎意料。大部分时间都是被访谈的人在发牢骚,指责公司的管理问题,抱怨自己的待遇不公等。而在谈到与岗位分析相关的内容时,被访谈人往往言辞闪烁,顾左右而言他,似乎对人力资源部的这次访谈不太信任。访谈结束之后,访谈人都反映对该职位的认识还是停留在模糊的阶段。这样持续了两个星期,访谈了大概1/3的职位。徐涛认为时间不能拖延下去了,因此决定开始进入项目的下一个阶段——撰写职位说明书。

可这时,各职位的信息收集却还不完全。怎么办呢?人力资源部在无奈之中,不得不另觅他途。于是,他们通过各种途径从其他公司收集了许多职位说明书,试图以此作为参照,结合问卷和访谈收集一些信息来撰写职位说明书。

在撰写阶段,人力资源部还成立了几个小组,每个小组专门负责起草某一部门的职位说明,并且还要求各组在两个星期内完成任务。在起草职位说明书的过程中,人力资源部的员工都颇感为难,一方面不了解别的部门的工作,问卷和访谈提供的信息又不准确;另一方面,大家又缺乏写职位说明书的经验,因此,写起来都感觉很费劲。规定的时间快到了,很多人为了交稿,不得不急急忙忙,东拼西凑了一些材料,再结合自己的判断,最后成稿。

最后,职位说明书终于出台了。然后,人力资源部将成稿的职位说明书下发到了各部门,同时,还下发了一份文件,要求各部门按照新的职位说明书来界定工作范围,并按照其中规定的任职条件来进行人员的招聘、选拔和任用。但这却引起了其他部门的强烈反对,很多直线部门的管理人员甚至公开指责人力资源部,说人力资源部的职位说明书是一堆垃圾文件,完全不符合实际情况。

于是,人力资源部专门与相关部门召开了一次会议来推动职位说明书的应用。人力资源部经理本来想通过这次会议来说服各部门支持这次项目。但结果却恰恰相反,在会上,人力资源部遭到了各部门的一致批评。同时,人力资源部由于对其他部门不了解,对于其他部门所提的很多问题,也无法进行解释和反驳,因此,会议的最终结论是,让人力资源部重新编写职位说明书。后来,经过多次重写与修改,职位说明书始终无法令人满意。最后,岗位分析项目不了了之。

人力资源部的员工在经历了这次失败的项目后,对岗位分析彻底丧失了信心。他们开始认为,岗位分析只不过是"雾里看花,水中望月"的东西,说起来挺好,实际上却没有什么大用,而且认为岗位分析只能针对西方国家那些管理先进的大公司,拿到中国的企业来,根本就行不通。原来雄心勃勃的徐涛也变得灰心丧气,但他却一直对这次失败耿耿于怀,对项目失败的原因也是百思不得其解。

那么,岗位分析真的是他们认为的"雾里看花,水中望月"吗?该公司的岗位分析项目为什么会失败呢?

资料来源:赵曙明,戴万稳. 人力资源战略规划. 北京:北京师范大学出版社,2009.

案例分析思考题:

1. 星火公司为什么决定从岗位分析入手来实施变革,这样的决定正确吗?为什么?
2. 在岗位分析项目的整个组织与实施过程中,该公司存在着哪些问题?
3. 该公司所采用的岗位分析工具和方法主要存在着哪些问题?

第七章 人力资源供给

 学习目标

1. 了解人力资源供给的影响因素有哪些?
2. 理解内部劳动力市场的影响因素和作用。
3. 理解外部劳动力市场的影响因素和作用。

 **本章引例**

价格不定的青椒童子鸡

周经理近来很不顺心,各部门都向 HR 部门要人,可一时哪有那么多合适的人。这种情况在一年中已出现了三次,周经理不明白是这些部门发了疯,还是自己的工做出了错。为了减轻工作压力,周经理独自来到熟悉的酒楼用餐,无意间听到了一段酒楼经理和顾客 A 的对话。

顾客 A 径直找到酒楼经理,一脸不悦地抱怨,"前天我和家人来时,一致认为青椒童子鸡最好吃,当时青椒童子鸡是限量供应特色菜,今天我专门请同事来尝,还特地赶了个早。不想今天青椒童子鸡成了限时特价菜,害得我被同事嘲笑了一番,说我赶早是为了请大家吃便宜菜。你听,他们还在包间里笑"。

显然酒楼经理和顾客 A 是认识的,酒楼经理不由诉起了苦:"你也不是不知道,负责采购的经理也是股东之一,他要进什么菜我们也没数,前天你来是鸡订少了,今天又订多了,所以才临时把限量供应改成特价供应。A 主任,不好意思,请您体谅体谅。要不下次来前,您先打个电话问问当天的菜?"

"嘿,你怎么不先问问下个星期的菜,提前挂出来?"

一旁的周经理不禁失笑,一个不知道外面供应什么,一个不知道自己供应什么,不出乱才怪。转念一想,自己不正也犯着同样的错误吗,一方面不清楚公司内部的人员情况,每次缺人都措手不及;一方面也不清楚劳动力市场供给,常常一时招不到合适的人。原先的嘲笑变成了自嘲,周经理用沉默回答了两人惊异的目光。

这顿晚餐让周经理觉得非常满意,当然,他特意享受了一盘青椒童子鸡。

资料来源:http://www.chinahrd.net/blog/307/1116280/306029.html

热身思考:结合案例思考企业为什么要做人力资源供给预测?

企业不可能在真空中制定人力资源战略规划。首先,人力资源目标必须与组织的预定方向一致,即与长远战略计划一致。其次,人力资源计划必须与企业短期目标一致。人员结构、人员水平、工作结构、现有或预计的资源最终取决于内部和外部劳动力市场的结构与作用。因此,必须对劳动力市场进行分析,然后才能进一步探讨人力资源目标。

中国很多企业都出现过引例中的情况,以前没觉得缺人是什么大事情,什么时候缺人了,什么时候再去招聘,虽然招来的人不是十分满意,但对企业的发展也没什么大的影响,所以从来没把时间和金钱花在这上面。即使在企业规模日益扩大以后,也只是每年年初做人力资源定编计划,但对于人力资源战略性储备或者人员培养都没有给以足够的重视,认为中国人多的是,不可能缺人。造成这种现象的原因是:市场经济的早期阶段,企业的成功往往不需要战略,抓机会、抓资源、抢速度、快节奏成为中国企业的制胜之道。中国企业的这种战略无意识状态,使它不需要对组织的人力资源进行长远的规划,即使有战略,竞争战略的模糊性和易变性也使人力资源战略规划无从进行。进入新的世纪,中国企业身处的外部环境发生了两个重大的改变:宏观环境层面,中国企业以前所依赖的"低成本竞争优势"不再,企业必须转型升级;中观环境层面,企业与企业之间的竞争已经从单点优势的竞争向整体优势的竞争过渡,企业要想取得持续的成功,必须重塑经营模式,建立核心竞争力。人力资源作为关键的资本之一,正确开发、发挥并利用好这一资本是加强企业核心竞争力的关键因素。

7.1 内部劳动力市场供给

什么是内部劳动力市场?内部劳动力市场是由现在正在被企业所聘用的员工所构成的。内部劳动力市场由下列三部分组成:1. 正式和非正式的工作方法。在一个组织中,工作的组织方式和工作的描述方式是不同的,内部劳动力市场必须建立在系统的工作分析基础之上;2. 候选人的挑选方法。对于公开的内部劳动力市场来说,公司应在组织内部实行公开招聘,任何人均可提出申请。在内部劳动力市场登出广告的数日后,再进行外部广告宣传,用这种方式以内部申请者以获取优先权,然后,再对每一个申请者进行面试;3. 人力资源管理人员发现和挖掘潜在候选人的程序和权力是制度化的。

因此,建立在上述基础上的内部劳动力市场分析包括以下内容:

1. 组织战略与内部劳动力

企业内部劳动力市场的可供给程度首先取决于组织发展战略。例如,如果组织准备实施收缩战略,超过50岁的员工就要考虑提前退休。结果,公司发现有大批高、中级经理年龄均在50岁以上,在这种情况下,企业的高、中级人员明显过剩。实际上,如果这样做,将会使组织丧失大批有经验的管理人员。相反,当企业实施扩张战略时,则可以从组织内部提拔人员补充到经理队伍。这就要求对候选人在目前岗位上的业绩进行评价,考察他的提升潜力。一般考察的内容有:(1)工作经历;(2)教育背景;(3)优势和劣势评价;

(4)个人生涯发展的需要;(5)目前及未来提升的潜力;(6)目前工作业绩;(7)专业领域;(8)工作特长;(9)地理位置偏好;(10)职业目标和追求;(11)预计退休时间;(12)个人生理、心理评价记录。

2. 组织结构与内部劳动力供给

随着组织纵向层次的减少,管理层的减少,员工跨层升迁的机会也就有所减少。同一级别的人员供给相对过剩,这时横向的职位变迁(如在某个同级工作部门中调换不同的岗位)将受到欢迎。因此,通过学习新的技能,熟悉部门内其他的新角色,培养员工技能的多面性将增大内部劳动力供给的强度。例如,在直线型结构的企业中,提升是一维的;在事业制或矩阵式企业中,事业升迁阶梯变成了多维框架,其中既有向上升迁,也有水平调动,有时偶尔向下调整。

当现有员工的工作需求有所减少时,组织可以计划减少内部劳动力供给。这时一个或多个部门中会出现人浮于事的现象。造成这种情况的原因是多方面的,例如当新技术的出现和自动化程度提高时,劳动密集型企业的一般劳动力将出现过剩,相反,对技术人员和研究人员的供给将提出新的要求。

3. 企业人员流动率与内部劳动力供给

在收集和分析有关内部劳动力供应数据时,企业内部人员流动率将对劳动力供给产生重大影响。例如,某个部门有50名员工,前一年有10位离职,则该人员流动率为20%。如果组织其他部门的该指标都不超过5%,则说明这一部门的人员配置存在问题。一般情况下,某些行业通常会有较高的人员流动率,如餐饮娱乐业的厨师们在某一岗位的留任时间通常较短。

查明人员流动率很高(或很低)的原因对内部劳动力供给分析非常有益。人员流动率较高的原因可能有竞争者为其提供了更好的条件和福利,或员工对现在部门有种种不满,也可能源于工作缺乏保障或管理太差。同样,对同时进入组织的员工有更多了解也是很有帮助的。例如,一家企业接受了某大学的应届毕业生,通过进厂学习和接受培训,准备上岗。对这组人员的定期调查有助于了解有多少人完成了培训,有多少人取得了某种业绩,达到了某个级别,又有多少人离开了公司。又例如,一家大型便利连锁店管理者们被企业频繁的人员流动所困扰。当他们对招聘工作进行分析之后发现,大多数在企业工作时间短的员工仅仅是看到商店橱窗上有块牌子,标明有空缺职位。这些人当时往往处于失业状态,情绪很不稳定。企业采用的这种招聘方法实际上是选择了必然导致人员频繁流动的供应来源。当管理者们意识到这一点时,他们采用了新的方法,从而大大降低了员工流动性。

7.2 外部劳动力市场供给

7.2.1 外部劳动力市场

如果组织在需要增加员工时,不能从内部供应得到满足,那么它就需从外部劳动力市场招聘。劳动力市场是劳动力供给方(寻找工作的人)与劳动力需求方(寻找人员的雇主)相互作用,从而决定劳动力价格的地理区域。在供不应求的劳动力市场中,雇主对劳动力的需求量超过劳动力供给量,因而使工资价格上升。在供大于求的劳动力市场中,劳动力的供给量超过雇主对劳动力的需求量,从而使工资价格下降。近几年来,计算机人员、金融工程师、资本运作人员的劳动力市场远远供不应求,这些工作的工资价格一直在稳定增长。另一方面,农村剩余劳动力、劳动密集型的生产线上的工人和无技术的劳动力供过于求,因此限制了这些工作的工资价格增长。

实际上,人力资源管理者在进行外部劳动力市场分析时往往要受到许多因素的约束。下面是一些影响劳动力市场的重要因素。

1. 人口因素

就全球而言,人口因素中最严重的问题莫过于老年化趋势导致的人口年龄结构失调。美国斯坦福大学的生物学家图雅普卡称,由于先进的抗衰老科技被广泛应用,人类的寿命将延长20年左右。在美国,由于二战后"婴儿潮"期间出生的人逐渐老化,到2035年,美国全国的抚养比率将由现在的1∶5增至2∶5,即每5名工作人口需负担4名退休老人,这将引发一系列相关的社会及经济问题。根据2019年世界银行数据显示,日本是全球人口老龄化最严重的国家,65岁以上人口所占比例达到27%,排名世界第一,而意大利23%、德国21%位居第二和第三名。联合国人口与社会署人口数据显示,到2050年,日本60岁以上人口比例将增加至42.5%,到2100年减少至40.9%,然而80岁以上的老人人口比例将从15.1%上升至18.5%。

为了应对全球人口结构渐趋老龄化问题,世界各国争相出台新政刺激生育。德国为提高生育率,推出多种政策。停职在家照顾孩子的父母全年每月可得到相当于税后月收入2/3的补贴,每月最高可达1800欧元。如果父母中的一方继续停职2个月,则可享受14个月的补贴,即最高为2.52万欧元的生育福利津贴。瑞典是世界上第一个立法对男性休产假做出规定的国家。瑞典社会保障部门设立奖金,在休够法定的60天产假后,父母每多休30天产假,就可多领取3000克朗奖金,如果父亲和母亲在休产假上做到"完全平等",即每人休假240天,这对父母可领取135 000克朗的最高奖金。为了鼓励生育,澳大利亚政府实施每次最多18周的带薪产假政策,如果将18周拆分成36周,虽然每周的薪水减半,但产假可以延长到2年;政府连续18周会每周给予500澳元的奖励。

在中国,从20世纪70年代末80年代初开始实行强势的计划生育这一基本国策,经过40多年的时间有效地控制了人口数量相对于经济发展的快速增长,迄今至少使人口少了4亿,生育水平已降至世界发达国家的水平。但社会人口结构也同样随之出现了出生人口性别比和人口老龄化等一系列问题,出生人口性别比之高和社会老龄化之快速在全世界都是少见的。自20世纪80年代中期以来,中国出生人口的性别比就开始攀升,最高值为2004年的121.2,即平均每出生100名女婴相对应地出生了近121名男婴,大大偏离了人口学中103—107的正常理论范围,随着男女平等观念的普及,我国出生人口性别比自2015年起呈下降趋势,2019年性别比为104.45。根据国际社会通例,65岁及以上人口占总人口7%以上或60岁以上人口比重超过10%的社会被称为老龄社会或老年型人口国家。2019年我国60周岁及以上人口25 388万人,占总人口的18.1%,65周岁及以上人口17 603万人,占总人口的12.6%。从目前的趋势来看,未来中国老龄化速度会以较高斜率上升,"十四五"期间中国或进入中度老龄化社会,2030年之后65岁及以上人口占总人口的比重或超过20%,届时中国将进入重度老龄化社会。

另一个值得注意的因素是劳动力政策立法的变化。自2017年起,我国各大城市之间拉开了"人才争夺战"的帷幕,到2020年,以南京、武汉、杭州、成都、西安、郑州等为代表的"新一线城市",通过力度空前、各有所长的人才引进政策,使得城市间的人才争夺战进入白热化阶段。各城市纷纷出台优惠政策,在落户门槛和购房政策上均有很大突破,本科及大专院校毕业即可落户,由此具备了以往不曾有的巨大人才吸引力,区域人才流动加快,城市聚集的人才数量快速增长。

2. 社会和地理因素

劳动力的外部供给还会受到社会和地理因素的影响。人们不可能给劳动力市场划一个明确的地理界线。如果必要的话,雇主会在很远很广的地区范围内招聘所需的员工。从工作申请者的角度看,从一个地区的劳动力市场到另一个地区的劳动力市场将受到很大的限制。不过,也有一些例外:在美国1982年经济大萧条最严重的时期,上百名失业的汽车工人离开底特律去匈牙利,希望在那儿找到工作。总之,雇主面对的并不是一个单一的劳动力市场,而是一些不连续的、相互分割的劳动力市场,这些市场的供需条件差异很大。许多人看到了这一事实,把它当作造成职业之间和地区之间工资差别的主要原因。在英国的某些地区(如英格兰北部、苏格兰、威尔士等地)旧的行业迅速萧条,大量有技能的劳动力可供选择。这促使许多企业将工厂迁移到此类地区。还有其他一些因素,其中包括高质量的运输系统和接近产品市场等,促使企业做出将生产转移到劳动力供给充足的地区的决定。

许多在英投资的日本公司在失业率较高地区建厂时就采取了类似举动。例如,一家生产铲土机的日本公司,在英格兰东北部建立生产线时,就不太愿意招聘熟练工人,而是更愿意招收无经验的新员工。选拔过程主要是考查求职者的团队精神和对公司合作生产方式的态度,以及计算能力和灵巧程度。

3. 员工类型、具备的资质

员工的类型也是外部劳动力供给中需要考虑的一项因素。毕业生和专业人员较之蓝领熟练工人和半熟练工人更易为选择工作而搬迁。例如,一个企业可能发现,来自某个特定高校的毕业生十分适应企业的环境和文化。一家大型农业设备制造企业在从位于农村的地方学校招聘员工方面做得十分成功。这家企业的管理者们认为,由于许多学生来自农村,所以他们能够更快地适应企业的运作方式。百事可乐公司经常从二类学校招聘人员,因为好的大学的毕业生很少愿意从最底层做起。

外部劳动力市场分析不仅能够帮助确定在哪里可以找到潜在的员工,而且还可以帮助预计哪种类型的人可能在组织中获得成功。一些企业可能从过去的人事记录中发现,大部分较成功的员工都居住在离工作地点不超过1 600米的地方。这些信息表明了在哪一特定地理范围进行集中招聘可以对企业的绩效产生良好的影响。例如,一家远离大城市的地区医疗中心重新审阅了其注册护士的人事档案。它发现,生长在小城镇的注册护士比那些在大城市长大的护士更能够适应医疗中心的小城镇环境。在研究了这些统计资料后,医疗中心的管理层修改了招聘计划,增加了在小城镇注册的护士的招聘人数。

如前文所述,有关劳动力自由流动的政策已被许多省市明确立法,但在实际中,这种流动性对管理人员和专业人员更具现实意义,因为他们会因更优厚的报酬而流动。在欧洲,欧盟也已采取了多项措施增加劳动力市场的流动性,其中包括推动实施统一的职业标准,资格认可的可转移性,交换学生计划等。

毫无疑问,员工所必需的文化程度、技术能力和资质也影响外部劳动力市场。企业可根据这些因素中的一个或几个来分析劳动力市场。比如,一个需要雇用4名兽医的农业研究机构不能把招聘只局限在当地,因为劳动力市场是全国范围的或国际范围的。这个市场中并不涉及工会会员的问题,但涉及许可证问题。一般说来,一个获兽医学学位的兽医需要持有政府发给的许可证才能行医。工作申请者可能不太关心工作地点,而比较关心工作条件和职业生涯发展。再比如,假如一个医院想聘用一名临时管道工,就要到劳动力市场上了解行情。这个劳动力市场主要是由地理区域定义的,其次是由具备某些条件的人来定义,这些人具有工作所要求的经验、技术,并且就业后愿意加入工会。

4. 企业的人力资源开发政策

当外部劳动力市场难以满足组织所需得各类条件的人数时,劳动力供应将出现紧缺。相反,宽松的供应意味着有大批符合条件的人可供挑选。在失业率相对较高的情况下,人们可能会得出结论:劳动力的外部供给较为宽松。从定量的角度来看的确如此,但定性分析一下,情况相当复杂。例如,在失业人员中,企业往往很难找到它所要求的特定技能的求职者。例如,目前信息技术某些领域的专家人数奇缺。根据有关资料统计,信息技术人员的需求与供给比例超过了3∶1。其结果是有关企业纷纷对拟聘用对象支付比竞争对手更高的薪金和激励政策。当组织无法吸引到它所需的人员时,它会采用外包的方式来解决。这可以是一次性的,也可以是将它作为一种持久的替代形式。

招聘到所需人员的另一种方式是聘用具有特定潜力的人员,然后通过培训使其达到所需标准。这中间当然涉及培训成本和招聘到的员工潜力无法发挥的风险。人员培训是一项费时费力的事情,特别是尚未建立体系的小组织,这类活动可能费用极高,难度极大。不过,企业自己培训员工也有其独特的优势。在员工方面,可以逐步提高对企业的认同和责任,培训可以直接与组织需要联系在一起,这是一种将人视为组织资产的人力投资。综上所述,企业外部劳动力市场供给的影响主要与人口、行业、企业人力资源政策、社会与地理位置、员工类型等有关。

7.2.2 外部人力资源的数量与质量

人力资源作为一个经济范畴,当然也有其自身的规律性。其中,数量与质量是人力资源规律性的两个方面。人力资源既然是生产能力的总和,那么其总体也就是数量、质量二者的乘积。即:人力资源总量＝劳动力人口数量×质量。

出于计量的需要,也可以采用另一种公式:人力资源总量＝劳动力人口数量×劳动力人口平均质量。

1. 人力资源的数量分析

人力资源数量,指的是构成劳动力人口的那部分人口数量,其单位是"个"或者"人"。而劳动力人口,指的是具有劳动能力的人口。

人口总体如果依据其自然形态划分,年龄是划分的重要标准之一。在劳动年龄上、下限之间的人口称为"劳动适龄人口"或者"劳动年龄人口"。劳动力人口的数量与劳动适龄人口的数量大致相等。劳动年龄的划分,在不同的国家有所差异。中国现行的劳动年龄规定为:男子16—60岁,女子16—55岁。在劳动适龄人口内部,存在着一些丧失劳动能力的病残人口;在劳动适龄人口之外,也存在着一些具有劳动能力,正在从事社会劳动的人口。在计算人力资源数量时,应当对上述两种情况加以考虑,对劳动适龄人口数量加以修正。

综上所述,人力资源的数量,即一个国家或地区范围内劳动适龄人口总量减去其中丧失劳动能力的人口,加上劳动适龄人口之外具有劳动能力的人口。

人力资源数量构成包括下列八个部分:

(1) 处于劳动年龄之内,正在从事社会劳动的人口,它占据人力资源的大部分,可称为"适龄就业人口"。

(2) 尚未达到劳动年龄,已经从事社会劳动的人口,即"未成年劳动者"或"未成年就业人口"。

(3) 已经超过劳动年龄,继续从事社会劳动的人口,即"老年劳动者"或"老年就业人口"。

以上这三部分人,构成"就业人口"的总和。

(4) 处于劳动年龄之内,具有劳动能力并要求参加社会劳动的暂未就业人口。这部分可以称为"求业人口"。它与前述三部分一起,构成经济活动人口。

(5) 处于劳动年龄之内,正在从事学习的人口,即"就学人口"。

(6) 处于劳动年龄之内,正在从事家务劳动的人口。

(7) 处于劳动年龄之内,正在军队服役的人口。

(8) 处于劳动年龄之内的其他人口。

前四部分是现实的社会劳动力供给,这是直接的、已经开发的人力资源;后四部分并未构成现实的社会劳动力供给,它们是间接的、尚未开发的、处于潜在形态的人力资源。

影响人力资源数量的因素,主要有三个方面:

第一,人力资源总量及其再生产状况。人力资源源于人口的一部分,人力资源的数量体现为劳动人口的数量。因此,从直接意义上讲,人口的状况就决定了人力资源的数量。由于劳动力人口是总体人口中的一部分,人力资源数量首先取决于一国的人口总量及其通过人口的再生产形成的人口变动。从动态方面看,人口总量的变化体现为自然增长率的变化,而自然增长率又取决于出生率和死亡率。

第二,人口的年龄构成。人口的年龄构成是影响人力资源数量的一个重要因素。在人口总量一定的条件下,人口的年龄构成直接决定了人力资源的数量,即人力资源数量＝人口总量×劳动年龄人口比例。2019年中国大陆的15—64周岁的劳动年龄人口9.89亿人,占总人口70.72%。与世界人口数据相比,15—64岁劳动年龄人口占人口的比重,中国为70.72%,世界平均为63.60%,其中发达国家为65.41%,发展中国家为62%。

第三,人口迁移。人口迁移,即人口的地区间流动,人口迁移由多种因素造成,主要因素在经济方面,即人口由生活水平低的地区向生活水平高的地区迁移,由收入水平低的地区向收入水平高的地区迁移,由物质资源缺乏的地区向物质资源丰富的地区迁移。人口迁移的主要部分是劳动力人口的迁移,这造成局部地区人力资源数量上的增减和人力资源总体分布的改变。目前,从人口迁移的方面看,我们普遍存在的人口迁移趋势是:从中西部地区向东部发达地区迁移,高教育水平的人口由中西部不发达地区向东部发达地区迁移的趋势更明显。

2. 人力资源的质量分析

人力资源的质量,是人力资源所具有的体质、智力、知识和技能水平,它一般体现在劳动力人口的体质水平、文化水平、专业技术水平上。它是区别不同的人力资源个体或总体的关键。人类的体质与文化水平、专业技术水平相比,人与人之间的差异相对比较小,所以我们着重研究劳动力人口的文化水平与专业技术水平。除了采用受教育等级与年限、劳动者的职称技术等级外,人力资源的质量还可以采用每万人口中大学生人数、小学普及率、中学普及率、专业人员占全体劳动者比重等国民经济与社会统计中常用的指标。

随着社会生产的发展,现代的科学技术对人力资源的质量提出的要求越来越高。人力资源的质量相对于人力资源的数量而言,更为重要。人力资源质量的重要程度还体现在其内部的替代性方面。一般来说,人力资源的质量对数量的替代性较强,而数量对质量的替代作用较差,有时甚至不能替代。人力资源开发的根本目的,就是要把更多的人转化为对生产贡献大、为社会经济发展带来更高效益的高质量劳动力。人力资源的质量，主要受以下几方面的影响。

第一，遗传和其他先天因素。人类的体质和智能，具有一定的继承性，这种继承性来源于人口代际间遗传基因的保持，并通过遗传与变异，使人类不断地进化、发展。人口的遗传，从根本上决定了人力资源的质量及最大可能达到的限度。但是不同的人在体质水平与智力水平上的先天差异是比较小的，当然不包括那些因遗传病而致残的人。

第二，营养因素。营养因素是人体正常发育的重要条件，一个人儿童时期的营养状况，必然影响其未来成为人力资源时的体质、智力水平。营养也是人体正常活动的重要条件，充足而全面地吸收营养才能维持人力资源原有的质量水平。

第三，教育方面的因素。教育是人类传授知识、经验的一种社会活动，是一部分人对另一部分人进行多方面影响的过程，这是赋予人力资源的一定质量的一种最重要、最直接的手段。它能使人力资源的体质、智力水平都得以提高。2019年，国家财政性教育经费达到40 049亿元，占国民生产总值比重为4.04％，自2012年起连续8年保持在4％以上。从世界银行发布的数据看，全球教育投入占国民生产总值的比重为平均水平在4.3％左右，说明中国的教育投入已经达到了世界水平。据2010年全国第六次人口普查的数据，每十万人当中，接受过具有大专及以上教育的人口为8 930人，接受过高中和中专教育的人口为14 032人，接受过初中教育的人口为38 788人，接受过小学教育人口为26 779人。另外中国还有文盲人口5465万人，文盲率为4.08％。

7.2.3 外部人力资源的结构

所谓人力资源结构，是指一个国家或一个地区的人力资源总体在不同方面的分布构成，它包括年龄、性别、质量、地区、城乡等方面。人口是决定人力资源结构及其变动的最基本因素。此外，社会的经济状况，包括经济发展水平、经济结构、经济关系，教育程度，自然地理条件等方面因素，也在不同程度上对人力资源结构及变动产生影响。

人力资源结构的不同，反映了人力资源总体及其内部的不同性质与状态，这构成社会对于人力资源使用的基础因素。特别是在目前中国劳动力流动幅度不大的情况下，各个地区的人力资源总体及其结构，决定着可以投入社会经济活动的劳动力总量及局部状况，并在相当大程度上影响着各地区的就业总量及结构。

1. 人力资源的性别结构

男性和女性人口在从事社会经济活动方面和对不同职业的适应能力有很大的不同。一般来说，男性劳动力比女性劳动力的劳动能力强、参与率高、适应性强、参加社会劳动的年限长、流动性强，因此人力资源的性别结构会影响到整个社会人力资源的供给与使用状况。从性别构成上来说，中国大陆男性人口一直稍多于女性人口。国际上一般以100个女性所对应的男性的比值来检视一个国家或一个民族的性别比。20世纪70年代，中国出生人口性别比例平均为106.32。进入20世纪80年代以后，逐步开始升高。根据第四次、第五次人口普查和2005年1％人口抽样调查分年龄、分性别人口统计资料近似推算，中国"六五"出生人口性别比平均为108.20,呈轻微上升趋势;"七五"期间出生人口性别比平均值上升到110.20,升高了2个百分点;"八五"期间出生人口性别比例平均为115.42,猛增5.22个百分点;"十一五"期间,出生人口性别比例平均为122.66,在上升2.49个百分点,"十二五"时期,我国计划生育主要目标任务顺利完成,出生人口性别比从117.94下降到113.51。依照《"十三五"全国计划生育事业发展规划》,到2020年,我国的出生人口性别比将进一步下降到112。2020年人口普查统计出生人口性别比为111.3,尚未达到正常数值。

2. 人力资源的地区结构

人力资源的地区结构,即人力资源在不同地区的分布,可以按自然地理区、经济区、行政区来划分,它是地区生产力配置的基础。达到人力资源合理分布的目标,需要基于各地区经济发展的短期和长期需求与人力资源的现实状况,对人力资源进行规划。此外,还应该考虑人口与人力资源在总量方面和地区间分布的变动,从而对人力资源进行合理配置。

目前,人口与人力资源的区域分布如何调整也将会是中国社会经济发展过程中面临的一个突出问题。人口的流动反映了中国经济格局的变化。随着经济增速的下降、人口老龄化,中国经济更多地体现出一种分化和此消彼长。从目前统计来看,中国三线、四线和五线城市全部都是净流出;净流入比较多的地方主要还是一线城市、新一线城市和二线城市;长三角、珠三角的内部各城市的人口也存在明显的分化。近年来,全球科技进步明显放缓,劳动生产率的增速明显下降,中国也不例外。未来的经济增长将更多地依赖于人力资源,人口及资本的集中度提高仍会持续。

3. 人力资源的城乡结构

城乡结构也是人力资源结构的一个重要方面。人力资源城乡结构是由人口的城乡分布所决定的,并且受到城乡间人口流动的影响。它反映了一个社会经济发展总水平,反映了其农业与非农业部门的发展状况。人力资源城乡结构的变化,以农村劳动力进入城市为主要流向。2018年末,我国常住人口城镇化率达到59.58%,比1949年末提高47.94个百分点,年均提高0.69个百分点。总体上看,我国城镇化经历了探索发展、快速发展和提质发展的过程。在探索发展阶段(1949—1978年),人口流动受到户籍政策的严格控制,城镇化进程有所波动。至1978年,常住人口城镇化率基本保持在17%—18%。在快速发展阶段(1979—2011年),户籍管理制度开始放松,农村人口快速向城镇流动,乡镇企业兴起,城市和小城镇数量迅速增加。2011年末,常住人口城镇化率达到51.27%,工作和生活在城镇的人口比重超过了50%,比1978年末提高33.35个百分点,年均提高1.01个百分点。在提质发展阶段(2012年至今),我国城镇化开始进入以人为本、规模和质量并重的新阶段。2018年末,常住人口城镇化率比2011年提高了8.31个百分点,年均提高1.19个百分点;户籍人口城镇化率达到43.37%,比2015年提高了3.47个百分点,年均提高1.16个百分点。2020年,我国户籍人口城镇化率为45.4%。

4. 人力资源的质量结构

一般来说，人力资源在体质方面的差异不会过大，因此，人力资源的质量结构主要就在于"智力"方面，这体现在劳动力人口，特别是经济活动人口的受教育水平上。此外，社会劳动者达到职业技能不同等级的比例，也是人力资源质量结构的一个方面。

不同的社会经济状况，不同的生产发展水平，要求与不同的劳动力质量相适应。不能脱离现实的生产力水平，简单地认为高质量劳动力数量越多越好，比例越大越好。因为超过了社会经济客观需要的过多的高质量人力资源，不仅不能充分发挥其作用，而且其中一部分不得不从事质量要求较低的社会劳动，形成人力资源的巨大浪费。由于高质量人力资源不同类别之间的替代性较差，合理的人力资源质量结构不仅要求不同等级、不同层次的人力资源处于一种适宜的比例，而且要求各个等级、各个层次的人力资源内部从事不同性质劳动、不同职业类型的人力资源也要协调。

7.3 外部人力资源供给预测技术

招募和录用新员工对所有公司都是必不可少的，至少从长远来看是如此。无论是由于生产规模的扩大，还是由于劳动力的自然减员，公司都要从劳动力市场去获得必要的劳动力。

因此，对外部劳动力市场进行预测对企业制定人力资源战略具有直接的影响。外部人力资源供给预测方法很多，本书选择比较易于操作的市场调查预测方法和相关因素预测方法进行介绍。

7.3.1 市场调查

市场调查预测是企业人力资源管理人员组织或亲自参与市场调查，并在掌握第一手劳动力市场信息资料的基础上，经过分析和推算，预测劳动力市场的发展规律和未来趋势的一类方法。由于市场预测方法强调调查得来的客观实际数据，较少人的主观判断，可以在一定程度上减少主观性和片面性。所以，有人称调查预测方法是客观性市场预测法。

一、市场调查的程序

市场调查是一个过程，从明确调查的目的和任务开始到最终获得有效的市场信息写出调研报告为止，一般要经过以下几个阶段：

1. 明确调查的目的和任务。这一阶段是调查目标的识别阶段，也是明确调查的问题和调查目的的阶段，例如，为实施国际经营战略，开拓国际市场，就必须对国际经营中的人力资源状况进行调查，把所需的员工数量、质量和国际人力资源战略的目标结合起来，务求达到企业战略的目标要求。

2. 情况分析。在明确调查的目标和任务以后，在未正式开展调查之前，要充分利用本企业的现有资料,进行初步的市场动态分析,避免搜集资料面铺得过大,调查成本过高,尽可能节省费用和时间。

3. 非正式调查。通过情况分析掌握调研课题的有关背景资料后,要尽可能地同企业外部的有关部门,例如有关的信息咨询中心或有关的专家取得联系,个别征询专家意见或召开小型座谈会,听取有经验的专业人员的意见,以取得开展正式调查所必需的知识和经验,为正式调查做好准备。

4. 正式调查。这阶段是市场调查全过程的核心阶段,也是最重要最复杂的阶段,在这一阶段,要搜集到所需要的数据、资料。因此,要设计好正式的调查表格,确定好调查对象和调查方法,对调查人员进行必要的培训,要做好调查费用的估算和安排好时间进度计划等等。

5. 数据资料的整理加工分析。对调查取得的数据和资料,一般说来都要经过整理加工分析后,才能变成有用的资料,即成为有用的市场信息。整理加工的程序有以下四个步骤:

(1) 资料分类。根据调查目的和要求,将资料分门别类。例如不同地区、不同行业薪酬率的分类等等。

(2) 资料编校。编校工作就是对已经过筛选的资料进行核实和校订,以消除资料中的谬误和含糊不清的地方。例如消除调查资料中的人为误差。通过编校使资料清楚易读,编入分类表便于查找;其次使资料保持完整,尽可能保持原始记录原貌并确保资料的准确性。

(3) 列表处理。将经过整理分类的资料做适当的统计处理后,进行列表,以便分析。

(4) 分析研究。对经过加工的数据,根据市场调查的目的和任务要求,进行分析、研究和数据深加工处理,获取更深层的市场信息。例如,通过调查获得了不同地区、不同行业薪酬率提高的数据后,就要分析研究不同企业的劳动力市场需求增加多少。劳动力的市场需求增加量就是一种深层信息。

二、调查方案与调查方法

要进行市场调查,首先要确定调查方案,市场调查方案有三种,应根据调查对象适当选定:

(1) 普查。这是一种全面性的调查。例如人口普查,每家每户每人都要查,对市场进行这种调查一般只在小范围内进行,例如在人口和户数不多的小城镇进行。

(2) 抽样调查。如果调查对象的数量大、区域广,要进行普查,就会耗资大、时间长,实际上行不通。例如,城市和乡村的家庭调查,都是采用抽样调查的方案进行的,所需的市场信息,是根据抽样调查的数据,通过数理统计中的统计推断原理,进行加工整理推断后得到的。

(3) 典型调查。选择一部分有代表性的调查对象进行调查,以此调查结果代表性整体的情况。这种调查的主要优点是能节省人力物力和时间;缺点是有代表性的典型较难挑选。

调查方案不论选取那一种调查方式,都要进行具体的调查工作,具体的调查方法也很多,在此略举常用的几种:

(1) 文献查阅法。通过查阅各类经济信息报刊、市场行情资料,以及产品目录大全等文献资料,就可以了解市场的一般情况,这种调查方法在市场调查中普遍应用,还可以查阅政府和新闻报刊、各类调研机构所发表的各种统计资料,进行对比分析,以获取所需的市场信息。

(2) 询问法。这是一种通过调查对象进行询问或要对方填写询问表以取得答案的方法。这种方法可以是直接面谈,要被调查者——回答问题,调查者做好记录,录音或录像等。也可以通过电话交谈或邮寄调查表要被调查者填写等等。调查表的设计至关重要,会直接影响调查效果。因此,设计调查表的任务,要交给有实际调查经验的人,设计调查表的用词,必须严谨明了,含义准确:所调查的内容要简练、易于回答,而且要使被调查者乐意回答,表头的设计要把调查的主题做一简明的介绍,然后再采用问答式的方式。

(3) 实验法。这种方法是把市场调查看作一次实验,通过实验,摸清影响市场状态的各种因素的变化情况。但是,影响市场变化的因素很多,欲查清某因素的具体影响,必须固定其他因素或把它们排除掉,然后让所有调查的因素变化,以此来测定所需调查因素的效果。这种方法是否能达到预期的目的,取决于能否较好地将其他有关的因素固定或真正地排除掉。

(4) 直接观察法。直接观察法是依靠有经验的市场调查或市场研究人员,用市场的直接观察结果,来判断市场状况的方法。这种方法的优点是简单、直观、方便;缺点是观察范围有限,容易混入观察者的主观看法。因此,这种方法常常作为其他方法的辅助手段而被广为采用。

(5) 由企业本身积累的资料进行调查。许多企业积累了本企业的内部人力资源供给和外部人力资源供给等方面的大量统计资料,而且比较准确,查阅比较方便,通过历年积累的统计资料,进行精密的统计分析,求出生产、销售等方面的趋势,然后再同全行业甚至整个国民经济联系起来进行分析考虑。这种调查方法得到的统计资料是十分有效的。

(6) 会议调查法。通过各式各样的会议收集市场信息,也是一种市场调查的行之有效的方法。例如,每年有各种人才招聘会、人才信息发布会、人才交流会以及劳动力市场分析会等等。通过参加这种会议收集市场信息,了解市场行情,常常能取得良好的效果。

在考虑某一领域内未来劳动力供给的同时也要考虑未来劳动力的需求,这是至关重要的。只注重供给将会出现差错。假如某企业想录用16名具有工商管理硕士学位的研究生。2019年,68个公司录用了1243名这样的研究生。但预计80个公司在2020年要录用1306名这样的研究生。竞争将比2019年更为激烈。因此必须采用更复杂的招聘方式。公共组织和私人组织都认识到,他们需要对外部劳动力市场进行推测,以防人员过剩或人员不足。

7.3.2 抽样调查

抽样调查的抽样方法有两大类:一是随机抽样;二是非随机抽样。随机抽样的根据是被抽查的总体(抽查对象的全体)的每个个体被抽查的可能性是相等的。只要将被查的对象一一编号,然后采用摇奖机(抽签)抽取即可。这种抽样,其优点是避免了人的主观因素,如感情、倾向、知识论断等的影响,而且所得的数据具有统计推断的功能,能估算出样本的代表性程度,而非随机抽样则不具备这种功能,因而其代表性差,然而并非毫无用处,当抽样的总体过于庞大而且复杂,不适于随机抽样时,就必须采用非随机抽样。

上述两类抽样方法,还可根据具体对象运用更为具体的抽样方法。这里列举出一些抽样调查方法(见表7-1),然后就一些主要的抽样调查方法做了一些说明。

表7-1 抽样调查方法分类表

类型	抽样方法
随机抽样	单纯随机抽样
	分层随机抽样
	分群随机抽样
非随机抽样	便利抽样
	判断抽样
	配额抽样

1. 单纯随机抽样

这种方法是通过抽签方式(摇奖机)或查随机数表抽取样本。这种取样方法比较客观,完全排除了调查人员的主观选择,在数学上可以严格证明,在被抽样的总体中,每个人被抽到的可能性完全相等。因此,此种抽样被称为机会均等的抽样。

2. 分层随机抽样

这种抽样是首先将抽样总体按某种特征或属性分为若干层,然后在各层中用单纯随机抽样的方法,抽取所需的样本。例如,调查某地居民每户人均收入情况,先按户人均收入的高低分为高、中、低三个层次,然后再从这三个不同的层次中,分别按单纯随机抽样的方法,按事先规定的样本数抽取样本。

3. 分群随机抽样

这种抽样是将抽样的总体分为若干个群体,使每个群体中都包含了总体中的各种类型的个体。例如,以某所大学为一群体,这个群体中含有教师、行政人员、后勤人员、大学生、研究生等。

分层随机抽样与分群随机抽样二者是有区别的。前者要求各分层的子母体之间有明显的差异性。相反地,分群随机抽样的子母体之间,则要求具有相同性。例如,分层随机抽样中的高收入阶层,每户的人均收入都很高,而低收入阶层中,每户的收入都较低。但是,在分群随机抽样中,不论是高等学府的群体还是工厂企业群体,按户的人均收入,均有高、中、低三个档次,呈现出群体之间的相同性。

4. 便利抽样

这种抽样是随调查者的方便选取样本。例如,调查人员进行市场调查,在商店里遇到谁就问谁,其选取样本的原则是以便利调查为标准。此法的特点是应用方便,但误差大,使用价值低,缺乏严格的科学性。

7.3.3 相关因素分析法

相关因素分析法是通过调查和分析,找出影响劳动力市场供给的各种因素,探索各种因素对劳动力市场发展变化的作用方向和影响程度,预测未来劳动力市场的发展规律和趋势。由于影响因素往往很多,通常要对主要因素进行分析。这些因素有:

1. 组织因素

正如在前面指出的那样,企业战略和人力资源战略规划为人力资源预测奠定了基础。在供给预测中,这一点十分明显。因为,相关因素分析预测关键的第一步,就是分析劳动力数量对供给的影响。例如,对大学来说,适当的组织因素可能是学生的录取数;对医院来说,可能是人(日)数;对零售鞋店来说,可能是按库存和销售额,而对钢铁公司来说,则可能是钢产量。

要使组织因素有意义,至少必须满足两个条件。第一,组织因素应该与组织的基本特性直接相关,以便人们根据这一因素来制定组织计划。如果所有的组织计划都是按销售额(以美元为单位)来制定的,而频繁的人事变动又使得产值与产品数量的换算比较困难,那么,零售鞋店根据销售数量所做的人力资源需求预测几乎是毫无意义的。第二,所选因素的变化必须与所需员工数量变化成比例。例如,某钢铁公司把生产一炉钢所需的工时数从2015年的2工时/炉降为2017年的1工时/炉。因此,可用钢产量的吨数作为预测人力资源供给的组织因素。

在某些行业,特别是在劳动力数量与产量不成比例的行业选择合适的组织因素可能有困难。例如,在航空运输业中,机场满负荷流动时所需的导航人员和地勤人员与没有飞机起落时相等。此外,某些公司可能生产多种产品,一些产品需要投入较多的劳动力,而另一些则只需要较少的劳动力。在上述这些情况下,对整个组织的人力资源预测可能导致错误的判断。因此,必须分别对不同的产品或不同的人力资源(例如,研究人员、生产人员、维修人员等)进行预测。要研究历史上组织因素与劳动力数量之间的关系,组织因素一经选定,预测者的任务就是找出过去的劳动力数量与过去的组织因素水平之间的数量关系。

2. 劳动生产率

要准确地预测人员供给,就必须知道劳动生产率的变化和组织因素的变化。这些变化之所以重要是因为对某一年劳动力供给的预测必须要能反映预计的该年劳动生产率以及对商品或服务的需求的情况。以某医院为例,见表7-2。

表7-2 某医院历年护士劳动生产率统计

年度	组织因素	劳动生产率	人力资源需求
	病床数/张	医院人员数/病床数	医院人员数
2010	468	1.5/1	702
2015	572	1.7/1	973
2020	702	1.9/1	1334

确定劳动生产率的变化趋势以及对趋势的调整。要确定过去5年(10年更好)间平均每年劳动生产率的变化率,必须收集该期间的产量和劳动力数量的数据。有了这些数据,我们就可以计算出平均每年的生产率变化和组织因素的变化,并以此来预测下一年的变化。

当然,下一年的变化与平均变化不同。其原因很多,因此,在分析过去的数据和过去的生产率变化不同于平均年生产率变化的原因时必须特别仔细。

相关因素分析方法是一种经验预测方法,因此为了提高其预测精度,有时在此基础上,再进行定量预测。如线性回归预测等。

7.4 内部人力资源供给预测技术

在未来一定时期内,人力资源供给预测方法很多,如经验预测法,趋势预测法、Delphi法、线性回归、线性规划方法等。就组织人力资源管理而言,常用的方法有:接续计划法、马尔可夫预测、相关矩阵法与供给推动模型等。

7.4.1 接续计划法

在一个组织中,特定时期内员工流动状况是确定劳动力供给的基础工作,进行这一预测工作的基本思路是:确立预测目标和工作范围,确立每个关键职位上的接替人选,评估接替人选目前的工作情况,根据个人的职业目标和组织目标,确立职业发展需要和预先实现供给。接续计划法就是根据这一思路进行人力资源供给预测的。请看下面的例子:

A省交通局是华东地区的一个主要交通管理部门。它负责大约1500公里省级公路网的管理,同时也负责其余62 500公里市级公路的津贴分配以及省内通勤火车和航空服务的规划。该部门的主要工作内容包括:有关运输系统和设施的计划、设计、建造、保养和研究。该局全省全日制工作的劳动力包括大约2600名管理人员和7700名加入工会的员工。但由于一些客观原因,接续计划仅限于中层和高层管理人员(大约1300个职位)。制定接续计划是每个管理人员的一项基本责任。

目前的企业计划和未来预计的管理人员的技能和潜力是接续计划系统的主要输入信息。因此,交通局将工作分为5种主要职能和8种次要职能,并分别对每一种职能都进行了分析。图7-1给出了预测中用来决定潜在的短缺人员、过剩人员和未得到提拔的可提升人员(例如,在某一工作层次中,没有更高水平的工作职位)数量的各种资料。同时还给出了为保持后备力量每年所需进行的培训和开发活动。

现有人员数量是根据局人力资源管理的人事档案确定的。人员减少量是辞职人数、解雇人数、调离人数和退休人数的总和。辞职、解雇和调离人数根据历史资料进行估计,然后根据目前和未来的趋势加以调整。退休人数则通过核查确定。

后备人员根据两个来源确定:一是根据每年对员工的工作鉴定情况,确定在下一个计划年度中可以提升的员工;二是在年报过程中,管理者要甄别那些有能力在不同的职位上至少获得两次晋升的佼佼者(在3年内)。

未来需求的预测是以目前和未来的组织计划为基础,由发展部的战略政策委员会(由总经理和高层经理人员组成)根据六个计划小组提供的资料来确定。

最后,每个职能部门的管理人员接续计划的基础资料用计算机化的预测模型进行处理。

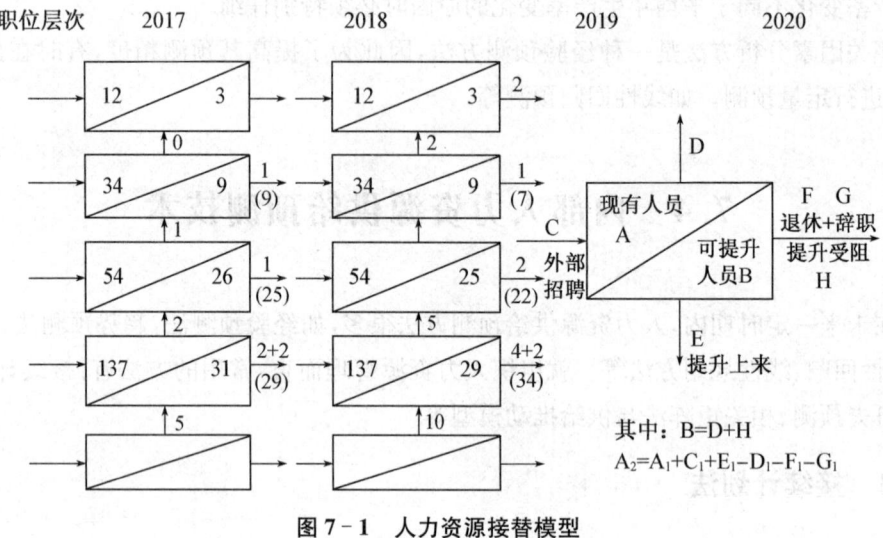

图 7-1 人力资源接替模型

7.4.2 马尔可夫链预测分析

进行内部人力资源供给预测的另一种方法是马尔可夫分析。该方法的基本思想是找出过去人事变动的规律,以此推测未来的人事变动趋势。

1. 马尔可夫链预测

所谓马尔可夫链,就是一种随机时间序列,它在将来取什么值只与它现在的取值有关而与过去取什么值无关,这种性质称为无后效性。如在荷花池里有 N 张荷叶,编号为 $1, 2, \cdots N$。假设有只青蛙随机地从这张荷叶跳到那张荷叶,在时刻 tn 时,它所在那张荷叶称为青蛙所处的状态。那么青蛙在未来处于什么状态,只与它现在所处的状态 $i(i=1, 2, \cdots N)$ 有关,与它以前在哪张荷叶无关,这就是所谓的无后效性。记 x_n 为时刻 t_n 时,青蛙所处的状态,以 $P(x_{n+1}=j | x_n=i)=p_{ij},(i,j=1,2,\cdots n)$ 表示在 t_n 时刻青蛙所存在第 i

张荷叶,在下一个时刻 t_{n+1} 跳到第 j 张荷叶的可能性,又称为从状态 i 经一步转移到 j 的概率,简称为一步转移概率。将这些 p_{ij} 依次排列起来,就构成一个矩阵,叫作转移概率矩阵。

我们以某一会计师事务所的人事变动简单说明马尔可夫链预测,如表 7-3 所示。预测步骤如下:

第一步,编制人员变动矩阵表。表中的第一个元素表示从一个时期到另一个时期(例如,从某一年至下一年)在两个工作之间调动的员工数量的历史平均百分比(以小数表示)。一般以 5—10 年为周期为估计年平均百分比。周期越长,根据过去人员变动所推测的未来人员变动就越准确。

例如,表 7-3(A)表明,在任何一年里,平均 80% 的合伙人仍在该行,而 20% 退出该行。在任何一年里,大约 65% 的会计员留在原工作岗位,15% 被提升为高级会计师,20% 离职。这些历史数据代表了每一种工作中人员变动的概率。

第二步,预测未来的人员变动(供给量)情况。将计划初期每一种工作的人员数量与每一种工作的人员变动概率相乘,然后纵向相加,即得到组织内未来劳动力的净供给量。

表 7-3　对公共会计服务行人力资源供给情况的马尔可夫分析

(A)

	人员调动的概率				
	P	M	S	J	离职
合伙人(P)	0.80				0.20
经理(M)	0.10	0.70			0.20
高级会计师(S)		0.05	0.80	0.05	0.10
会计员(J)		0.05	0.15	0.65	0.20

(B)

	初期人员数量	P	M	S	J	离职
合伙人	40	32				8
经理	80	8	56			16
高级会计师	120		6	96	6	12
会计员	160			24	104	32
预计的人员供给量		40	62	120	110	68

第三步,公共会计服务行的某一期预测如表 7-3(B)所示。如果下一年与上一年相同,那么,该行可以预计下一年将有同样数量的合伙人,即 40 人,以及同样数量的高级会计师,即 120 人。但是,经理将减少 18 名,会计员将减少 50 名。这些反映人员变动的数据与正常的人员扩大、缩减维持计划相结合,可以用来决定怎样使预计的劳动力供给与需求相匹配。要做到这一点,可能要到外面招聘更多的会计员和高级会计师,把更多的高级

会计师提升为经理,或者采取与总的组织计划一致的其他策略。

尽管马尔可夫的分析广为人们所采用,但人们并没有对该方法的准确性和可行性进行广泛研究。对这一点,到目前为止尚无定论。一些公司发现,该方法提供了为决策者所接受的准确有用的信息。然而马尔可夫分析在另外一些公司的应用并不成功。显然,仍然需要进一步的研究来确定哪些是决定马尔可夫分析成功或失败的变量。

7.4.3 供给预测矩阵法

供给预测矩阵法是运用一种结构化表格进行人力资源供给预测并将预测结果标在表上的常用方法。在预测工作中,管理人员无论是采用直觉判断还是量化分析,都可以使用这个结构。该表格简明地总结了:(1) 人员配置需求;(2) 关键比率和指标;(3) 预计的人员配置来源。

表7-4所提供的是即为某石油生产公司设计和使用的以供给预测矩阵法预测人力资源供给的表格。

表7-4 人员配置需求与来源总表

A. 人力需求　　　　　从____到____期间　　　　制表人：　　制表日期：

主要工作种类	1.当前人力	2.预计人力	3.净变化±	每个工作种类预期的人员流失					10.该时期的总需求
				4.调动	5.晋升	6.辞职	7.退休	8.解雇	9.其他	
1.高级经理、经理										
2.基层主管										
3.										
4.										
5.										
6.										
7.										
8.										
9.										
员工总数										

B. 关键比率与指标

	当前	计划
收入/员工		
纯收入/员工		
直接劳动/间接劳动		
管理人员/员工		
总体工资成本		
平均薪资		
其他关键指标（详细说明）		

C. 预计的人员配置来源

	总需求	本组织现有员工的晋升	其他组织现有员工的晋升	被录用和参加晋升前培训的员工	为紧急任务而聘用的员工
1. 高级经理和经理					
2. 基层主管					
3.					
4.					
5.					
6.					
7.					
8.					
9.					
员工总数					

7.4.4 供给推动模型

近年来，建模技术已经被用于分析或模拟人力资源流动和需求。模型有助于考察人员在组织中的系统流动的情况，有助于将这种流动与预计的人员需求进行比较。在人力资源战略规划过程中，模型主要用于管理者的描述和模拟工具。例如，在一个大型企业中，建模工作为管理者提供了合理估计未来数年人才供求的手段。

现在，模型主要被用来模拟预期的人员配置结构，形成几种备选的方案。管理者可以比较这些方案并挑选他们认为对他们的计划需求最切实可行的方案。模型使管理者能探究他们不能直接观察的系统方面，例如员工长时间里在组织内的不同工作种类间运动的模式，内部劳动力供给对管理政策及聘用决定变化的反应等。

通过模型，管理者可以考究以往政策以及组织环境对未来人才供求的内在含义。而且,可以研究政策变化、人员配置与人员开发行动以及组织变革的作用,并在制定人力资源计划时考虑这种作用。因此,模型是完成这种困难的管理任务的一种强有力的工具和有效的反馈来源。

有两种基本模型是常用的,即供给推动模型和需求拉动模型。前者用单位及层次间的人员流动率预测未来的流动;后者则依靠对由空缺职位所带来的人员流动,说明人员"更新"或牵引作用。在这里,着重讨论一下供给推动模型。

在这种模型中,用自下而上的方法来预测员工在组织中的流动。员工可能流动(被推)出其现任工作岗位,进入其他工作岗位(通过晋升、横向调动),或离开该组织(通过终止聘用)。用根据以往经验或假设(判断)得出的比率来说明他们的流动。

一种基本的矩阵构成了这种模型。一般说来,这是一种二维矩阵,在这种矩阵中,列被界定为项目、职能或组织单位;行说明层次(薪资等级或组织层次)。通过人才盘点,将当前员工的实际数量分配到该矩阵的每个单元。该矩阵应当与以上讨论过的用于预测人员配置需求的那种方法相同。

如果我们看到员工有从一个"单元"转移到另一个单元或完全离开该组织的可能性,我们就能制作一个"转换比率"或概率的矩阵或表格。这使我们了解在该系统中流动的动力,这是预测的基础。如果我们根据有关流动将如何变化的管理判断来调整这种概率,我们就会得到一种灵活的模拟模型。实际上,在某些模型中,每一种转换率都可能改变,因此,可以根据非常特殊的假设来进行预测。

将转换概率用于这个矩阵,这个过程告诉我们,员工是会保持在某种特定状态,还是会在未来某个时候流动到各种可能的其他状态。简单地讲,就该矩阵的每个单元来看,该模式计算出将要出现以下变化的员工数量:因任何原因离开该组织,被晋升到另一个单元的工作上,横向调动或降职等。

以上是内部人力资源供给预测中常用的模型。在实际工作中,可供选择的人力资源供给预测方法很多,适应性各不相同。因此,在实际应用中要灵活运用。

案例分析

华星机械控股有限责任公司人力资源优化措施①

华星机械控股有限责任公司成立于2019年8月,其前身为某市机械工业局,市里为了加快机械工业改革,完成国家规定的国有企业脱困目标,建立现代化的企业制度,完成机械工业的法人治理结构,更好地完成国有机械资本增值保值,将原机械局改为华星机械控股有限责任公司,下属37家机械类企业,担负行业建设,投资融资的职能。新上任的张总裁是经过市政府面向社会公开竞争上岗的优胜者,有着管理机械工业企业的丰富经验。张总裁上任后的第一件大事就是推行整个集团公司的人力资源优化工作,年轻的公司人

---

① 资料来源:https://wenku.baidu.com/view/a0872dd526fff705cc170aac.html#(有删改)

力资源总监向他如实地报告了公司的人力资源现状:
◇ 集团在册员工共8万人,其中离退休人员10 000人,接近离退休人员5 000人,隐性失业人员约40 000人,实际从业人员25 000人;
◇ 在实际从业人员25 000人中,技术研发人员只有5 000人,一线工人共约10 000人,管理人员约10 000人;
◇ 由于集团下属企业多为单项性产品研发生产,所以技术人员分配不均,单个企业技术实力单薄,存在严重的重复建设;
◇ 各下属企业以及本部职能划分不合理,直接从事产出型部门人力不足,党工团集中了大量人力,约占管理和服务人员10 000人的三分之一;
◇ 管理部门有职能重叠现象,如组织处、劳资处、人事教育处的职能重复,管理人员效率低下;
◇ 人员素质和知识结构低下,本科以上学历人员只有8 000人,博士学位及高级职称的研发人员不足500人,其中博士2人,硕士10人;
◇ 中高级管理人员现代管理理论知识缺乏,主要是经验式管理。

听完人力资源总监的汇报,张总裁显得很忧郁,看来不像他想象的那么简单,集团的人力资源很缺乏,而且配置上有很多问题。在与人力资源总监讨论以后,张总裁将这些问题拿到办公室,研究对策。以下是华星一年多来在人力资源方面实施的几件大事:

对集团接近离退休的人员进行说服教育并提供相应待遇,使这部分员工提前退休,转入已经成熟的社会保障机构,共5 000人接受了这项措施。

◆ 变隐性失业为显性失业,共计20 000人。一方面与市内各高校和技术学校联系,公司担负2/5,个人担负3/5,参加再教育,结业后自谋职业;另一方面,直接失业,积极与再就业机构联系配合,寻找分流出路。这里主要是一些年龄在35—40岁之间的员工,为了加快人力资源优化的速度,留下的员工有两类,一类是2—3年退休,另一类是25—30岁左右的新进本专科生的员工。

◆ 配合机构的重新规划,对管理类员工进行个人素质、能力、知识机构分析,按照新机构岗位要求配置人力,同时减少党工团的人力配置。

◆ 加强下属企业的技术人员整顿,建立技术人员数据库,新型项目分别从各下属企业抽调技术人员,以项目管理方式集合各下属企业优势产工作。

◆ 利用企业产品重组的机会,合并同类产品企业,对新兴有发展前景的产品组成新企业,并配置最优人力,传统产品企业基本维持现状,并逐步消亡,人力配置以能保持现状为目的,其他富裕人力转移到服务业。

◆ 各部门从社会引进人才。

◆ 建立目标责任体系,从上到下逐级分解,并加强考核力度,实施淘汰机制。

案例思考分析:
1. 华星公司的人力资源管理措施有不妥的地方吗?
2. 如果你是华星的人力资源总监,在以上人力资源措施实施的基础上,你将如何对企业的人力资源供给进行分析?

第八章 人力资源战略规划体系

 学习目标

1. 人力资源战略规划编制的模式。
2. 如何制定人力资源招聘规划?
3. 如何制定人力资源培训规划?
4. 如何制定人力资源流动规划?
5. 如何制定人力资源薪酬福利规划?

 **本章引例**

"人力资源规划?那是什么?"

你是一个人力资源顾问,一家大型公司新任命的总经理给你打来了电话。

总经理:我在这个位置上大约一个月了,而我要做的所有事情似乎只是与人们面谈和听取人事问题。

你:你为什么总在与人面谈?你们没有人力资源部吗?

总经理:人力资源部是有的,只是不负责雇佣高层管理人员。我刚接管公司就发现两个副总经理要退休,目前找不到代替他们的人。

你:你雇用了哪位高级经理了吗?

总经理:是的,雇用了。我从外部雇用了一个人。我刚宣布这个决定,就有一个部门经理前来辞职。她说她想得到副总经理的职位已经有8年了,她因为我们从外边雇用了人而生气。我怎么知道她想得到这个职位呢?

你:对另一个副总经理你们做了些什么?

总经理:什么也没做,因为我怕又有其他人由于没有被考虑担任这个职位而辞职。我刚刚发现在最年轻的专业员工中,如工程师和会计师,在过去的三年中有80%的流动率,他们是在我们这里得到提升的人。正如你所知道的,这就是我在这个公司怎样开始工作的。我是一个机械工程师。

你:有人问过他们为什么要离开吗?

总经理:问过他们都给了基本相同的回答,他们说感觉到在这里没有什么前途。也许我应该把他们所有的人都召集到一起,并解释我将怎样使公司取得进步。

你:你考虑过一个人力资源规划系统吗？
总经理:人力资源规划？那是什么？
资料来源：htpps://wenku. so. com/d/33af8f5cc1e7de424f9c67237ff49986？src＝www_rec。

热身思考:你如何回答总经理的问题？如果要你帮助这个公司建立人力资源规划系统，你将怎样开展工作？

企业处于变化万千的环境之中,要想取得竞争优势,就必须制定适当的企业战略,以进一步在未来求得生存和发展。这其中,人力资源战略是企业整体战略体系的重要组成部分,是成败的关键所在。然而,人力资源的获得,尤其是企业各种高级人才的获得,必须通过有系统、有计划和长期的培育,才能满足组织未来发展的需要。当组织分析了其所在的外在环境、内在因素及其人力资源管理所希望达到的目标之后,接下来组织便需要把其人力资源战略和规划具体化,即构建组织的人力资源战略规划体系。

人力资源战略规划与过去常用的人力规划(Manpower Planning)是存在有本质区别的,人力规划出现于20世纪60年代,主要是进行人力数量的预估,是与过去的人事管理体系相呼应的一个名词。由于人力含义的日益拓展丰富,涉及的范围逐渐加大,在70年代之后,出现了与现代人力资源管理相呼应的人力资源战略规划。

人力资源战略规划将从组织整体角度对企业的未来进行规划和分析,具有一定程度的前瞻性和量化标准。例如,为了适应组织的经营战略目标,企业在未来五年、十年,乃至更远的未来将需要多少员工？其分别在什么时间进入企业的哪些岗位？此外,企业所需要的是拥有什么资历或技能的员工？其分别应具有什么样的性格和喜好？这些问题均是人力资源战略规划的工作,也是一个组织人力资源战略规划具体化的必经阶段。

8.1 人力资源战略规划体系的编制

8.1.1 人力资源战略规划编制的目的

人力资源管理的各种功能,如招聘、任用、培训发展、绩效评估、薪酬计划和劳资关系等,基本上是相互联系,具有一定连贯性的,而不是各自独立和分散的。因此,在高度竞争的市场经济环境中,企业必须通过适当的人力资源战略规划,使得企业全部人力资源得到合适的整合,这样才能充分发挥组织的综合竞争力。

从广义上来说,人力资源战略规划编制的目的是配合企业组织的整体经营战略,评估组织人力资源外在环境的机会与威胁,以及组织内部人力资源的优劣,并拟订战略,以确保组织人力资源得以有效运用的过程。

从狭义上来说,人力资源战略规划编制的目的在于:

(1)减少用人成本:人力资源战略规划可以通过对企业组织中现有人力资源状况进行分析,找出影响人力资源效用的瓶颈,使人力资源效能得以充分发挥,减少不必要的浪费。

(2) 合理配置人力资源：人力资源战略规划可以改善组织内人力资源配置的不平衡和不合理状况，使各部门在经营过程中不至于缺乏适当的人员。

(3) 适应组织的未来发展需要：人力资源战略规划针对组织未来的发展，拟订人力资源招聘与培训计划，培养所需的各种类型的人才，使企业组织的发展与人力资源的成长相互协调，实现员工个人与组织的最佳配合。

(4) 满足员工需求：人力资源战略规划能让员工充分了解企业对人力资源需求的计划，以根据组织未来发展中可能空缺的职位，制定个人努力的目标，并按照所需条件不断充实、发展自己。人力资源战略规划一方面适应了组织目前和未来的人力需求，另外一方面也使员工获得了个人成长的满足感。

8.1.2　人力资源战略规划编制的内容

关于人力资源战略规划的内容，国内外许多专家学者的观点大同小异。如米勒（Miller，2016）认为，①在整个人力资源战略规划的过程中，员工个人需求和员工个人的发展均是决定有效人力资源战略规划的要素；阿查里亚和特里帕蒂（Acharya & Tripathy，2017）认为，②人力资源战略规划包括当前人力资源状况的分析及配合组织需求进行的未来人力资源需求预测等相关过程；而田伯烈（Timperley，2020）则将人力资源战略规划分为短期规划与长期规划，③短期规划是根据组织目前的状况而测定其对于人力资源的需求，进而制定计划以配合组织目标的实现，长期规划则是以未来组织需求为起点，参考短期规划的需求，以测定未来的人力资源需求。

8.1.3　人力资源战略规划编制的模式

目前常见的人力资源战略规划编制模式所强调的重点各有不同。如其主要表现在：一、仅考虑人力资源供需问题而忽视了其他因素，例如人力资源成本问题等；二、把长期与短期人力资源战略规划混为一谈，不易于实际应用；三、长期与短期人力资源战略规划脱节，人力资源战略规划与组织经营战略脱节，缺乏战略性整合。

鉴于此，综合目前国内外理论界研究成果与企业的成果实践经验，将人力资源战略规划分为三个层次：长期战略性人力资源战略规划；短期经营性人力资源战略规划；人力资源战略规划的实施、控制与评价。具体模式如下图8-1所示：

8.1.4　人力资源战略规划编制的程序

企业人力资源战略规划编制可按如下四个步骤进行：

---

① Miller, T. (2016). HR Analytics and Innovations in Workforce Planning. Business Expert Press.
② Acharya, S K, & Tripathy, S K (2017). Manpower Planning and Strategic Change. Himalaya Publishing House.
③ Timperley, S R (2020). Personnel planning and occupational choice. Routledge.

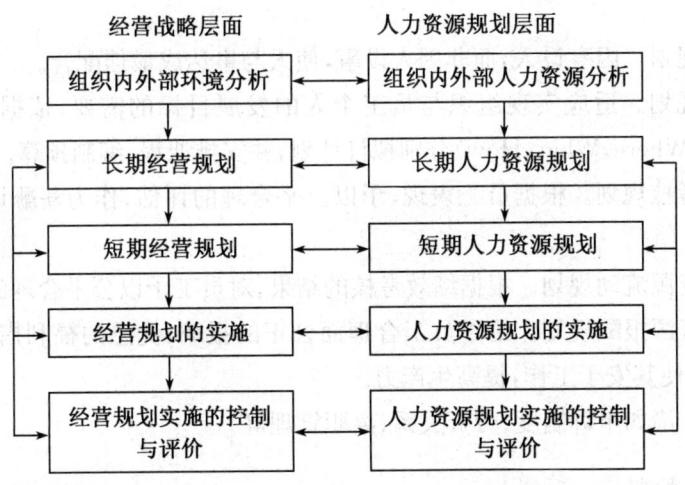

图 8-1 人力资源战略规划编制模式

一、环境评估

人力资源战略规划为企业规划的一个重要环节,其必然受到企业所处经营环境的影响。而企业经营环境一般可从内、外两个方面分析。对于内在环境,应评估企业员工数量、员工素质、培训制度体系等,一般情况下,企业可以借助人力资源档案中对每个员工的基本资料、工作经验、受教育程度,以及其他特殊信息的记录来分析评估;而对于外在环境,则主要包括人口政策、教育政策、经济发展、科技发展等对未来劳动力市场构成影响的若干因素。

二、设定目标与战略

人力资源的目标与战略的设计应以企业的目标与战略为蓝本,以配合企业未来的整体目标的实现。目标可以分为近期、中期和远期,相互连贯配合,某些企业的目标实质上也就是人力资源战略规划的目标,例如降低员工流动率可能包括在企业整体目标之中,同时也是人力资源战略规划的目标之一。组织的目标一旦设定,就要提出实现此目标体系的一系列方法。

三、拟订方案

一套完整的人力资源战略规划方案一般应包括下列几项:

(1) 工作分析。即将企业组织中各项工作的内容、责任、性质,以及从事此项工作的员工所应具备的基本条件,包括知识、能力、责任感等加以研究、分析的过程,都是实现科学化人力资源管理的基础,为组织进行人力资源的任用及配置、职务的升降调动、绩效考核、培训、合理的薪酬报酬提供依据。

(2) 工作评价。为工作分析的延伸,以了解各项工作的责任程度和执行者所可能遇到的困难程度。

(3) 职业生涯分析。依据员工自行拟订的职业生涯规划,鼓励其对工作的积极参与,提高其成就感。

(4) 招聘规划。因事设人，而非因人设事，使人与事达成最佳配合。

(5) 培训规划。适应实现组织与员工个人的发展目标的需要，依据 5W1H(Who, Whom, When, Where, What, How)分别拟订计划，并安排课程、编制预算。

(6) 绩效考核规划。根据员工表现，予以公平合理的评估，作为薪酬调整、升迁及奖惩的依据。

(7) 人力资源流动规划。根据绩效考核的结果，对员工予以公平合理的调整。

(8) 人力资源报酬规划。给予员工合理而公正的报酬、优惠的福利措施及舒适安全的劳动条件，以使其安于工作，提高生产力。

(9) 其他。诸如申诉制度、劳资关系、离职管理等。

四、实施与控制

一旦行动方案通过可行性评估得以确立之后，就应推行于组织之中，并对其成效加以评估和控制，将结果反馈到人力资源管理部门以便进一步修正。

8.2 人力资源招聘任用规划

人力资源是组织中最重要的资源。当人力资源需求决定之后，就应该根据组织的需要积极网罗人才，即选择合适的途径和方法，进行人力资源招聘。然而，如何任用适当的人员担任适当的工作，也是人力资源管理中重要的一环，尤其是在现代企业竞争激烈的情况下，对人才的任用更为重要。唐朝魏征曾对此有如下精辟论断："知人之事，自古为难，故考绩黜陟，察其善意，今欲求人，必须察访其行，若知其善，然后用之。设定此人不能济事，只是才力不及，不为大害，误用恶人，假定强干，为害极多。"这段话一语道破了招聘任用的重要性。招聘任用的程序包括招募(Recruitment)、甄选(Selection)、配置(Placement)等过程，如图 8-2 所示。

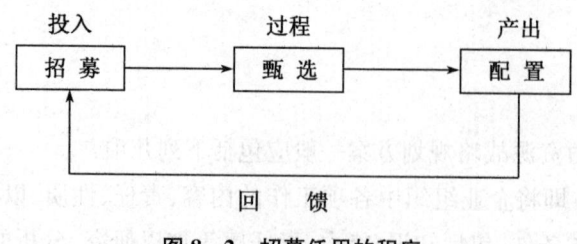

图 8-2 招募任用的程序

8.2.1 招募规划

任何一个组织要求得到与组织相适合的工作能力和工作动机的人力资源，必须依靠良好的招募程序和作业。一般而言，其主要步骤包括拟订招募计划、准备招募资料和确定招募途径。

1. 拟定招募计划

招募计划随人力资源需求的不同而不同,但其基本要求都是要达到人与事的配合,即因事设人,而不是因人设事。具体而言,招募计划的内容大致可有如下四项:

（1）预测未来人力资源需求。即针对未来业务发展的需要及组织所处环境的变化,预测未来所需的不同类型的人力资源;

（2）将预测结果与现期状况相比较。包括组织中现存人力资源的数量、素质、类别及年龄等因素,以了解为完成各项业务所需的人力资源;

（3）决定需要招募的人力资源类别及人数。将上述人力资源需求与供给结合来决定需要招募的人力资源类别与人数;

（4）拟定招募战略。若招募职位较高,可适当放宽招募的地区范围,若基层员工,则一般由公司邻近的地区招募,以提高公司员工工作的稳定性。

2. 准备招募资料

招募计划拟定后,就需要配合招募的目的来准备招募过程中所需的资料,一般包括拟招募工作的工作说明书、从事本项工作做需要的资格条件,以及本组织的概况。

（1）工作说明书。即拟招募工作的职责、性质、内容等。

（2）资格条件。包括个人基本背景资料、性格与兴趣、能力、健康状况（生理与心理）等。

（3）组织状况。即就本组织员工人数、主要使命、近年来事业发展状况及今后的发展方向等进行简要说明,其目的在于使应征者感到本组织是有前途的,参与本机构的工作对其自己来说也是有前途的。

3. 确定招募途径

一般的招募途径可以考虑如下几种:

（1）广告。在报纸、杂志、电视及广播等媒体刊登求才广告,是最普遍也是最常用的方法。在报纸上刊登求才广告首先必须注意刊登位置要显著,讲究整体设计;其次是广告要有吸引力,以激发读者阅读的兴趣;广告内容要简单明了,如果是广播或电视广告,还要注意针对目标人群选择合适的时段。

（2）校园招募。学校是各类人才最丰富的来源。现在已经有很多组织在一些意向中的目标大学设立奖学金,对在校表现优良的人才进行锁定奖励,毕业后优先选择,权其利弊,实为一项招募校园人才的良好战略。

（3）现职员工介绍。由现职员工介绍推荐的招募方法是企业组织常用的一种方式,其取才相对容易且应征者对组织容易了解并产生认同感,但是另外一方面又容易受到人情的干扰,进入组织后容易形成小团体,不易于管理。

（4）使用亲属。这在目前中小企业组织中比较流行,易对企业组织认同并忠诚,但也有因为亲属关系而不易于管理的潜在问题。

(5) 毛遂自荐。学有专长且具有特殊技能的人才大多偏向于采用这种方法求职。当收到这类资料时,应根据需求进行面谈或测试,若实在无法录用,也要将其资料建立完整的人才档案并予以专门管理。

(6) 第三者中介。委托第三者中介求才,可以找到一些专业技术人才,且招募成本相对较低。特别是近年来一些专业的"猎头"公司相继出现在中国人才市场,为企业组织猎取人才,特别是高职位和一些特殊人才,常常可以借助这种方法获取,许多外资企业大多是依赖这种方法加速实现其人力资源的本土化战略。

8.2.2 甄选规划

甄选的目的在于进一步获得应征者的详细资料,并加以评估,以使得企业组织能够征募到最合适的人才。因此,主持甄选人员就必须就组织具体状况与应征者的个人资料做充分的比较和分析,然后再做出选用的决定。因涉及"人"与"事"的各种复杂因素,企业组织必须分别从企业、个人与社会角度加以动态分析考虑。

1. 甄选的程序

甄选的程序因企业规模、管理理念、工作类别及管理者风格的不同而有所差异。一般企业常用的甄选程序包括有:

(1) 决定甄选日期。产业特性、劳动力市场特性和经济环境等因素对人力资源供给均会产生较大的影响,如每年的四、五月份,各学校都有大批的毕业生在寻找工作,这就是企业组织进行甄选活动的最好时机。

(2) 报名。应征者在报名时一般需要填写申请表,包括姓名、住址、婚姻状况、年龄、家庭状况、受教育程度、经历、健康状况、社会关系以及个人嗜好等等。而报名的形式可以有直接报名和间接报名两种。

(3) 资料审查。即初步的审查,过滤掉明显不合要求的应征者,以节约招募成本。

(4) 考试。考试是一种较客观的甄选方式。有些企业除了要测试知识能力外,还要进行智力与心理测试。

(5) 面谈。经过考试淘汰大多数不合格者之后,就可以进行招募面谈了,其目的在于弥补客观考试的不足,获得一些在许多笔试中无法得到的信息。

(6) 体检。体检因工作性质而异,可以是全身检查,也可以只是外表的扼要检查。

(7) 领导决定。因为部门领导必须对其经营绩效负责,所以有必要赋予其决定人选的权力。

2. 甄选方法

现代企业组织甄选人才,一般常运用的方法大致有如下五种:

(1) 笔试(Written Examination)。即指通过对应征者进行文字问答而推断其能力的方式。其特点在于容易管理、客观具体、公正公平而又高效。

(2) 口试(Oral Examination)。即由主试者提出问题,而应试者以语言方式来答复的一种测试形式。可有封闭式与开放式两种。其特点在于可测验应试者的反应能力和语言组织表达能力。一般可作为笔试的补充。

(3) 现场操作测试(Performance Tests)。即以实际操作来测试受试者是否具有履行该职位所需的技术与能力。

(4) 心理测验(Psychological Tests)。即经过标准化的测量工具,以客观了解被测试者的心理现象,并衡量其个人的行为表现。具有预测与诊断两大作用,增加甄选的正确性。

(5) 评价中心(Assessment Center)。主要是针对甄选管理人员而言,其方式有公文筐测试(In-Basket Tests)、集体讨论(Group Discussion)、个人测试(Individual Tests)、面谈评价(Interview Evaluation)和业务游戏(Business Games)等。由于所有评价者共同参与评价工作,所以评价的信度与效度均较高。

8.2.3 配置规划

人力资源的配置规划一般包括以下的内容:

(1) 职前训练。一般情况下,新员工刚进入组织的时候,往往会因环境陌生而有心理紧张的感觉,以致无法正常发挥其原有的工作能力。因此,职前训练的内容虽然依工作内容、训练对象的学历程度及要求不同而有所不同,但其训练的目的均在于使新员工适应环境。

(2) 试用。试用的目的一方面在于使主管了解新员工的工作能力、潜力、工作态度及其人格特质,另外一方面新员工也可以了解工作的内容和组织的要求,建立良好的人际关系。试用期一般根据工作性质与员工工作能力而异,可为3—6个月,也可为1—2年。

(3) 考核。试用期满之后,由主管予以进行试用期考核,以确定其表现的绩效是否符合组织要求。如不合格则延长试用期,若延长期考核仍不合格,则解职。

(4) 正式任用。如试用期考核合格,企业则批准对新员工予以正式任用。

8.3 人力资源培训规划

通常很多企业认为提高员工的薪酬福利待遇是留住人才的法宝,其实,培训同样是留住人才不可忽视的因素。宝洁公司在日用消费品行业内一直以低离职率著称,这主要源于宝洁完善的育人机制,最优秀的人才加上最好的培训发展,便是宝洁成功的基础。宝洁给企业中的每个人都创造了巨大的发展空间,其中培训是送给员工最好的礼物。许多员工都将教育和培训认为是企业为他们提供的最好的福利,他们认为教育和培训是自身能力的提升——这是无论在本企业还是其他企业就职的重要前提。培训是高于金钱的留住员工的激励措施,加强员工培训,无论对企业保留人才,还是对于企业和员工个人的发展都是十分有益的事情。

为了实现有效的战略性人力资源培训,合理而健全的培训体系是必不可少的。一般组织中的培训系统模式如图 8-3 所示：

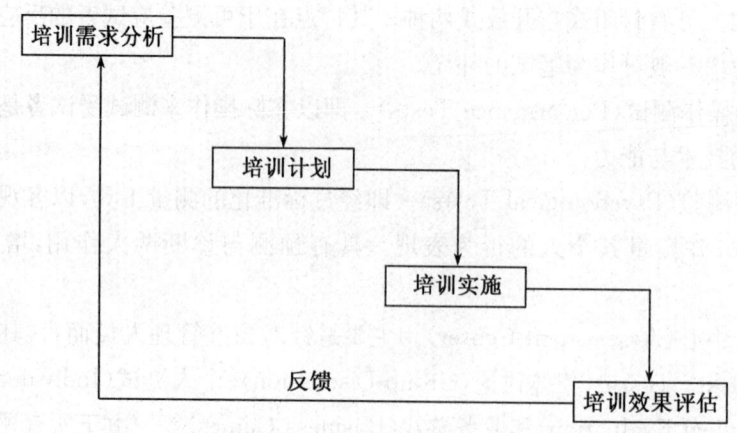

图 8-3 培训系统模式

8.3.1 培训需求分析

培训需求分析是培训工作的首要问题，也是一个极为复杂的系统，组织、任务和员工三个层面的培训需求分析构成了此系统的主体部分，主要了解企业的培训基于何种目的、需求要素如何等等。

（1）组织层面的培训需求分析。培训需求的组织分析是指依据组织目标、结构、内部文化、政策、绩效及未来发展等因素，分析和找出组织中存在的问题与问题产生的根源，以确定在整个组织中哪个部门、哪些业务需要实施培训，哪些人需要加强培训，保证培训计划符合企业的整体目标与战略要求。因此，在选择培训作为解决方案之前要考虑三个问题：组织目标导向分析、组织资源分析、管理者和受训者对培训的态度。

（2）任务层面的培训需求分析。培训需求的任务分析是以对工作任务和义务的研究为基础来确定培训项目内容的过程。主要通过核查职务说明书，发现从事某项工作的具体内容和完成该工作必须具备的条件，找出差距，确定培训需求，弥补不足。可以从工作任务和职责、工作的饱和程度、工作内容和形式的变化等几个方面进行考量。

（3）员工层面的培训需求分析。员工分析是从培训对象的角度分析培训的需求，通过员工分析确定哪些人需要培训及需要何种培训。员工分析一般是对照工作绩效标准，分析员工目前的绩效水平，找出员工现状与标准的差距，以确定培训对象及其培训内容和培训后应达到的效果，主要从员工的工作背景、学识、资历、年龄、工作能力等进行分析。

调查培训需求可以采用多种方法，如访谈法、问卷调查法、观察法、绩效分析法等。

8.3.2 培训计划与实施

一、培训计划

如图 8-4 所示，培训计划依据训练的需求，考虑 5W1H 等因素，次序确立预算并编制有关课程和安排场所。

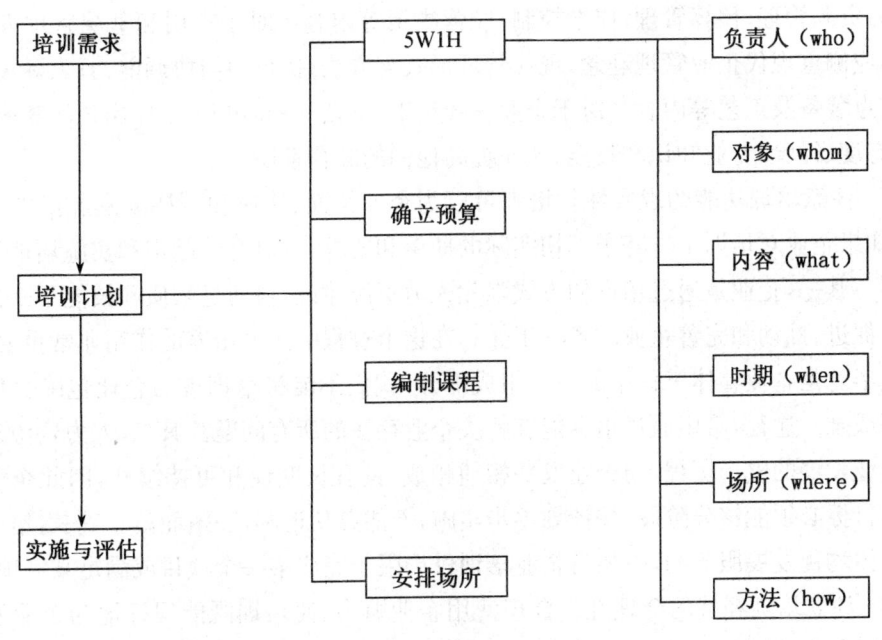

图 8-4 培训计划体系

以能力开发为主的企业员工培训主要可从层级和职能纵横两种进行分类。

层级培训依组织中的阶层秩序分为基本阶层和管理阶层,而管理层又可分为最高经营层、中级管理层和现场监督层,其能力开发目的即培训的重点如表 8-1 所示,因所在阶层的不同而各异。

表 8-1 层级培训的重点

层级		培训的重点	
管理层	最高经营层	战略决策能力	企划能力
	中级管理层	管理决策能力	协调能力
	现场监督层	业务决策能力	分配能力
基层(职员、操作工)		技术能力	执行能力

企业组织中培训的横向分类主要是以职能为区分要素,而一个企业组织的经营活动主要是围绕生产、销售、财务及人力资源等系统为中心进行的,担任此类培训的讲师,大都以组织内部专家或优秀中坚管理者为主,外聘专家为辅。

有效制定和实施人力资源培训计划,应该做到"六项注意":

(1) 注意培训计划的针对性。人力资源规划必须立足企业整体发展的需要,这就要求人力资源培训计划的制定者一方面应从企业发展战略的角度审视企业员工队伍建设中存在的问题,对员工培训需求进行综合调查和分析,准确把握企业全员状况和岗位技能存在的差异,为确定培训计划提供准确信息;另一方面应以实际需求和讲求实效为出发点,帮助企业逐步建立一套比较完善的、具有企业文化特色的人力资源培育体系。

对于企业高级管理人员,培训计划应侧重宏观经济与市场竞争;营销策略;组织行为学；人力资源管理；预算管理；成本控制；经营决策等内容。对于中层和基层管理人员，培训计划应侧重现代企业管理理念；现代管理形式与方法；执行力与协调能力；人际关系学；企业重点装备及工艺等内容。对于企业一线员工，培训计划应侧重工作岗位所需的意识、作风、态度、经验、专业知识和技能，从而提高他们的综合素质水平。

（2）注意培训功能的现实性。培训可以为企业全面、快速和可持续发展提供专项服务，但如果企业对培训工作寄予不切实际的期望和要求，将对有效制定和实施培训计划十分不利。其一，企业是通过培训的方式强化人力资源建设，再通过素质和技能不断提高的"人"去促进、推动和完善企业的各项工作。在这个过程中人才培养的作用非常重要，但人才管理毕竟是企业整体工作中的一个组成部分，我们不能将培训视为企业包除百病的灵丹妙药或唯一途径，希望通过培训能够解决企业存在的所有问题。其二，人力资源建设贯穿于企业发展的整个历程，与企业发展相辅相成，具有长期性和可持续性，因此企业制定的培训目标必须能够分阶段、按计划逐步实施，不能急功近利，一蹴而就。其三，培训是为企业整体均衡发展服务的，不能将企业培训仅局限于完成某一个项目或满足某一项需求。

（3）注意培训经费的合理性。合理使用企业财力，使培训既能很好地为企业发展服务，又不形成企业财力负担尤为重要。大部分企业正常的年度培训预算比例为企业年总销售额的2‰到3‰，以5‰为上限。新办企业或某一阶段新进人员较多的企业培训预算会相对高一些。培训项目预算审查前，必须明确企业的长远目标、近期目标和非定期目标之间关系的重要次序，建立一套可考核的目标体系；项目预算审查时必须递交可行性分析报告，以证明自己确有存在的必要，并提交具体的计划，说明各项开支要达到的目标和效益。把培训与企业的发展目标紧密结合起来，用目标导向从根本上消除"为培训而培训"的无效行为，避免浪费企业的有限财力。

（4）注意培训资源的有效性。企业培训可利用的有效资源主要有：政策资源主要指企业已经确定的人力资源规划、相关政策和配套措施。企业主管部门应该积极寻求企业决策者和全体员工对培训工作的重视、参与和支持，利用政策性资源为人员培训营造一个良好的环境和氛围。体系资源指优秀企业一般都有一套比较完整的人力资源管理体系，这其中既包括先进的人才管理理念、健全的机构设置、明确的工作职责、协调的工作机制和详尽的工作计划，也包括企业能够提供的场地、设备、设施、宣传渠道等。社会资源——主要指各类教育及专业化培训机构。通过校企合作，双方可以在人才培训方面形成优势互补、资源共享、互惠互利的良好局面。

（5）注意培训体系的完整性。培训体系应该包括与培训相关的组织机构、信息资源、课程设置、过程管理等系统。组织机构系统应在企业人力资源管理系统中做到机构落实，人员落实，职责落实，经费落实；信息资源系统包括企业发展目标、企业文化、企业技术改造、品种与工艺开发、人力资源建设规划、员工成长需求、企业资源、政府资源、社会合作资源等；课程设置系统包括课程总体设计、课程开发与技巧、技能分类、技能标准与应用、教师管理制度、教材编制等；过程管理系统包括制定培训计划、培训组织、培训评估、效果分析、计划调整、考核奖励制度、培训档案管理等。

（6）注意培训实施的原则性。在培训计划的组织、实施和管理过程中，企业应遵循以下原则。首先是共同参与原则。人力资源建设是企业上下的共同责任,企业应将人才发展战略目标逐层分解到各级管理者和各个部门,并作为绩效考核的一项指标。对于企业员工来说,培训是员工一项福利,接受培训既是企业员工的权利,也是企业员工的义务。其次是考核、奖励并重原则。要将严格考核作为保证培训质量的一项必要措施和检验培训质量一项重要手段,同时应将考核制度与企业薪酬制度、选拔任用制度有机衔接起来,这样可以增强员工接受培训的主动意识和自信心,调动员工提升自我培养、自我成长的内在动力和积极性。第三是形式多样化原则。规模化企业人员数量多,结构层次复杂,职工的经历各异,文化基础和知识水平参差不齐,接受能力各不相同。因此,企业培训必然是多学科、多层次、多样性的。针对不同的培训对象,一定要选择不同的培训形式和方法因人施教,以便使每一个受训者都能取得认知认同的培训效果。

8.3.3 培训评估

培训对一个企业来说,也可作为一项投资,而对此投资的收益即为培训的效果进行评估就成为一个重要的问题。培训评估,是培训流程不可缺失的一环。评估得当,不仅可以改进培训工作并使培训经理获得更多肯定,而且也可以明确培训在公司的投资价值收益,提升培训部门影响力。培训评估可分为绩效评估与责任评估,绩效评估是以培训成果为对象所进行的评估,包括受培训者及其对企业经营成果的贡献,是培训评估的重点。责任评估是对负责培训的部门或训练者的责任的评估,以作为日后进行培训活动改进的参考。

培训评估是检验企业培训效果和质量的重要措施和手段,但同时也是企业培训循环链中最重要、最难操作的环节。系统的培训评估模式始于20世纪50年代,最有代表性的是柯克帕特里克(Donald. L. Kirkpatrick)"四级评估模型",如表8-2所示。

表8-2 柯氏四级培训评估模型[1]

评估级别	主要内容	可以评估的问题	评估方式
一级评估:反应层	观察学员反应	学员喜欢该培训课程吗? 课程对自己有用吗? 对授课教师及培训设施等有什么意见? 课堂反应是否积极主动?	问卷、调查表、访谈
二级评估:学习层	检查学习结果	学员在培训项目中学到了什么? 培训前后,学员在知识及技能方面有多大程度的提高?	调查表、笔试、案例研究
三级评估:行为层	衡量培训前后的工作表现	学员行为有没有改变? 学员在工作中是否用到培训所学的知识?	360度绩效考核、测试、观察
四级评估:结果层	衡量公司经营业绩的变化	行为的改变对组织的影响是否是积极的? 组织是否因培训而经营得更好?	考察事故率、生产效率、经济效率

---

[1] 唐纳德·L.柯克帕特里,詹姆斯·L.柯克帕特里,如何做好培训评估:柯氏四级评估法(第3版),北京,电子工业出版社,2015年。

柯氏四级培训评估模式,简称"4R",主要内容:

(1) 反应评估(Reaction):评估被培训者的满意程度。反应评估是指受训人员对培训项目的印象如何,包括对讲师和培训科目、设施、方法、内容、自己收获的大小等方面的看法。反应层评估主要是在培训项目结束时,通过问卷调查来收集受训人员对于培训项目的效果和有用性的反馈。这个层次的评估可以作为改进培训内容、培训方式、教学进度等方面的建议或综合评估的参考,但不能作为评估的结果。

(2) 学习评估(Learning):测定被培训者的学习获得程度。学习评估是目前最常见、也是最常用到的一种评价方式。它是测量受训人员对原理、技能、态度等培训内容的理解和掌握程度。学习层评估可以采用笔试、实地操作和工作模拟等方法。培训组织者可以通过书面考试、操作测试等方法来了解受训人员在培训前后,知识以及技能的掌握方面有多大程度的提高。

(3) 行为评估(Behavior):考察被培训者的知识运用程度。行为的评估指在培训结束后的一段时间里,由受训人员的上级、同事、下属或者客户观察他们的行为在培训前后是否发生变化,是否在工作中运用了培训中学到的知识。这个层次的评估可以包括受训人员的主观感觉、下属和同事对其培训前后行为变化的对比,以及受训人员本人的自评。这通常需要借助一系列的评估表来考察受训人员培训后在实际工作中行为的变化,以判断其所学知识、技能对实际工作的影响。行为层是考查培训效果的最重要的指标。

(4) 成果评估(Result):计算培训创造的经济效益。效果的评估即判断培训是否能给企业的经营成果带来具体而直接的贡献,这一层次的评估上升到了组织的高度。效果层评估可以通过一系列指标来衡量,如事故率、生产率、员工离职率、次品率、员工士气,以及客户满意度等。通过对这些指标的分析,管理层能够了解培训所带来的收益。

柯克帕特里克培训评估模型在西方得到了广泛认可,具有一定的技术先进性,但该模型偏重培训评估的定性研究,存在着执行难度,在培训实践中有很大的局限性:

首先,柯氏评估模型的作用只能在前两个层次有限地发挥,即评估反应层和学习层。大多数企业对柯氏评估模型的使用,都只是进行到了反应层和学习层,很少企业能够推进到行为层和效果层。也就是说,对于培训后续效果的评估比较有限。目前包括财富500强在内的企业都没有将隐藏在这一模型背后的真正功能发挥出来,即没有对培训的效果层评估进行有益的尝试。

其次,柯氏评估模型仅对一般的培训课程和项目的评估有效。事实上,柯克帕特里克在其原著里指出,设计这个四层次评估模型是为了更好地评估针对管理人员的培训项目。今天的培训更多的是基于战略开展的,是为满足企业发展战略服务的,因此对企业的培训效果的评估也需要与企业的发展战略紧密连在一起,而柯氏四层次评估模型正是以此为出发点的。

最后,柯氏评估模型和培训教学设计、胜任特征,以及绩效管理毫无关联。把四层次评估模型和教学设计、胜任特征、绩效管理结合起来可以增加四层次评估模型的运用深度,并且可以在此基础上形成战略协同性,这就从真正意义上使人力资源管理中的培训活动成为企业发展战略的"业务伙伴"。

培训效果的评估活动是一种有目的、有意识的行为,因此在开展培训评估活动时,我们首先需要做的就是决定采用什么样的技术和工具。只要我们确定了评估的技术和工具,我们就可以配置资源来开发评估工具、分析信息并且对培训效果做出评价。借助柯氏评估模型,我们可以确定有效的评估技术和工具,有针对性地对培训活动的效果进行评估。如构建胜任特征模型,并将它与特定的培训项目或课程以及绩效管理体系结合起来,就可以保证培训评估活动的效率和效果。

8.4 员工职业生涯规划

8.4.1 影响员工职业生涯决策的因素

一般而言,影响员工职业生涯决策的因素包括个人因素和组织因素两个方面:

一、个人因素

(1) 个性。个性可影响职业生涯的决策。比如一个外向型个性的人因为能够很方便地去表现其情感,就可能倾向于选择如营销、艺术、音乐、舞蹈和教育方面的职业生涯规划。

(2) 社会因素。20世纪90年代以来,很多企业曾特别强调财务管理的重要性,提升财务管理和监督人员在企业组织中的地位,于是就有许多大学竞相设立相关专业科系,使得更多的年轻人选择了此领域的职业。

(3) 父母的价值观。父母的事业与受教育程度深深地影响着孩子的职业生涯规划的种类和他们受教育的程度。当然也有例外,一方面可能是父母对孩子寄予不同的期望,另外一方面则可能是在生活中碰到其他对前程选择有重要影响的人,如老师、朋友等。

(4) 工作经验。过去的工作经验也提供了在不同领域中有关职业生涯规划的参考,职业生涯选择和发展不可能是一个独立的事件,必须考虑其与生活经验的关系。

二、组织因素

(1) 组织形态。分别置身于日本企业组织中和美国的企业组织中将会给你带来两种截然不同的感受。在典型的日本公司里,升迁缓慢,雇佣周期长(一般是终身雇佣),职业生涯途径不专业化;而在大多数美国公司里,则是鼓励升迁和相对较短的雇佣周期,职业高度专业化。

(2) 人力资源的运用。组织中对人力资源运用状况将会直接影响组织中员工的职业生涯设计和规划,如AT&T公司利用评价中心来确认员工需要改进的地方(包括技术和观念等方面),并尽量提供和个人评价结果相对合适的工作。

(3) 工作特性。工作特性主要是可以影响到员工选择工作的动机,如一些富有挑战性、自主性的工作,就较一般工作可以提供更为丰富的职业生涯规划。

(4) 产业发展前景。产业发展状况将会影响公司组织对员工的使用战略。毋庸置疑,置身成熟产业中所获得的职业升迁机会必然要少于新兴发展产业。

8.4.2　员工职业生涯规划过程

所谓员工职业生涯规划,是员工个人根据自己的能力、兴趣及可能的工作机会选择职业及组织,规划和进行个人发展的过程。它包括评估个人的人格倾向、能力、兴趣,确认职业类别和生涯导向。虽然整个过程基本上是个人的工作,但企业组织可以通过人力资源管理部门予以适当的建议和辅导。

在进行职业生涯规划的时候,首先要分析环境所带来的影响,然后进一步了解自己的人格特质、兴趣和能力,订立自己前程发展的途径和目标,然后拟订一套可行的计划并付诸实施,并将产生的阶段性结果与计划比较以不断修正。

一、环境影响分析

社会发展潮流是任何一个人或任何一个组织都无法阻挡的,置身其中的人和组织均会不同程度地受到其影响。我们在分析今后一段时间的环境发展趋势的时候,很可能就会发现关键的就业机会或者潜在的威胁,如G20峰会的召开,使得杭州在峰会之后的几年里其旅游、房地产、基建等相关行业得到了大力的发展,从而给这些行业创造了许多的就业机会;但同时也会对当地及周边地区的高污染产业形成冲击,而这些将会在很大程度上左右行业的发展。

除了社会大环境,还有组织内部的小环境也是不可忽视的,即适应组织发展战略目标,分析现在或将来各种职务的发展机会,然后结合个人特质,决定是否继续在组织内发展或寻找其他更合适的组织。

二、确定职业导向

美国霍普金斯大学霍兰德教授通过研究指出,个人的行为是其人格与环境交互作用的一个函数,而选择职业是人格特质的表现,他在研究中把人格类型分为实际型、研究型、社交型、传统型、企业型和艺术型共六种。这个理论有助于我们认识自己的人格类型,进行职业选择。然而,大多数人都不只具有一种倾向,例如兼具实际型和艺术型,所以,也切不可拘泥于这六种分类,特别是管理者,如能够清楚了解员工的人格类型,因势利导,其管理工作必然可以驾轻就熟。

三、订立目标

依照执行时间的长短,职业生涯规划目标可分为长期、中期和短期三种,因目标将引导个人的成长,因此目标订立一方面应该具有挑战性,另外一方面也应与个人的能力相结合。

四、执行计划

一般而言,达成一项目标的计划可以有多种方案,员工在选择时应根据自己的想法,必要的时候听取一些专家的意见,以选择合适的方案予以行动。

五、评估计划

把自己执行的结果与预定的目标相比较,找出其间的差距,然后再据此进行修正。个人自我评估可以从自己的专长、能力、动机、需求、态度、价值观,以及人际关系等方面,分析了解自己的强势和弱势所在。

8.4.3 员工职业生涯规划的管理

一个有效的个人生涯规划,必须与组织的规划相结合,即同时考虑个人和组织两个方面的因素,才能达到满足员工个人成就感与组织发展的双重目标。

就员工个人而言,其职业生涯规划是根据自己所订立的生涯规划,努力去达成的过程。而一个良好的职业生涯规划的管理,需要组织与个人密切配合,共同发展,这样至少需要具备如下先决条件:

(1) 充分的共识。生涯规划的实施,是一个连续性、全面性且前瞻性的人力资源开发理念,首要条件是员工个人应充分认识其重要性并积极努力,其次是组织上也要予以支持和配合,只有这样才能真正地使规划付诸实施。

(2) 良好的组织文化。良好的组织文化,是指在组织内形成积极进取、和谐信任、充分授权和团结合作的氛围。这种组织文化的建立,管理阶层责无旁贷,但同时也需要组织内全体员工的支持,如此才能在组织内各个阶层积极培养人才,而员工个人也能在组织内积极寻找自我成长与发展的空间。

(3) 充裕的资源。这种资源对于生涯规划的实现具有非常重要的影响,主要可以从组织和个人两个方面来考虑。

总之,在员工生涯规划实现的过程中,员工个人应依自己所拟订的计划,配合组织的未来发展计划展开行动,而组织也必须配合员工个人的计划予以充分的支持和有效的管理,如培训、绩效考核和人力流动等,这样才能达成组织与员工的共同发展,达到双赢的结果。

8.5 人力资源流动规划

一般而言,组织内的人力资源流动主要包括有晋升、调动和降职三种。其运用是否合理得当,将会直接影响组织的整体士气与活力。

8.5.1 晋升

晋升的途径通常有两种方式,一种是直线晋升制,即循着单一途径由低层到高层,如图8-5所示。这种单一晋升制度不能兼顾员工广泛的兴趣而受到很大的限制,只适用于一些小型企业组织。

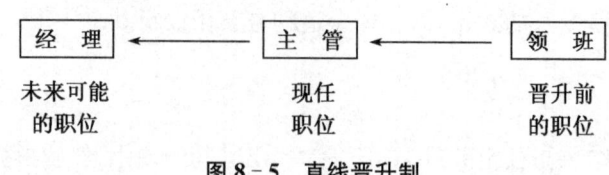

图 8-5 直线晋升制

另外一种就是适用于功能性或混合式组织的多路晋升制,其中的每一员工均有较多的弹性晋升机会,如图 8-6 所示。员工若是能够确切了解其在组织中的晋升途径,就能很容易的确定其未来的发展方向,从而订立合理的生涯规划。

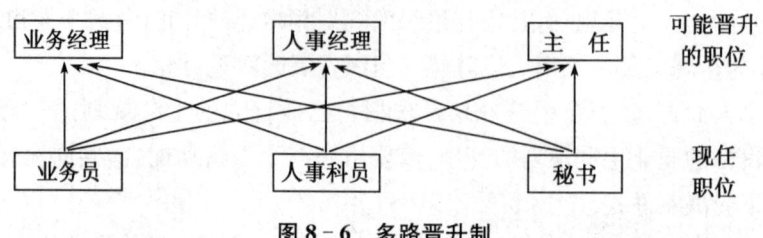

图 8-6 多路晋升制

晋升的标准随各组织性质的差异而有所不同,如工龄、经验、工作表现、学识、能力等因素都可以成为晋升的依据。而为使晋升制度公平、公正,一般晋升的方式有如下两种:

(1) 晋升考试。在职位出现空缺的时候,可以由公司内部表现优良的员工报名参加晋升考试,以决定由谁晋升。一般的晋升考试有笔试和面试两种方式,笔试在于测试考试者在专业知识方面是否达到一定水平,而面试则主要在于了解和判断考试者的仪态、反应和思考能力。晋升是组织对工作努力的员工的一种肯定和回报,所以晋升考试应将实际工作表现成绩以不低于 30% 的比例予以考虑,最后得分最高者就可以获得晋升的机会。

(2) 绩效考核。以晋升为目的晋升考评应成立评审委员会,其成员为对组织内业务比较了解且立场比较公正的主管和员工代表组成,一般是从被考评者的学历、考绩、品德、工龄、平时所得的奖惩、发展潜力等项目逐项评分。

晋升是一个组织中人力资源流动的最重要的功能。不论是采用何种方式,必须使组织中最成功的人员获得晋升,才能保持组织的正常效能。否则,一旦晋升失误,其补救将是十分的困难,尤其是在中国这样一个特殊的人文背景环境下,更是如此。

8.5.2 调动

组织将员工在职位层次相当、职责程度相当或薪酬水平相当的职位上予以调动的目的一般在于:1. 适应组织紧急性的业务需要,配合组织目标而将现有人力资源重新配置;2. 为增加员工的见识、经验和对组织的忠诚而进行的轮调;3. 解决人员间的冲突,消解组织中的紧张情绪;4. 满足个人需要;5. 防止非法舞弊事件发生的革新防弊。调动一般遵循如下程序:

一、了解员工状况

可以从以下几个方面了解员工工作状况及专长:

1. 能否胜任现职工作？
2. 工作成绩如何？
3. 对现职工作兴趣如何？
4. 任现职已有多久？
5. 与同事相处是否和谐？
6. 具有何种特殊才能？
7. 所具学识是否与现职相符？

二、考虑是否调动

可以就如下几个方面确定员工是否需要调动：
1. 久任现职而成绩是否优良？
2. 个人和职位是否相宜？
3. 与同事是否能有效配合？
4. 对工作是否厌倦？
5. 学用是否一致？
6. 组织编制是否允许此项调动？

三、研究如何调动

即考虑员工的调动去向，一般可遵循如下原则：
1. 若是为了增进经历，则以不同职务为原则；
2. 若是为了改变环境，则以调往不同单位的负责同样工作任务的职务为原则；
3. 若是为了调剂工作情绪，就以不同内容的职务为原则；
4. 若是为了学以致用，则以符合员工专长为原则；
5. 若是为了配合编制需要，则以业务需要为原则。

四、进行调动

调动行动，一方面可能是基于员工的需要申请，另外一方面也有可能是基于用人单位为业务需要或人才培育而办理的。在时间考虑上，可以随时进行个案办理，也可以定期批量办理。

8.5.3 降职

一般而言，降职的发生往往是基于下列原因：

(1) 组织压缩人员。如组织裁员或合并，必须减少相应人力或一些部门，其高、中级员工不希望离去而自愿就任低层职务的时候，则需要对之降职。

(2) 对员工的惩罚。员工违规犯错或工作绩效不佳，但仍不至于解雇，则可以考虑降职惩罚手段。

(3) 弥补以前不当的任用。在员工晋升或调动任用后，经过一段时间的试用，如发现其能力或资历不能胜任,则以此措施予以补救。

(4) 适应员工的个人需要。基于员工个人原因如健康状况或兴趣所在等,员工志愿请求降职,可以应用降职变换其工作。

考虑到降职的负面影响较大,如可能引起被降职员工的不满而引起若干防卫性、破坏性及报复性的行为,所以于降职应该予以慎重考虑。在实施中应该秉持如下原则:

(1) 建立完善的试用制度;
(2) 调查事实真相;
(3) 运用书面规定,以示公正和客观;
(4) 事先通知被降职员工,可以考虑先是面对面口头沟通,而后是书面通知。

8.6 人力资源薪酬福利规划

薪酬是组织员工依据劳动合同,履行义务而获得的来自资方的报偿,是劳动者本身的收入来源,也是其维持生活的主要经济支柱。而福利则是指员工于所获得的薪酬以外,还享有的利益和服务,其目的在于改善员工生活,提高工作效率。

8.6.1 薪酬规划

一、薪酬体系

组织中的薪酬体系一般主要包括基本薪酬、津贴和奖金等三项,其具体内涵如图8-7所示。

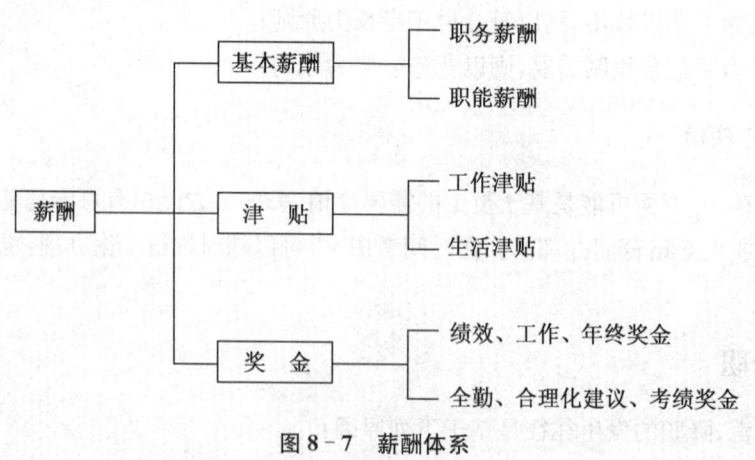

图 8-7 薪酬体系

二、薪酬结构

薪酬体系确定后,就要设计薪酬结构,一方面要设定薪酬等级,另外一方面就是要设定各等级间的差距。

1. 薪酬等级设定

通常使用的薪酬等级有两种,即单一薪酬等级和可变薪酬等级。单一薪酬等级是指薪酬体系中基本薪酬的等级,组织中凡是属于同一等级职位的员工都是采用同样的薪酬待遇。如图8-8所示,这种形式的薪率缺乏激励作用,表现优异的员工可能因无法得到额外的报偿而只愿意保持最低的工作效率。

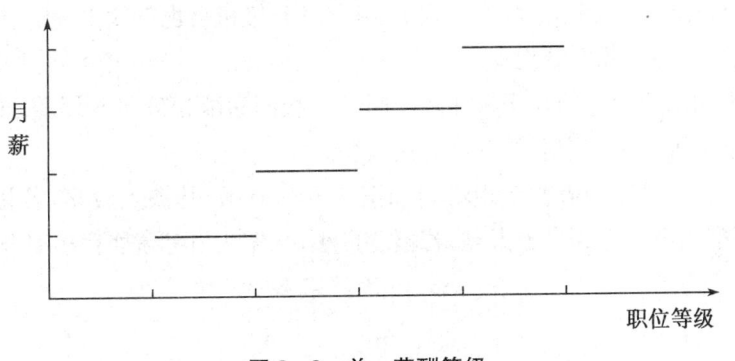

图8-8 单一薪酬等级

相对而言,可变薪酬等级则在每一职位等级内以工龄、能力、考绩或技术等因素为基础,设定有不同的薪级,如图8-9所示。可变薪酬等级承认了员工虽然执行同样的工作,但是却可能获得不同的薪酬报偿,这样可以激励员工改进工作绩效,利于组织的发展,但是却易于造成管理和经费控制上的困难。

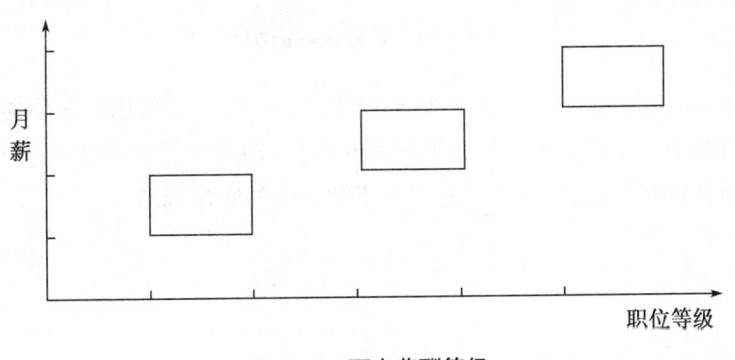

图8-9 可变薪酬等级

2. 薪酬差距设定

薪酬的高低等级差距受产业规模、所属行业类别、职业、地域、职位等级、性别等因素的影响而有不同的差距。

在设计企业组织中的薪酬差距的时候,需要考虑薪酬幅度和各职位等级最低薪酬额度的差异。

就薪酬幅度而言,通常对于组织中较复杂、危险或责任较重的工作设定较大的薪额幅度,一般最高与最低薪额的差距以不超过50%为宜。以美国企业调查结果为例,其同一职位等级内最高与最低间的差距通常是 20—35%，低层管理人员中，最高与最低差距为 30—40%，高层管理人员的差距幅度则达到 50—60%。需要考虑的影响薪酬幅度的另一因素就是选择固定与变动薪酬幅度的问题，例如，固定薪酬幅度为 300 元，即任一职位等级与其次一等薪酬差距均是 300 元，但是在低职位等级中 300 元可能代表 20%的幅度，而在高职位等级中 300 元则可能不足 10%，于是在加薪的时候就显得低职位等级的比例较大，形成一种不公平的表象。事实上，由于低职位比高职位要多得多，其晋升机会也就相对较多，所以幅度并不宜太大，而愈到上层职位，升级机会也就愈少，就应该考虑有较大幅度，以免出现人力资源冻结现象。

最低薪酬额的差异问题在于相邻两个职位等级间薪酬幅度是否涵盖，或上一个职位等级的底薪恰恰等于下一个职位等级的最高薪。

各职位等级间没有涵盖的差距设定如图 8-10 所示，其缺点较多，若幅度适中或过大，则会因薪酬累进而导致成本太高，若幅度过小，又无法与考绩加薪相配合。

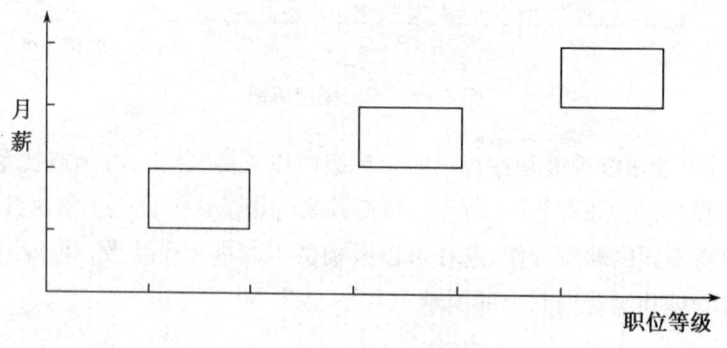

图 8-10　无涵盖薪酬幅度

各职位等级间有涵盖的差距设定如图 8-11 所示，是一种常用的薪酬幅度设计方式，其优点一方面在于其能够显示工作熟练程度的差异，即次一等的熟练员工可以比上一等的新进员工得到较高的待遇，另外一方面便于暂时性的职位调动。

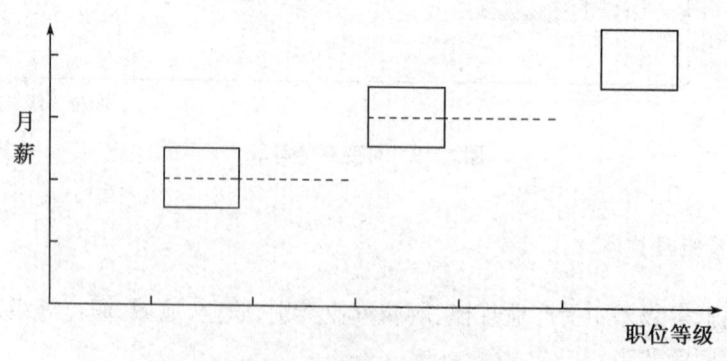

图 8-11　有涵盖薪酬幅度

8.6.2 福利规划

福利所包含的内容很广,有广义和狭义之分。广义的福利是指能够改善员工生活、提升生活情趣、促进身心健康的各种措施。而狭义的福利则是指政府规定的员工福利条例及相关规定。福利措施一般可分为经济性福利措施、娱乐性福利措施和设施性福利措施。

一、经济性福利措施

经济性福利措施主要在于对员工提供基本薪酬和有关奖金外的若干经济安全服务,以减轻员工的负担或增加额外收入,进而提高组织士气和员工生产力。具体包括如下:

1. 退休金。由公司单独负担或员工与公司分担。
2. 保险。包括失业保险、意外保险、人寿保险和疾病保险等。
3. 公司贷款。
4. 抚恤及子女奖学金等。

二、娱乐性福利措施

举办这一类福利措施的目的在于增进员工的社交和康乐活动,以促进员工身心健康,增加员工间的合作意识,其最基本的目的还是在于通过这一类活动,加强员工对公司的认同感。其内容包括:

1. 组织各种体育活动及提供运动设施;
2. 社交活动,如郊游、聚会等;
3. 特别活动,如烹饪、插花、书法、摄影、演讲等相关社团类活动。

三、设施性福利措施

适应员工的日常需要而又组织所提供的服务,具体包括:

1. 保健医疗服务,如医务室、保险等;
2. 住宅服务,如提供宿舍等;
3. 员工餐厅;
4. 提供廉价日用品的福利商店;
5. 教育性服务,如图书阅览室、子弟学校及幼儿园等;
6. 交通便利,如通勤车等;
7. 法律及财经咨询服务。

案例分析

中国华为公司"以人为本"的人力资源战略规划体系①

许多成功公司的共同点是:建立一套"以人为本"的企业价值观和管理体系,激发员工潜在的能力,使其成为竞争者无法模仿的优势。华为公司成立于1988年,主要从事通信网络技术与产品的研发、生产、营销和服务,并为世界领域专业电信运营商提供光电网络、固定网、移动网和增值业务领域的网络解决方案,是我国电信行业的主要供应商之一,目前已成功进入全球电信市场。华为公司是深圳企业中最早将人才作为战略性资源的企业,很早就提出了人才是第一资源、是企业最重要的资本的观念。《华为基本法》明确规定,负责管理有效的员工是华为最大的财富;人力资本是华为公司价值创造的主要因素,是华为公司持续成长和发展的源泉。华为公司将人力资源的增值目标作为华为公司的战略目标之一。

华为认为,看一个企业的招聘是否有效,主要体现在以下四方面:一是能否及时招到所需人员以满足企业需要;二是能否以最少的投入招到合适人才;三是把所录用的人员放在真正的岗位上是否与预想的一致且适合公司、岗位的要求;四是"危险期"(一般指进公司后的六个月)内的离职率是否为最低。根据上述四大要点,结合公司的具体实际,为实现招聘效益的最大化,华为制定了一套详细的招聘原则:1. 华为始终认同"最合适的,就是最好的",因此华为的招聘有一系列标准,标准要求是具体的、可衡量的,只有掌握了标准,招聘人员才能做到心中有数,才能公平地去衡量每一位应聘者;2. 华为在进行招聘的时候,会特别向应聘者强调"双向选择"这一条,无论是在最初的招聘现场,还是最后一轮面试的双方交流,华为始终把彼此满意作为获取人才的基础;3. 华为坚持有针对性的招聘策略,例如这几年它更注重应聘者的发展潜力和可塑性,因此招聘主要针对高校应届毕业生开展的;4. 华为的招聘人员始终树立"优秀≠合适,招进一名不合适的人才是对资源的极大浪费"的招聘理念;5. 在招聘过程中,华为会要求具体的用人部门和招聘部门一起完成招聘工作;6. 华为公司的招聘表格是经过科学的计划的,一张小小的表格就基本能反映出一个人的所有情况;7. 在招聘实践中,华为公司会发现一些条件不错且适合企业需要的人才,但因一些原因无法现时录用,华为的人力资源中心则会将这类人才的信息纳入企业的人才信息库,不定期与之保持联系,一旦将来出现岗位空缺即可将之招入麾下。

华为目前已经形成了自己的培训体系。在深圳,华为有自己的培训学校和培训基地。华为的所有员工都要经过培训,且合格后才可以上岗;为了保证整个销售队伍时刻充满激情与活力,华为会有计划地、持续地对员工进行充电,让员工能够及时了解通信技术的最新进展、市场营销的新方法和公司的销售策略;要是员工经过培训无法适应原岗位,华为则会给这些员工提供新职位的技能与知识培训,继续帮助他们成长。同时华为也有自己

---

① 来源:http://www.oh100.com/peixun/renliziyuan/299543.html

的网上学校,通过这个虚拟的学校华为可以在线为分布在全世界各个地方的华为人进行培训。

华为的员工大多数是知识型员工,他们需要追求个性的发展,以获得更大的发展机会。在华为,追求人力资源的增值恰好是他们的重要目标,他们强调人力资本不断增值的目标优先于财务资本增值的目标,并努力为员工提供成长和发展的机会以激励员工。例如公司为员工提供了大量的培训、参观和学习的机会,华为公司的员工不再被看成雇员,不是用过后就可以丢弃的对象,而是公司的主人,随公司的成长而发展,这也为华为留住人才起到了非常大的作用。从诸多类似华为公司的个案研究中,我们会发现:传统上先设定企业最高经营策略,然后设定各部门策略目标,找出执行计划成败的关键因素,并据此设计公司人员的招聘和激励办法,由管理者监督执行的"公司利益优先"程序,似乎并非成功企业所采取的决策过程;恰恰相反,以"以人为本"的企业价值为基础设定的经营战略和组织体系,才是可持久的成功企业。这类企业决策程序的特色,在于先把一个企业的价值信念找出来,并设计一个能够彰显此价值理念的管理体系,继而构建并培育出企业的核心能力和竞争优势,然后再据此设定经营策略,应付瞬息万变的市场状况。管理者在这个过程中,主要扮演的是公司价值和文化的维护者,而非传统模式中对每位员工进行控管的监督者角色。

案例思考分析:

1. 简述在"以人为本"的价值文化和经营战略下,华为公司是怎样进行人力资源战略规划的?

2. 试评价华为公司招聘体系中的原则。

第九章 人力资源规划的评价与控制

学习目标

1. 理解为何要进行人力资源规划的评价与控制。
2. 了解人力资源规划的评价与控制的过程。
3. 掌握人力资源规划评价与控制的方法。

本章引例

手忙脚乱的人力资源经理

张先生看着窗外飘着的小雨,一个人坐在电脑面前发呆,想想最近的工作不禁愁绪涌上心头——

张先生是一家国内著名食品制造商M集团的人力资源部经理,M集团在短短5年之内由一家手工作坊发展成国内著名的食品制造商,企业最初从来不定什么计划,但企业日益正规后,总经理高薪聘请张先生每年为企业做人力资源规划。由于公司2020年预计拓展新市场,扩大生产线,实现2020年销售额达到1.6亿元的目标,公司采取扩充人才的策略。张先生2019年充分调研企业内外部环境做出一套优秀的人力资源规划方案并将该方案下达到各个部门。该方案指出2020年预计扩招600名一线生产工人来增加产能,并承诺提高一线生产工人的基本工资水平,实行绩效薪酬制度增加员工福利。但是由于新冠肺炎疫情的影响,企业扩张的计划推迟执行,公司高层重新修订了年度战略目标,并且开始实行大幅度减薪策略,生产工人纷纷开始抱怨公司的承诺就是一句空话,员工出现消极怠工现象,日产量持续低迷,产品不合格率持续上升;各个部门也纷纷向人力资源部门抱怨员工质量参差不齐,各部门工作业绩大幅下滑;这导致公司的营业额更是雪上加霜。加上近来有5名高级技术工人退休,6名跳槽,生产线立即瘫痪。面对销售额日益下降,公司入财务入不敷出的状况,总经理召开紧急会议,命令张经理3天之内招到合适的人员顶替空缺,恢复生产。张先生两个晚上没睡觉,频繁奔走于全国各地人才市场和面试现场之间,最后勉强招到2名已经退休的高级技术工人,使生产线重新开始了运转。张先生刚喘口气,地区经理又打电话给他说自己的公司已经超编了,不能接收前几天分过去的5名大学生,张先生不由怒气冲冲。因为一年中不时有人升职、平调、降职、辞职,年初又有人力资源规划的人才需求限制不能多招,结果张先生一年到头地往人才市场跑。

资料来源:https://doc.mbalib.com/view/4616e5f6288469707083a7c6580c72c9.htm(有删改)

热身思考:结合案例思考企业的人力资源规划的实施过程中出现了什么问题?

人力资源规划通过分析组织在未来一段时期人力资源的供需情况,结合组织所处的发展阶段以及内外环境的要求,在企业发展战略目标的引导下和人力资源战略基础上对人力资源进行有效的开发和管理,保障组织目标的实现。但在具体实施人力资源战略与规划的过程中,由于人类预测理性的有限,内外部环境的混沌变化,都有可能使得最初制定的人力资源规划不能真正有效地达到组织所预期追求的目标和要求,因此,必须建立一套科学的评价与控制系统和机制,利用评价结果对最初的人力资源规划与变化了的内外部环境进行主动适应性调整,修正组织对人力资源规划实施中的偏差,最终保障人力资源规划的持续滚动发展。因此,对人力资源规划进行系统化地反馈、评价与控制就成为一项对组织利害攸关的重要工作。

人力资源战略与规划的控制与评价的基本目的就是保证组织最初所制定的人力资源规划及其具体实施过程的动态实时地相互适应。人力资源规划的评价与控制的基本内容包括选择人力资源规划关键环节中的关键监控与评估点、确立控制与评估的评价与控制基准和原则,监测评估关键控制点的实际变化及变化趋势,选择实施适度的控制力和正确的控制方法,调整偏差。人力资源规划评价与控制的工具一般包括有:人力资源管理信息系统、预算法、定量分析,等等。

9.1 人力资源规划的控制与评价的定义

在韦氏词典中,评价(Appraisal)一词的含义是"对价值、重要性以及地位进行估计并提出专家性的判断"。而在美国传统词典中,对评价下的定义是"对质量、规模、数量,以及其他特征进行估计与判断"。从这些权威词典对评价的定义中,我们可以清楚地了解到评价的一些基本内涵。

首先,评价是一门技术。由于评价需要对收集的各种信息进行复杂的技术处理,冗余的信息必须剔除,不充分的资料需要补充,在信息处理的基础上,还需综合各种相关和非相关因素做出权威、整体性的判断,所有这些处理均要求有高超的技术来支撑。随着现代社会信息大爆炸,评价技术也得到很大的发展,呈现出高智能化、复杂化、信息化、精确与模糊并存的特点。

其次,评价是一个过程。由于评价工作是建立在各种资料和信息收集的基础上,准确地收集到各相关信息成为评价的前提,资料收集后,需利用各种信息处理技术对信息进行加工、筛选、补充等工作,然后借助各种基础性资料以及专家系统等工具对处理后的信息进行分析,提炼出其中有价值的信息和成果。评价的过程有时还会多次反复,不断精练与优化。

最后,评价是一种权威的判断。评价的主体,无论是分析人员还是评价结果的使用者,都必须是权威人士,技术处理分析人员在技术上把关,保证得出的结论真实、准确、可靠、具有价值,而评价的使用者能够依据评价的结果进行重大的决策,保证评价的价值体现。

在韦氏词典中,控制(Control)一词的含义是"施加限制性或者指导性的影响,检验、克制,将故障和后果限制在无伤大雅的程度上"。在美国传统词典中,控制的定义是"抑止、克制、检查、核对、施加权威的、决定性的影响、进行指导"。从控制的定义中我们知道,控制是评价的自然延续,是评价的价值体现,控制意味着主动出击,控制往往是采取适当的措施和手段进行有效、有针对性、有明确目的的行动和决策,是对评价结果的响应,评价往往需要借助专家的分析和判断,而控制更多的是决策者的行为,是决策者意志和目的的体现。控制的客体既可以是人,也可以是物,控制的手段、体系等均体现出很高的技术要求,控制理论在很多行业和学科中都得到了充分的应用,控制已经成为在复杂环境下运作的必要技术手段和过程,控制常常体现出循环往复的性质,没有严格意义上的起始点和终点。

人力资源规划评价是通过对企业实施的人力资源规划的内在基础的考察分析,将人力资源规划的预期结果和实际贯彻的反馈结果进行比较、判断和分析的管理活动。人力资源规划的控制是针对企业所制定的人力资源规划和实际贯彻执行过程情况进行动态调节,纠正偏差、确保战略有效实施和适应的过程。人力资源规划的评价与控制是一个有机关联、相互协调与互动的功能系统,人力资源规划评价和控制系统能够高速有效地运转,可以为人力资源规划的实施提供客观、准确的反馈信息和动力信息,从而保障整个人力资源规划过程的良性实施。

9.2 人力资源规划评价与控制的目的

在制定和实施规划的过程中,评价与控制都是一个必不可少的环节,也是整个过程中的重要方面。但是在实践中,很多企业在制定和实施规划时从来都不做评价和控制,或者以应付的态度完成形式上的评价,对评价形式的重视往往超过了对评价内容和评价结果的重视程度,评价成为一项可有可无的走过场,走了这个形式就是做过了评价,最终是否适当地解决了问题,采取的方法和技术手段是否贴切,企业内外的资源是否得到了充分的利用,预期的结果是否已经达到,这些往往无从知道,企业的管理人员也可能有个大概的印象,但更细致的情况就难以清楚了解。由于评价工作形同虚设,也就谈不上有针对性地进行优化、控制工作了。随着时间的推移,人力资源规划实施过程的进展,企业的高级管理人员、人力资源规划的实施者也没有兴趣和耐心去对过程进行理性的评价,人力资源规划的效果以及各种评价方法与手段的运用也就停留在理论中。

对人力资源规划进行评价与控制,是美国等发达国家最近 20 年来发展较快的人力资源实践领域。人力资源规划的评价与控制既是一个阶段人力资源规划的重要一环,又为下一阶段人力资源规划的螺旋发展做好基础准备,起着承上启下的突出作用。企业在全面进行人力资源的总体规划和各项业务规划及实施过程的前后,必须根据人力资源规划标准,以及事先预想的结果和具体的实践事实不断地进行比较和偏差修正,以确保人力资源规划的成功实施。

对人力资源规划进行控制与评价的基本目的就是通过确保人力资源规划所要实现的成果和事先确定的人力资源规划的预期目标相互吻合,从而实现人力资源规划战略实施的成功。聪明的管理人员将人力资源规划的评价与控制过程看作与企业员工、与可能加盟企业的人才进行有效沟通的手段,而企业员工也可以通过人力资源规划的评价与控制工作了解企业的发展战略、实施手段和人员要求,人力资源规划的评价与控制是实施人力资源规划不可或缺的过程和活动,还主要是基于以下几项基本事实:

(1) 组织内部的非均衡性:人力资源规划实施的场所是组织,组织是人力资源规划实施的基础和基本条件,但组织本身由于各种因素的干扰而呈现极大的不稳定性,组织规模大小、结构匹配以及对外部环境的不断努力适应性调解无不表现出明显的非均衡性,组织这种非均衡性对人力资源规划的要求与标准都会有实时动态的调整,而这种调整乃至于革命性的变化都是依赖于控制与评价系统来完成。

(2) 人力资源规划环境的多变性:这种环境的变化包括组织环境与组织外在环境的双向变革,无论是组织的结构、管理机制、企业文化的调整,还是市场竞争、劳动力择业期望与倾向的变化,无不表明当今组织面临的环境影响势力范围在不断扩大;随着世界经济一体化的不断深入、知识经济的兴起、知识管理重要性的凸现,以及技术发展的日新月异而使得环境变化连续加速。人力资源规划环境的剧烈变化更加加大了企业制定与实施人力资源规划的难度和不确定性,正是由于人力资源规划环境在广度、幅度、深度,以及速度方面的变化,必然要求组织必须实时而审时度势地对最初所制定的人力资源规划在内容、原则、实施手段以及实现的目标上进行相应的评价与控制,完成这项功能的就是人力资源规划控制与评价系统。

(3) 人力资源规划本身的不全面性:人力资源规划在制定之初由于客观原因和主观努力问题,往往存在一系列意想不到的缺陷,不可能在事前规划得天衣无缝,往往需要在具体实施人力资源规划的实践中进行不断地修整、补充和完善,这就必须通过进行人力资源规划的评价,并在评价的基础上进行有针对性的控制。

(4) 人力资源本身的能动性:无论是战略性的人力资源规划(5 年或 5 年以上),还是战术性的人力资源规划(1 年—5 年)以及操作性的短期规划(1 年以内),企业内外的人力资源本身的能动作用会发生企业规划当初未曾精确料想的变化,在人力资源素质结构、损耗与内外部流动、人力资本,以及员工需求等诸多方面均会要求人力资源规划必须有动态的控制与评价来保证兼容性,促使企业的人力资源产生良性互动。

9.3 人力资源规划评价与控制的作用

由于企业在实施人力资源规划的过程中会遇到上述难以完全克服的困难和障碍,所以评价和控制在企业人力资源规划的实施过程中就起到了一种不可替代的作用。其基本作用或者实现的目标体现在以下几个方面:

1. 人力资源规划的评价与控制能有效地保障人力资源规划的滚动实施

人力资源规划通过自身的动态滚动性来适应组织的各种战略目标和作业目标的不断变化,人力资源规划的实施过程必须滚动式实施,要评判人力资源规划的制定与实施成功与否,就必须对人力资源规划的全过程进行不间断地评估与控制,只有在及时而准确的评估与控制的作用下,才能及时发现规划在制定当初以及在执行实施过程中的缺陷所在,高效地指导人力资源的开发与管理,并对人力资源规划精确纠偏。

通过评价,人力资源工作人员能够有效识别那些明显改善人力资源规划的活动,从而保证有限投入的最佳回报。否则,不分主次、不分轻重缓急的盲目规划与投资,往往会降低人力资源部门和整个企业资源的利用水平。及时客观的评价可以帮助企业及时纠正偏差,避免资源的进一步浪费,并减少不当的人力资源规划政策带来的风险。在评价基础上建立起来的人力资源信息系统还可以为企业决策提供人力资源规划工作的详细历史数据,帮助企业从过去的经验教训中学习有效的手段与方法。

2. 人力资源规划的评价与控制能有效地发现人力资源规划中的缺陷

在变化剧烈、信息不完全的环境中进行人力资源规划,有时会出现完全未曾预料到的情况,或实际贯彻结果与当初预期大相径庭,而在最初进行人力资源规划时并未对实际情况给予充分估计,导致人力资源规划存在弱点和缺陷,这时人力资源规划评价与控制系统就能起到安全阀的作用,及时发现隐患,迅速采取针对措施来弥补各种偏差。例如某跨国企业在制定才招聘的规划时为了节约费用,决定放弃传统的登报招聘方式而只采用网上招聘,利用网络招聘高级研究与开发人员时的确有效地降低了招聘费用,但在招聘熟练技术工人的时候,却出现了缺陷——发展中国家的技术工人很少利用网络来寻找工作,很快公司通过人力资源规划评价与控制系统发现了这一判断失误,并采取了一系列的补救措施,保证了人力资源规划的预期目标。

企业人力资源开发与管理所面临的机遇与挑战给人力资源管理评估带来了巨大的外部压力和拓展空间。企业通过提供使那些成功项目的增殖及评定其成功程度的方法来帮助人力资源部门从活动过程导向转向结果导向。同时,人力资源管理思想的改变及信息技术在人力资源管理中的应用又大大推动了人力资源管理评估工作的发展,人力资源管理评估工作的意义也愈加显著。

3. 人力资源规划的评价与控制能有效地将人力资源规划和人力资源管理战略进行无缝衔接，彼此良性互动

人力资源规划是人力资源管理工作的关键性部分。如果规划制定的很糟糕，企业就可能或者缺少足够的员工，或者反过来，由于人员过多而不得不大量地裁员，总之企业会由此遭受各种人员配置问题的困扰。如果人力资源规划评估与控制完善，就会获得多方面的受益：

高层管理者可以更多地了解经营决策中与人力资源有关的问题；加深对人力资源管理的重要性的认识；管理层可以在人力资源费用变得难以控制或过度花费之前，采取措施来防止各种失调，并由此使劳动力成本得以降低；由于在实际雇用员工之前，已预计或确定了各种人员的需要，企业就可以有充裕的时间来发现人才；经理们的培养工作可以得到更好的规划等等。

各种结果只要可以衡量，都可以作为考评人力资源规划绩效的依据。对于成功的人力资源规划的最有说服力的证据，是在一个较长的时期内，企业的人力资源状况始终与经营需要基本保持一致。

完善的人力资源规划的评价与控制实践可以为战略计划的实施尽早提供必要的人力资源方面的准备。企业战略计划的制定基础之一是上一阶段人力资源规划的评价结果，目前企业已经逐步深刻体会到没有准确而客观的人力资源规划评价基础，没有合格的人力资源供给，很多非常雄心勃勃的战略就难以实现，及时勉强实施，企业一定会感受到人才瓶颈带来的巨大负面影响。

4. 人力资源规划的评价与控制有助于显现人力资源部门的工作成绩

正如德鲁克10多年前所言，人事部门正将自己从对雇员成本的关心中解放出来，转而去关心他们的产出。有效的评价与控制能够使企业管理者及员工不仅看到在人力资源上的投入与花费，更重要的是看到人力资源的有效产出。正确的评价方法可以将这种产出及其对组织绩效的改善情况显示出来，令人信服。通过人力资源工作绩效的显示，可以有助于企业进一步重视人力资源管理，增加有效投入，而且使人力资源规划工作有了评判依据，从而有助于实现人力资源工作人员的工作成就感。

5. 人力资源规划的评价与控制有助于生成支持人力资源管理决策的信息

人力资源规划的评价与控制工作为人力资源管理提供了可靠的依据，企业的人力资源管理或多或少要根据人力资源规划评价与控制的结果进行决策，经过实践检验的评价与控制信息往往成为企业管理人员第一手基础资料，能够确定差距和人力资源开发的需求，为引进新的、更高的标准提供依据。管理人员可以有效地利用评价与控制来佐证自己决策的正确性和实用性。

6. 人力资源规划的评价与控制有助于掌握人力资本的保值增值现状与发展趋势，保证人力资本的合理开发、配置与利用

在目前的生产资源计划中，人力资源虽被视为经营资源的重要组成，但其资产价值的给定却有较大的不确定性和随意性。对企业人力资产的正确估价有利于企业准确掌握人力资产增值情况，切实根据组织目标科学配置人力资源，并为人力资源开发政策的调整提供依据。通过加强员工知识和技能优化情况的多层次评价与控制，会促进个人和组织人力资本的共同提高，从而为企业更好地开发、整合和利用员工技能和知识提供依据。在以员工技能和知识为企业核心竞争力源泉与基础的知识经济时代，人力资源规划管理的评价与控制的这一意义会更加巨大。中国企业原先所采用的静态劳动人事信息管理方法，甚至就没有明确细致的人力资源规划管理与实践，企业人力资产损益模糊而难以清晰界定与有效开发，难以明确显示企业存在的人力资源的冗余和短缺。而一旦经营环境恶化，由于缺乏有针对性的人力资源规划的适时控制，贬值而成为企业负担的人力资源却已失去主动退出、培训增殖的有利时机，成为企业退出某一行业的障碍，制约企业规避风险的能力。反之，如果企业建立起动态的人力资产评价与控制体系，那么可及时避免这种人力资源贬值，实现个人、企业和社会资源的优化配置与利用。

人力资源规划的评估与控制对于市场经济中走向集约型增长的企业来说，意义也是显著而长远的。企业管理者和人力资源部门已经意识到人力资源规划的评价与控制实践的重要性。对中国企业经营者而言，树立起积极主动的人力资源规划的评价与控制理念、明确人力资源规划评价与控制的作用和实践价值，可以帮助企业能充分利用我国较丰富的人力资源，并利用人力资源规划评价与控制实践活动为企业实现可持续发展打下坚实的基础。

9.4 人力资源规划评价与控制的特征

人力资源规划的评价与控制是一个连续和紧密关联的两个管理环节和步骤，是一个动态的过程，人力资源规划的评价与控制具有如下特征：

1. 循序渐进性

一般而言，人力资源规划的形成往往是逐步形成的，受到企业竞争战略、人力资源战略等抽象基础性管理思想和理念的深刻影响，有时候企业或组织会面临基本上无法控制的外部事件或内部因素，常常会直接或间接地影响企业未来人力资源规划的制定与决策实施。如中国在加入WTO以后，各行各业都明显感到了切实的各种竞争压力，有识之士明确指出，相比于国外大企业优质的产品和良好的服务水准竞争，国外企业在吸引本土优秀人才方面所具有的竞争优势就是我国绝大多数企业将要面临的最严峻的挑战，而这个过程是逐步体会到并需积极面对与解决的难题，在企业不断审视已经制定人力资源规划

的过程中,这个过程就表现出明显循序渐进的性质。认识到这一点后,企业的管理人员需有意识地用渐进的方式来进行人力资源规划的评价与控制。在具体地进行人力资源规划方案时有时就带有试验性质,随时准备在适当的时候进行评价与控制。

2. 交互联动性

由于人力资源规划需要进行评价与控制的因素是多种多样且相互依赖。而且人力资源规划本身就是一项与外界信息有着非常密切联系、不断相互交流,以及充分运用内外部信息的实践活动,这种交互联动性就要求企业在制定和设计本企业的人力资源规划时,既要避免出现闭门造车,根本不分析内外部环境的变化,也需防止出现随风倒、随大流现象的出现。

3. 系统性

人力资源规划的评价与控制是人力资源规划的重要功能系统,是人力资源规划一系列子系统中的一个环节,人力资源规划评价与控制系统在很多重要方面有赖于人力资源规划的其他功能系统,同时人力资源规划评价与控制功能系统也对人力资源规划的其他功能系统产生深刻的影响,这就要求人力资源规划的逻辑形式十分完善,在实施人力资源规划评价与控制时,无论在明确问题、唤起注意、概念修订、试验分析还是产生集体意见、制定措施和针对控制等各个阶段都必须树立起系统的观念,往往是相互制衡的,不大可能取得局部上的最优解。在细节上有时很难追求得到全面完整、完美无缺的人力资源规划是不存在的,有时为了保证人力资源规划具有一定的柔性和灵活性,模糊处理的结果就仰赖于人力资源规划评价与控制的有力监督和保障。

9.5 人力资源规划与控制的标准

实施人力资源规划评价旨在保证所制定的人力资源规划的贯彻执行,体现人力资源战略的构想,适应于企业所面临的内外部环境,这就牵涉企业的评价维度和评价基础标准的选择。评价维度和评价基础标准是进行人力资源规划评价的基石,换句话说,只有在确定了评价维度和评价基础标准的前提下,人力资源规划的评价工作才能真正切实地实施,否则人力资源规划的评价工作就成为无源之水、无本之木。

各个行业、各个不同的企业、企业不同的发展阶段,以及企业所禀赋的人力资源战略的不同,评价维度和评价基础标准存在着巨大的差异。一般而言,人力资源规划评价的维度是指对人力资源规划进行评价应该从哪几个方面来进行,而人力资源规划的评价基础标准是指对人力资源规划的制定、贯彻、与企业人力资源战略的融合等方面应该具备的特点、达到的要求,评价基础标准可以是定量的指标,也可以是能够准确清晰描述的定性要求。评价维度从技术层面上确定了评价的实施方向和可能解决问题的途径,而评价的基础标准为评价的结果提供了最基本的比较对象,使得评价工作有理有节,有根有据。

一般而言，控制系统包括有四个基本要素，这四个基本要素分别是：

1. 控制点

由于控制可行性以及经济原因，不可能也无必要对每个受控对象的每个影响因素的每个时刻都进行监测与控制，更有效的方法是选择对全局影响力大，关联度高的关键因素作为控制点，控制点的多少一般和系统的复杂程度、重要性，以及相应控制手段的多少来综合选择，尽可能经济有效地组合各种控制因素，充分反映受控系统的实际状况以及未来发展态势。人力资源规划的关键控制点一般应包括人力资源实际数量及变化量、人力资源质量、经营战略变化、外在环境变化、组织环境等各方面，组织根据自身的情况对这些关键控制点进行分解，分别选择分控点进行具体的监控。

2. 控制基准

也称控制标准，控制基准作为理想预期值用来和实际情况进行比对。对机械设备等控制基准，可以经过理论计算而精确限定，控制标准一般是有形数字化的，在某时变化幅度很小，具有显著的刚性。对人力资源规划而言，控制基准往往是无形且模糊的，这给控制基准的确定带来了很大的难度，确定控制基准就成为一项有较高科学要求和艺术成分的工作。一般而言，控制基准必须结合企业本身的人力资源战略、组织内外部环境、企业文化和技术发展水准等多种因素综合确定，在有一个明确的控制基准的同时，还应当适度保留一定范围的适应幅度和弹性。

3. 反馈比较

所谓反馈，就是将计划、规划或系统的实际运作结果或预期发展结果观测出来，将所得到的观测值和已确定的控制基准进行比较，并对比较结果进行分析，判断计划、规划或系统的未来发展趋势，为下一步调整做好准备工作。对人力资源规划而言，需要对规划的贯彻执行进行全程性的反馈比较，密切关注并及时发现人力资源规划执行过程中出现的偏离，并将偏离方向和偏离程度通过反馈比较解析出来，为组织进行人力资源规划的调整方案提供对策基础。

4. 调整控制

根据反馈比较的结果，对于正确的结果或行为，鼓励并保持当期或即期的良好状态，采取零更正策略，当反馈比较的结果显示计划、规划或系统出现偏差，这种偏差可能是正向的，也可能是负向的，但只要出现偏差，就必须采取相应适当的修正措施予以调整，确保计划、规划或系统的结果最终和理想结果相互吻合。在这里强调一点，当偏差出现正向时，例如在执行人力资源规划过程中发现组织内部实际的高级人才流失率要远远低于预期值，这种偏差就是正向偏差，组织就应果断采取措施，相应地减少从外部招聘规划中的高级人才，不能简单地认为既然组织可以从外部招聘到事先规划了的高级人才，组织内部高级人才流失率又大幅降低，这样企业的高级人才岂不是更多，出现这种情况岂不是更好。事实并非如此。这是因为企业在制定人力资源规划中人员补充计划时,已经根据企业所采取的战略、企业未来的发展状况、企业的竞争环境以及技术发展水平等多种因素而综合考虑了本组织人才的结构状况以及发展趋势,当本组织高级人才过多而导致人才结构失衡对组织而言并非好事,因此这种正向所谓"好"的偏差也必须及时予以调整。

人力资源规划的控制与评价应该达到5项基本标准:客观性、一致性、协调性、可行性以及有利性。

客观性是指人力资源规划的评价与控制必须做到诚实、公平、不偏不倚、无偏见、不带感情色彩、有根据和非个人性,客观性要求管理人员运用实际得到的绩效来证明人力资源规划的制定与实施情况,尽量减少主观的、受个人因素影响的干扰,得出的判断是诚实和公正的评价与实事求是有效的控制。

一致性强调在企业实施人力资源规划时,不应该出现目标和政策方面的矛盾,当组织在实施人力资源规划时出现各种形式的冲突和争执的时候,往往就需要得到人力资源规划控制系统和评价系统的参与,保证所有人力资源规划的预期目标的实现,防止出现有的规划目标圆满实现而有的目标彻底失败。

协调性标准是指在控制与评价人力资源规划的时候,既要分析和考察人力资源的某个方面发展趋势,如未来企业内部人力资源的流失情况,还必须分析和考察整个人力资源规划中各项业务规划以及人力资源开发与管理政策的综合发展趋势。人力资源规划必须对外在环境、经营战略、组织环境,以及人力资源现状等关键性变化做出适应性反应。控制与评价系统就必须保证在各种变化趋势共同作用时保障人力资源规划的协调实施。

可行性是指人力资源规划控制与评价是否能成功地贯彻企业的战略以及人力资源规划,同时须做到技术上、方法上、环境适应上、经济上可行。如果所采用的方法和技术不适合企业的文化和传统,操作运作人员难以领会和把握实施人力资源规划的评价与控制,那么没有可行性的方案也就没有任何意义。同时人力资源规划的评价与控制主要依靠企业本身的资源确保人力资源规划能够得以贯彻实施,如果控制与评价的费用过高,给企业带来沉重的财务负担和经济压力,即使控制技术再好,评价方法先进,没有现实的可行性是毫无意义的,有很多高深的评价技术和控制手段可能对本企业并不实用,不易理解,耗费时间太多,成本高昂,违背了评价与控制的目的和初衷。对绝大多数企业而言,追求的往往是更容易而方便运用的评价与控制技术,而不是采用更复杂的、最先进的工具和技术。同时,在进行评价与控制时,人力资源规划提出的变化范围也应是组织资源能够承受的。

有利性是指企业实施人力资源规划控制与评价系统的最终目的就是为企业创造和保持竞争优势,培育企业独特的核心竞争力,通过实施人力资源规划获取相对于竞争对手的竞争实力,实现企业的可持续发展。

9.6 评价与控制的过程

为了保障人力资源规划评价与控制目的的实现,使得人力资源规划的实际实施效果尽量符合人力资源战略的预期目的,人力资源规划的评价与控制过程一般分为四个步骤,即制定评价规划效益标准、衡量分析实际规划效益、定量定性评价实际规划状况以及采取修整措施和应变手段。

人力资源规划评价与控制过程流程图如图9-1所示。

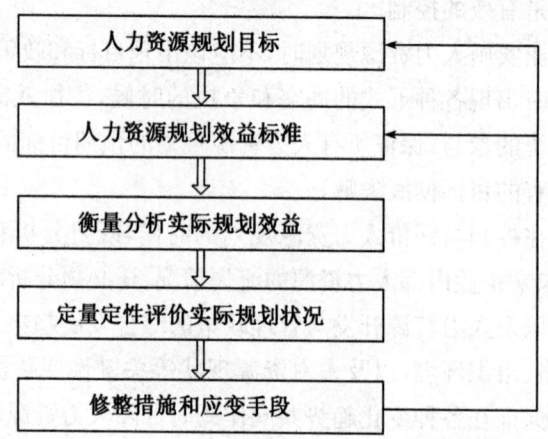

图9-1 人力资源规划评价与控制过程流程图

1. 制定人力资源规划效益标准

人力资源规划评价与控制过程的第一步骤就是根据预期的人力资源战略目标或计划制定出应当实现的战略效益,确定出科学、实事求是的效益标准。在确定效益标准之前,企业需要评价已经制定的人力资源规划,明确企业目前需要努力的方向,清楚实现目标必须完成的工作任务,从而勾勒出人力资源规划评价的重点应该放在那些可以确保人力资源规划和人力资源战略成功实施的环节或关键点上。企业常用的人力资源规划的衡量标准有:求职率、员工流失率、员工结构比率、劳动市场人员供给、招聘成本、企业招聘美誉度、员工素质、劳动生产率,等等。

2. 衡量分析实际人力资源规划效益

在人力资源规划的第二步骤中,企业主要是判断与衡量实现企业人力资源规划效益的实际条件。将各种人力资源的数据加以收集并处理,不断检测内部人力资源条件和外部人力资源状况的变化。相对而言,内部人力资源效益参数易于观察,但管理人员对外部人力资源规划基础的变化就可能迟于反应,对变化信息的强弱敏感度表现出钝性。企业管理人员在判断和衡量人力资源规划效益时,不仅要有能力迅速准确地捕捉到企业内外部实际人力资源规划效益的参数信号,还需灵敏地觉察、分析出人力资源规划效益结果的发展态势,以具体的衡量方法,以及衡量范围来保证衡量的有效性和可信度。

3. 定量定性评价实际人力资源规划效益状况

在这一步骤中,企业管理人员通过将实际的人力资源规划实施效益和计划的规划效益相互比较,解析出二者之间的差异以及差异的方向,在此基础上,通过一系列定量指标和定性手段来分析出形成差距的原因。人力资源规划的效益评价在过去往往更偏向于定性分析,定量分析方面由于存在数据提取困难以及标准难以真正界定等原因而使用偏少。随着企业管理的集约化发展,越来越多的企业开始有机地结合定性、定量工具和方法来保证对实际人力资源规划的效益状况给予客观的评价。

4. 修整措施和应变手段

本步骤为人力资源规划评价与控制的最后一个步骤,企业在上述各步骤的基础之上,针对变化了的外部人力资源条件和内部劳动力的需求变化,采取修整措施或应变手段。如果变化给企业的人力资源规划带来机会或者威胁时,都应积极主动地采取相应的纠正或修整措施或应变手段。企业采取的修整措施和应变手段往往采取三种方式:第一种方式为常规方式。即企业按照以前程序性的处理方法来对付出现的差异,这种方式也是企业在实施人力资源规划评价与控制采用最多的一种方式;第二种方式为专题解决方式。企业管理人员专门针对人力资源规划实践中出现的问题或者机会进行专题分析、突击解决。此方法能做到反应迅捷。第三种方法为专家模型方式。企业根据其他企业实施人力资源规划的经验和本企业的具体情况,实现组织有关专家对可能出现的问题建立专家应急模型,当有关问题真的出现时,企业能及时响应。

应变手段是指企业在进行人力资源规划评价与控制过程中,为了在出现最严重的问题和困难时,企业需备有应变手段,这种手段实际是一种补救措施,帮助企业管理人员处理棘手或不熟悉的情况。

人力资源规划制定与实施是否能真正实现人力资源规划的目标、能否积极而经济的服务于企业的发展战略、能否客观地适应外部变化的环境而不会过时,人力资源规划评价与控制起到重要的保证手段,但由于企业人力资源规划活动受到各种因素的干扰,这些干扰因素有:外部环境的巨大变化,如当代企业对高级经营人才和技术人才的白热化争夺;企业员工对自身价值观重新塑造和对工作生活质量的日益关注,寻求自身职业发展的稳定发展;企业发展战略、人力资源战略的主动调整;国家法律、规章制度以及行业标准的不断完善和调整,等等,这些因素无不深远地影响着企业人力资源规划的工作。

按照经济、有效与可行的原则,在对人力资源规划进行评价与控制时,只能对人力资源规划的关键控制点进行评价与控制,评价与控制不足或过多都会给人力资源规划工作带来损失,企业经营者需仔细斟酌评价与控制内容是人力资源规划实施成功与否的基础。

企业根据自身的经营哲学、人性假设、内外部环境的情况与特点、人力资源规划所欲实现的目标等综合关联性因素的相关性和重要度,选择并构建符合本企业的人力资源规划评价于控制体系。一般而言,企业进行人力资源规划评价与控制的内容包括三个层面:人力资源规划制定基础层面、人力资源规划的实施层面、人力资源规划技术手段层面。

具体而言,在评价与控制人力资源规划制定基础时,应不断反省人力资源规划的前提基础,如果人力资源规划的前提基础发生重大动摇,就有可能对本阶段的人力资源规划进行重大的调整,甚至是重新制定人力资源规划。对人力资源规划制定基础的评价与控制往往持续时间很长,有的企业可能达到数十年,但其实施意义非常重大而深远,如果企业始终静态地认为人力资源规划的基础一成不变,那么对企业的伤害将是毁灭性的。随着经济一体化、市场全球化和新兴技术的快速发展,人力资源规划从制定、实施到评价与控制的周期越来越短,企业进行人力资源规划的基础变得日益动态、混沌和复杂,给人力资源规划评价与控制提出了越来越高的要求。评价与控制人力资源规划的基础,往往包括分析以下几个部分:

- 形成人力资源规划的过程是否经过充分考虑和酝酿,是否有具体的数据支持,对关键性的问题是否有针对性;
- 对企业内外部环境的评价与预测是否充分、彻底和客观;
- 公司是否具备战略规划概念和资金等资源保证;
- 组织的管理能力和实施能力能否有保障;
- 公司的战略与战术目标能否测量,组织中是否人人知晓公司的战略;
- 所有等级制层次上的经理们能否有效地和持续地理解和实施规划;
- 组织的结构与人力资源规划是否相互支持和匹配;
- 企业文化与人力资源规划是否冲突;
- 组织的评价、奖励和控制机制是否有效;
- 人力资源规划与总体战略目的和目标的关联度;
- 控制手段和意识能否达成统一或者协调性妥协。

具体的人力资源规划实践内容和过程也应当加以评价和控制,但由于各个企业特点和面临的情况与问题差异很大,在对人力资源规划的实施方面带有明显的本企业风格,但一些基本的需要控制与评价的内容包括:

- 经理们是否按战略规划把任务授予各部门;
- 工作的职责、具体规定和描述是否清楚;
- 实际与预测雇员的流动率和缺勤率指标是否准确与客观,预测的人员需求量与实际的人员招聘量之间的差距;
- 所有的单位、部门、雇员、经理等等的努力目标是否一致;
- 人力资源规划的目标是否均达到;
- 实际人力资源规划的实施成本和规划的预算,人力资源规划的成本与收益状况;
- 人力资源规划的关键任务支持是否得力;
- 人力资源规划实施所需要的信息种类是否齐全,是否具有畅通的信息交流渠道;
- 是否需对实施人员进行培训;
- 人力资源规划制定与实施人员对自身工作的熟悉和重视程度;

- 管理高层对人力资源规划的预测结果、实施方案、各种建议和意见的重视和利用程度;
- 人力资源规划在管理者当局心目中的地位和作用大小,在关键决策中利用价值。

进行人力资源规划评价与控制,还需要将人力资源规划的行动结果与人力资源规划的最初要求与目标进行比较,旨在发现规划和现实之间的差距,从而对规划工作进行调整与优化,并为今后的人力资源规划等活动提供参考资料。

随着信息技术、控制技术等许多相关科学技术与方法的不断创新与发展,人力资源规划的评价与控制手段也在不断地推陈出新,各种评价与控制手段的有机组合可以有效保证人力资源规划的成功实施,但如何针对本企业的实际情况,对众多传统和新兴的评价与控制技术与手段进行合理经济的选择与搭配,就需要对各种评价与控制技术本身特点,以及与本企业的实际结合情况进行评价与控制,既不盲目地过多选择一些过于复杂而成本高昂的评价与控制技术,同时也要防止出现由于评价与控制技术不当而导致评价不准、控制不力的情况发生。需对评价与控制技术自身需要评价与控制的有:

- 人力资源规划评价技术是否能针对本企业的实际情况;
- 人力资源规划的控制力度和频度的合理范围;
- 人力资源信息系统(HRIS)的实用性与有效性。

9.7 评价与控制的主要方法

在具体的人力资源规划评价与控制的实践中,很多管理人员已经总结了许多行之有效的方法,通过对各种方法的具体分析和大胆运用,可以保证人力资源规划的战略性实施。人力资源规划的评价与控制方法还在不断地推陈出新,结合各自企业的具体情况进行有效组合。

虽然理论和实践上对人力资源规划工作进行评价与控制存在较多分歧与争议,对管理人员的管理实践具有现实的挑战性,但是 20 世纪 80 年代以来的迅猛发展还是为我们提供了一些可以借鉴的评价与控制方法。笔者前几年对人力资源管理的不同方法就进行了深刻的研究并对人力资源管理评估进行了总结,这些评价与控制方法大致可包括:人力资源会计、人力资源关键指标、人力资源效用指数、人力资源指数、投入产出分析、人力资源调查问卷、人力资源声誉、人力资源审计、人力资源案例研究、人力资源成本控制、人力资源目标管理和人力资源利润中心等方法。

1. 人力资源会计评价与控制法

人力资源会计评价与控制法曾盛行于 20 世纪 60 年代末 70 年代初,80 年代一度衰弱,但最近这种方法又重新被人们采用。人力资源会计评价与控制法是将员工视为企业资产,给出员工价值,采用标准会计原理去评价员工价值的变化。

它是一个有关识别、评价人力资源并交流有关信息以实现有效管理的过程。人力资源被看成企业资产或投资。与其他资产评估不同的是,人力资产评价与控制,需使用由行为科学所提供的评价工具对员工的能力和价值进行计算。

2. 人力资源关键指标评价与控制法

这种评价与控制方法是用一些测评组织绩效的关键量化指标来说明人力资源规划的工作情况。这些关键指标包括求职雇佣、平等就业机会、雇员能力评估和开发、生涯发展、薪酬管理、福利待遇、工作环境/安全、劳动关系,以及总效用等。每一项关键指标均需给出可量化的若干指标,如企业在招聘时,各个岗位能够吸引员工应聘人数,以及最终录用人数比等。在人力资源规划工作与组织绩效的关联性的研究与实证分析显示,人力资源关键指标能显示二者有较高的相关度。人力资源规划工作优秀的企业确实能有良好的企业业绩。

3. 人力资源效用指数评价与控制法

人力资源效用指数是一种试图用一个衡量人力资源工作效用的综合指数来反映企业人力资源工作状况及其贡献度的评估方法。人力资源绩效用指数(Human Resource Performance Index)则是使用人力资源系统的大量数据来评估选才、招聘、培训和留用等方面的人力资源工作,但由于其过分复杂,加上指数与组织绩效之间的相关性仍不明确,有不少研究者并不看好它,认为操作过于复杂和关联性的不强导致人力资源效用指数评价与控制人力资源规划活动有很大的局限性。

4. 人力资源指数评价与控制法

人力资源指数(Human Resource Index)是由美国著名学者舒斯特教授开发而成,由薪酬制度、组织沟通、合作、组织环境等15个因素综合而成。人力资源指数不仅说明企业人力资源绩效而且反映企业的环境气氛状况,包含内容较为广泛。在美国、日本、墨西哥,许多企业使用人力资源指数问卷进行调查,并在此基础上建立了地区标准和国际标准。笔者曾根据中国的实际情况,对人力资源指数进行重新设计,并在中国国内进行了大量的调查。调查结果显示,人力资源指数问卷的信度和效度均较高。

5. 投入产出分析评价与控制法

将投入产出分析方法运用于人力资源管理评估,计算人力资源成本与其效益之比,具有较高信度。在企业个案研究中,投入产出分析是较为成功的。一般而言,人力资源项目的成本是可以计量的,但问题是项目收益的确认,尤其是确认无形收益时,则较为困难。投入产出分析在评估人力资源单一项目时,还是有效的,但是在评估整个人力资源工作时则显得力不从心。

6. 人力资源调查问卷评价与控制法

这种评估方法将员工态度与组织绩效相联系来实现对企业人力资源工作的评价。一一般而言,员工态度与组织绩效之间存在正相关,但相关性的原因仍不清楚。但已有的一些研究表明:或者是好的组织气氛提高企业业绩;或者是成功企业的环境产生了良好的气氛。问卷调查方式经常用于进行人力资源规划的评价与控制,这种方式就是给职工一个机会来表达他们对人力资源部门各种工作,包括人力资源规划工作的看法。员工意见调查可以很有效地用于诊断哪些方面存在着具体的问题,了解职工的需要和偏好,发现哪些方面的工作得到肯定,哪些方面受到否定。除了常规性的问卷调查外,为了打消员工提出意见和建议的顾虑,企业也可以通过电子信箱调查和按钮话机对话式调查的方法来了解员工的意见。

员工意见调查是一种专项调查,它着重了解员工对其自己的工作和对企业的感受和信念。这类调查事实上可以视为一个讲坛,使员工得以公开他们对工作、负责人、同事,以及企业政策措施的看法。这种调查还可以成为企业改善生产力的一个起点。调查的频率应根据情况而定,目前,部分企业实行定期调查(如每年一次),有些企业则实行不定期调查。

7. 人力资源声誉评价与控制法

有些专家认为人力资源规划工作的效用判断,可以通过员工的主观感觉来对企业人力资源规划工作进行评估。员工的反映及企业人力资源规划工作的声誉对人力资源规划管理评价与控制是比较重要的,但根据实证分析和研究发现,这种评价与控制和组织绩效之间的直接相关度不高。

8. 人力资源审计评价与控制法

审计是客观地获取有关经济活动和事项的论断的论据,通过评价弄清实际业绩和标准之间的符合程度,并将结果报知有关方面的过程。

与传统财务审计综合特点相类似,人力资源审计是评估人力资源规划效率的综合性手段,它是对企业人力资源管理现状所进行的一种正式考察。人力资源审计的目的,是通过充分开发和利用统计报告和研究数据,来全面准确地评价人力资源管理工作到底落实得如何。

人力资源审计工作以管理层在人力资源管理方面所确定的各种目标为起点,审计人员将拿人力资源管理工作的实际效果与各种原定目标进行比较。人力资源管理审计的目的,就是了解一个企业对人力资源规划管理的重视程度和实际管理状况,并依此给予评价。在进行打分时,应先估计一下其他管理者和员工可能给予什么样的分数。得分总数情况可以作为改善企业人力资源管理的行动指南。

人力资源审计是传统审计的延伸,它通过采用、收集、汇总和分析较长时期内的深度数据来评价人力资源管理绩效。这种系统方法取代了过去的日常报告,经过调查、分析、比较,审计为人力资源工作提供基准以便人们发现问题,采取措施提高效用。在人力资源审计中可综合使用访谈、调查和观察等方法。

9. 人力资源规划案例研究评价与控制法

人力资源规划案例研究近年来被广泛地引入人力资源管理评估实践中,成为一种成本低、花费少的评估方法。通过对人力资源工作绩效的调查分析,与人力资源部门的顾客、计划制定者进行访谈,研究一些人力资源项目、政策的成功之处并将其报告给选定的听众。

10. 人力资源成本控制评价与控制法

虽然大多数管理者意识到工资和福利的总成本,但是他们没有认识到人力资源工作的改变会带来巨大的开销。评估人力资源绩效的一种方法是测算人力资源成本并将其与标准成本比较。普通的人力资源成本可包括每一个雇员的培训成本、福利成本占总薪资成本的比重以及薪酬成本等。这种人力资源成本控制方法是对传统成本控制的拓展,在典型的成本控制表中可包括:雇佣、培训和开发、薪酬、福利、公平雇佣、劳动关系、安全和健康、人力资源整体成本。

11. 人力资源竞争基准评价与控制法

竞争基准方法也在人力资源部门中得到运用并将其作为评估人力资源规划的方法。首先将人力资源工作的关键产出列出来,然后再将此与同行业中的佼佼者进行比较,从而进行评估。这种用竞争基准方法进行人力资源规划的评价与控制,拿本企业人力资源规划工作情况与那些"表现最好"的企业的各项标准进行比较。当这一方法用于人力资源规划工作时,它可使人力资源部门的员工了解,他们的工作业绩与其他企业相比到底处在什么样的水平。运用参照标准对人力资源规划管理工作进行评价与控制,可以促进下列各个方面的工作:

- 确认人力资源规划的运作情况应该进一步改进。
- 评估人力资源规划政策与人力资源利用效果。
- 将人力资源规划政策与人力资源利用效果与"最佳利用效果"进行比较。
- 设立人力资源利用目标,逐渐缩小目前利用状况与最佳利用状况之间的差距。

为了运用参照标准进行评估,必须制定计划、确立评价方法和了解最佳利用状态。在此基础上,再对存在差距的方面进行改进。

12. 人力资源目标管理评价与控制法

运用目标管理的基本原理,根据组织目标要求,确立一系列的目标来评价人力资源工作。在这种方法中,关键是目标合理、可评估,有时效性,富有挑战性且又合乎实际,能被所有参与者理解。同时,目标又必须是达到高水平管理所要求的。当然,这些目标应尽可能量化,且必须与组织绩效相联系。

13. 人力资源利润中心评价与控制法

利润中心评估方法是当代管理理论和实践将人力资源部门视为能够带来收益的投资场所的体现。人力资源部门作为利润中心运作时,可对自己所提供的服务和计划项目收取费用,典型的人力资源服务项目有培训与开发项目、福利管理、招聘、安全和健康项目、调遣项目、薪资管理项目和避免工会纠纷等。

14. 运用人力资源规划研究进行评价与控制

通过运用人力资源规划研究,对企业内外的各种人力资源记录的资料进行分析,从而确定已往和当前人力资源规划实践措施的可行性、有效性。这种研究分析结果可用于以下几个方面的控制工作:

- 观察近期人力资源规划的工作。
- 确认人力资源方面存在的问题并针对这些问题提出解决方案。
- 预测各种发展趋势以及对人力资源管理的影响。
- 考核人力资源规划工作的成本与收益。

由于缺乏适当的信息就难以制定好的决策,这使得研究分析工作对解决人力资源问题具有十分重要的作用。人力资源专业人员必须研究和分析当前人力资源的管理措施,以保证未来的人力资源规划工作变得更为实际和有效。许多人力资源管理者往往被研究这个字眼和其学术含义吓得不轻。其实,研究也可以是非常简单和直接的,比如,一个雇主拿着一份问卷,询问雇员愿意选择什么样的工作时间安排这一做法,事实上也是一种研究。

15. 利用离任交谈方式进行人力资源规划的评价与控制

调研性的交谈是另一种可以采用的研究方法。这一方法可用于许多方面。离任交谈就是一种被广泛采用的评价与控制方法。在这一交谈中,企业主要了解员工决定离开企业的原因。主持这种谈话的人员通常是人力资源专家而非企业的各级负责人。一个高水平的交谈者可从交谈中获得非常有价值的信息。离任交谈可以了解许多方面的问题,包括离职原因、管理问题、工资问题、培训问题,以及对自己工作最喜欢和最不喜欢的方面等。为了便于对交谈所得信息进行汇总,有些企业在离任交谈时采用统一化的提问内容。离任调查的结果将汇报给管理层,供管理层做各种评估之用。

人力资源规划的评价与控制方法非常丰富,既有定性也有定量的方法。定性方法比较传统,在实际人力资源规划工作中得到广泛的运用。随着管理工作的进一步细致与集约化,采用定量方法来评价与积极控制人力资源规划的活动,既是人力资源规划管理工作日益具有战略性、功能不断增强、对组织的意义越来越深远背景下的必然要求,同时也是保证人力资源规划工作目标的必要保证。无论何种方法进行人力资源规划的评价与控制,应注意以下几点:

(1) 必须建立综合科学的人力资源规划与管理实际的指标体系,选择适当的分项指标并赋予合理的权重，使综合指标在代表性、效度和信度上能给予保证。

（2）在完整系统的指标体系中，各种主观性指标与客观性指标有机结合，如员工评价、员工心态与客观指标的结合。这种结合既可避免完全主观性因素干扰，同时又能反映员工对人力资源规划的实际满意度及各级利益相关者的评判情况，及时地发现问题，纠正偏差，有针对性地进行政策调整。

（3）人力资源规划与评价不存在最佳和万能的方法。每种方法都有自身存在的价值和应用条件，实际结果往往是各种综合因素的集成效应，与实际工作本身、工作承担人员，以及工作的相关性、可靠性、适应性、客观性，以及相应的成本都有密切的联系，人力资源规划的评价是以目标为基础的评价，这就要求客观地对待每种评价方法和控制技术。

（4）人力资源规划评价与控制系统应符合经济原则。评价与控制系统既不能产生过多的信息，也不能提供太少的信息，而应该是最经济地产生所需要的最低限度的信息。

（5）人力资源规划评价与控制系统提供的信息必须及时而有意义。人力资源规划评价与控制的关键在于为企业的人力资源规划实践提供及时的、真正需要和有价值的信息。

（6）人力资源规划的评价与控制应有利于采取行动。评价与控制系统输出的信息必须传递给企业中那些根据这些信息采取行动的人。如果为管理人员提供的报告仅仅是为了获得信息，那通常这样的报告毫无意义。

（7）人力资源规划的工作绩效指标应与企业组织绩效紧密联系。这样可以更加直截了当地展示人力资源工作的贡献度，较为适合企业管理者和人力资源工作人员的需要。

当然，建立科学的人力资源管理评估体系是较为困难的。由于实际长期以来人力资源开发与管理工作滞后，特别是人力资源信息系统和其他企业绩效信息系统的落后，使评估工作难以获得完整的人力资源和组织绩效信息，进行企业纵向和横向比较有相当难度。但是随着企业对人力资源管理的重视，随着国家经济和社会生活的信息化，我们认为能够在中国人力资源管理评估的自身发展中不断克服困难达到预期目标。

案例分析

Z公司的人力资源战略与规划的实施与控制[①]

1. 公司背景及问题

Z公司成立于2012年，主营业务为金属加工。企业以"诚信为本，服务社会"为宗旨，以"关注客户，共同成长"为质量目标，不断开拓市场，在业内赢得较高声誉。但是公司成立之初，管理层工作主要放在业务拓展和技术改进上，并未对人力资源进行关注。2018年初，随着业务量进一步增加，公司出现了人员流动加快、产品不能准时交付的现象，一半开发项目不能按时完成。早在2016年之前，Z公司主要为国内的一些厂家提供精度要求较低的产品，对员工的学历要求也不高。随着业务的进一步开发，产品开始转变为生产精

---

① 黄勇荣：《人力资源战略与规划精选案例评析》，北京：科学出版社，2017。

度高、批量大的高附加值项目,主要客户变为外资企业和国内知名企业。伴随着业务量的增加,人员流动速度开始加快,同时人均产能下降明显。公司的人员流动还呈现出三个特点:

① 流出大于流入,个别岗位空缺超过两个月,难以招到人。

② 技能型员工和组长流失严重,一些组长高职到竞争对手那里时,会带走本组大部分的技能观员工。

③ 工程师和线主管流动相快,有的位置出现了年换两任的情况,培养一个熟手一般要3—6个月,短期培训的新人很难胜任一些工作,部门任务压力大,抱怨增多,士气低落,缺勤率也相应升高。

2. 人力资源战略的制定与实施

Z公司人力资源战略的SWOT分析如表1所示

Z公司人力资源战略SWOT分析

优势	劣势
◇ 提供ODM服务,交付周期短 ◇ 有一套有效的成本控制方法 ◇ 良好的财务状况 ◇ 成熟的客户群和销售渠道	◇ 高人员流动,工艺不易保持 ◇ 市场规划能力弱 ◇ 缺少高素质技术人才 ◇ 设备落后,生产效率不高
机会	威胁
◇ 手机出口和连接器市场增长 ◇ 与跨国公司建立战略合作伙伴关系 ◇ 外部劳动力供应充足	◇ 主要原材料价格上升,人力成本上升 ◇ 行业进入门槛不高 ◇ 产品设计受流行潮流影响较大

根据公司五年规划目标和SWOT分析,Z公司采用以下人力资源战略:

(1) 重点建设研发团队,加强设计能力;构建管理队伍的知识结构和层次。

(2) "继任计划"引进具有先进管理经验或技术的人才,并不断培育内部人员,提高人员的专业化和职业化,进行人才储备。

(3) 建立科学退出机制,改善员工队伍的文化素质,提高人工效率。

(4) 促进公司文化建设,创建公开、公平、相互尊重的工作氛围。

3. Z公司人力资源战略的控制

Z公司为保障人力资源规划实施效果能够符合人力资源战略预期目标,实践中以四个环节来评价和控制。

(1) 设定评价与控制体系的目标。公司依据当前发展目标,分析人力资源战略实现的各个环节,确定要降低人员流动,提升中高级技术人员的比例,促进生产效率的提高,因而员工流失率、核心技术人员比率、生产效率、员工结构比和招聘成本是控制的目标。

(2) 制定评价与控制体系的标准。对人力资源数据加以收集处理,找出人力资源效益参数变化的差异,设置标准来定量分析这些参数的发展态势。一些细微的变化可能不会被直接觉察,可以用具体的衡量方法和标准来显示评价与控制的可信度及有效性。

（3）确定评价与控制的方法。对比人力资源规划的实际效益与计划效益，解析出差异的原因，用定量的效益标准和定性的手段分析出根本原因，对人力资源规划效益给予综合的评价。

（4）应急处理。建立应急模型和程序处理实际效益小于或高于计划值时的情况，出现的异常反映了人力资源的不足或浪费，以及与生产能力不匹配。召开组织各部门负责人进行专题讨论，快速消除。

案例思考分析：

虽然Z公司一直希望通过上述控制与评价中的量化操作进行人力资源规划的科学化、民主化、制度化，但方案中并未提及相应配套的监督机制和监督职责，很难保证不发生"人治大于法治"的情况，Z公司如何保障人力资源战略与规划的实施及控制过程中的监督力与执行力？

第十章 国际人力资源战略与规划

 学习目标

1. 理解国际人力资源管理与国内人力资源管理的差异;
2. 掌握国际人力资源管理战略与规划的内容;
3. 了解国际人力资源战略与规划的影响因素;
4. 掌握制定国际招聘、培训、薪酬与绩效考核规划的方法。

 本章引例

谁来担任海外经理①

OEC是一家美国公司,生产经营办公设备,该公司的产品销往全球8个国家。公司正考虑安排1名经理去巴勒斯坦的加沙地区,负责建立一个新的生产基地。这项工作要干3年。OEC在中东地区没有生产基地,公司意识到要想充分获得这个地区新的和平环境带来的好处,就必须建立自己独立的生产基地。OEC希望在未来6个月内在加沙兴建一座新的工厂,工厂将进口零部件,并在当地组装。该厂将由一个美国技术小组进行管理,一个美国经理将被指定管理生产。该管理者将直接向OEC总部汇报。根据OEC的政策,海外经理的职位由公司外聘或在公司内部招聘。在海外公司里,OEC一贯由母国人、东道国人及第三国人员组成海外公司领导班子。经理在母公司及海外子公司之间的轮换并不少见。

在以色列的营销服务活动由OEC设在意大大音大利巴勒莫的欧洲地区总部来控制,欧洲地区总部的一个委员会将很快从以下5名候选人中确定人选。

(1)亨利·威廉斯。亨利30年前加入公司,对各项技术性工作均很胜任。他是个筹建专家,曾在4个国家负责过新的生产设施的筹建工作。亨利以前从未被委任过在海外长期工作,被派往发达国家执行任务的时间少于半年。在工作中,亨利非常胜任,但4年后将会退休。他和他的家人只会说英语,孩子只习惯生活在自己的国家。亨利目前正负责即将建立的加沙新工厂开工后发展规模课题的研究,然而,一旦工厂开工后,他目前的职位将显得多余。

---

① 赵曙明、张正堂、程德俊:《人力资源管理与开发》,北京:高等教育出版社,2018。

(2) 汤姆·哈里森。现年39岁,在OEC工作了15年,他被认为非常胜任工作且有可能被提升到管理高层。虽然没有海外工作经验,但他经常去拉丁美洲旅行。他和他的妻子都能说流利的西班牙语。有两个孩子,一个14岁,另一个15岁,正在学西班牙语。他的妻子是个职业妇女,在一家药品公司做营销工作。

(3) 玛丽·玛格丽特。玛丽加入OEC之前,在波图大学获得工程学学士学位,在澳大利亚的皇家大学获得工商管理硕士学位。在她37岁时,已经从一名普通职员升到管理岗位。她在得克萨斯加工厂曾经担任了2年副总经理,负责过加沙新厂的可行性研究。她的业绩很优秀,最近在员工生产计划组里工作。当她加入OEC时,曾经表示过她的最终兴趣是承担国际方面的工作,因为这有助于提高她的能力。她能说流利的法语,至今未婚。

(4) 弗朗·阿伯罕。弗朗最近在OEC的墨西哥分公司担任助理经理,负责墨西哥市场的生产和销售工作。他是犹太裔纽约人,在OEC墨西哥公司干了5年。他拥有纽约大学工商管理硕士学位,被认为是OEC危地马拉公司经理的最佳接班人,现任经理4年后退休。弗朗现年35岁,已婚,有4个孩子(2—7岁不等)。他能讲流利的希伯来语,妻子是家庭主妇,只会讲英语。

(5) 里昂·史密斯。30岁,未婚。他是雅典加工厂的助理经理。7年前,当他在美国读完大学后加入了OEC公司。他被认为能胜任工作,特别是在生产操作上,在增加推共工厂产量方面他获得了成功,但他缺乏管理经验。在雅典工作期间,他游遍了中东地区区。在读大学时,他曾与来自沙特、约旦,以及埃及的富家子弟及显赫政客的子女交往甚密,因此,里昂与该地具影响力的家庭有良好的关系。

热身思考题:委员会会选择谁来担任这一职务呢?

"一带一路"倡议的实施加速了我国企业的国际化进程,在"国内市场国际化、国际竞争国内化"的竞争格局基础上,越来越多有条件和能力的国内企业走出国门,在海外投资建立企业,成为真正的中国跨国公司,参与国际市场的竞争。跨国企业在国际市场的竞争离不开人力资源作为保障,而国际人力资源管理的战略与规划有其独特性和复杂性,需要管理者加以全面地了解和清醒地认识。其中包括,跨国背景下的企业人力资源战略与规划受到哪些社会制度、文化习俗和法律法规等的影响;国际人力资源的人才配备战略与规划;国际薪酬与绩效管理等具体职能的战略与规划。

10.1 国际人力资源战略与规划的影响因素

国际人力资源战略与规划是国际化组织为发展的需要而对人力资源的获取、配置和利用所进行的战略与规划活动,包括国员工配置、绩效管理、培训与发展、薪酬计划与福利、产业关系等活动。国际人力资源战略与规划会随人力资源管理实践所进行的国家以及面对不同国家的员工而发生相应的变化。与国际人力资源战略与规划活动相关的国家类型包括三种：一是东道国，指子公司或分公司所在的国家；二是母国，指公司总部所在的国家；三是其他国，指劳动力、资金和其他投入品的来源国。跨国公司的员工类型也包括三种：一是东道国员工；二是母国员工；三是其他国员工。国际人力资源战略与规划需要考虑人力资源战略与规划活动、员工类型和企业经营东道国类型三个维度之中的互动组合。

影响国际人力资源战略与规划的因素，与国际企业的发展环境分不开。20世纪90年代，国际企业的迅速发展主要是因为交通运输的技术和服务进步，使商品和资本能够迅速流动，覆盖国际。这为国际企业将国际作为产品和服务市场，将国际作为资源市场提供了技术上的支持。

当今世界处在前所未有的变化之中。这种变化为国际企业提供了发展的环境和空间，同时意味着企业环境十分复杂，存在多项重要的变量。这对跨国企业的人力资源实践提出了巨大的挑战。影响国际人力资源战略与规划的因素主要有五个方面：一是文化环境；二是产业类型；三是市场依赖程度；四是高层管理者对国际化的态度；五是在不同国家运营的复杂性。

10.1.1 文化环境的影响

文化具有微妙而又综合的特征，当人们面对不同的文化时，能清晰地感受到它的影响。比如进入一个新的国家或者与一个不同文化国家的人或商业打交道时，很容易体会到语言、食物、服饰、卫生以及对待时间的态度等方面的文化差异，并往往导致心理迷惑，甚至受到一定的冲击，因为人们相互误解或者不能识别重要的文化符号。对于母国派遣到海外公司的外派员工来说，东道国新的环境要求外派人员在较短的时间内做出许多心理和行为上的调整，这给外派人员带来了巨大挑战被称为跨文化适应问题。跨文化适应问题会导致外派人员对东道国和当地人产生负面印象，产生返回母国的愿望。如何识别和应对文化差异，以及这些差异与自己的关系，是外派人员面临的长期挑战。一些跨国公司意识到了文化环境对于员工的工作绩效和生活状态的影响，因此，帮助外派人员及其家人在新的文化环境中工作和生活做好准备已变成一项至关重要的人力资源管理活动。

由于跨国企业经营涉及跨国界的人际交往和交流，因此，了解母国与东道国的文化差异并理解这种差异带来的影响非常重要。目前跨国经营管理中普遍存在对文化特征的漠视或者错误理解，很多管理者都抱有"在国内怎么干，到国外也照样怎么干"的思想，因而导致跨国经营管理的失败。因此，无论是在跨国企业的总部还是东道国的当地机构，人力资源经理重视文化差异的影响都是十分必要的。对于聘用、提拔、奖励、解聘等活动将根据东道国的实际情况来决定，并且应该以该国文化的特定价值评判体系作为基础。一家公司在决定某个新设国际子公司的管理者时，也许会派一位驻外总经理，同时任命一位当地人做人力资源部经理。当地人力资源经理人熟悉东道国的人力资源实际运作情况，有助于解决由文化差异而引起的管理问题。

10.1.2 产业类型的影响

因为不同产业的国际竞争模式差别很大,跨国公司从事何种产业对公司管理活动造成一定的影响。比如处于国际竞争模式一端的是多国型产业,从事这种产业的公司其国际战略被拆分为一个个国内策略,在每一个国家独立展开竞争,与它在其他国家展开的竞争并不发生关联。这些产业包括零售业、分销业和保险业等。而处于国际竞争模式的另一端是国际型产业,从事这种产业的公司在一个国家的竞争地位明显受制于它在其他国家的竞争地位,这些产业包括商用飞机制造业、半导体业和复印机工业。从事这种产业的公司必须在国际范围内以某种方式整合其活动,以便形成国际的一体化网络。

人力资源管理作为围绕企业基本活动的支持活动之一,包含于每一项基本活动和支持活动中。换句话说,贯穿企业的整个价值链活动都不可避免涉及人力资源管理,因而产业的不同使人力资源管理职能也不尽相同。如果一家公司属于多国产业,人力资源部门的角色极有可能在结构和导向上更倾向国内的特征。虽然有时也对来自人力资源管理的国际性服务有着很大的需求(如在国外某地建立一家新工厂或办事处,对外派人员的需求增加等),但这些活动都不是人力资源部门的主要职责,其中许多活动是借助外部顾问或临时人员来完成的。人力资源管理的主要功能是为企业在每一个国家的内部市场的基本活动提供支持,通过成本/效率或者产品/服务差别化来赢得竞争优势。如果企业属于国际型产业,那么公司国际一体化目标中的"协同规则"则要求人力资源管理职能是为了输送跨国公司基本活动所需要的国际性支持而构建。为了建立、维护和发展公司形象,跨国组织需要在世界范围内竭力保持对人员管理方式的一致性。而同样为了当地工作的有效进行,也需要在方式上适应不同国家的特定文化要求。尽管企业经营的国际整合要求鼓励增强一致性,但文化环境的多样性却可能提倡差别化的当地响应。

10.1.3 市场依赖特征的影响

大公司给人的感觉总是全球市场观念占据着支配地位,事实上公司的规模并非是决策国际竞争模式的唯一关键因素,公司对其母国国内市场的依赖程度同样非常重要。对于许多进行跨国经营的企业来说,较小的母国市场是其"走向世界"的主要动机之一。联合国贸易与发展会议(The United Nations Conference on Trade and Development,简称UNCTAD)在一年一度的对外直接投资调查中计算"跨国化指数"一项,即海外资产占总资产的平均比率、海外销售额占总销售额的平均比率,以及海外员工数占员工总数的平均比率。跨国化指数排名高,表明其对国外市场依赖程度高,跨国化指数排名低,表明其对国内市场依赖程度高。根据《2019年世界投资报告》。[①] 2018年中国对外投资全球排名第二位,为1298亿美元,仅次于日本。受中国企业国际化、参与国际竞争的客观需要、"一带一路"双边合作的推动等因素的影响,中国的对外投资未来将保持在较高水平。而2018年全球外国直接投资流量处于下降趋势,降幅为13%,从2017年的1.5万亿美元降

---

① 联合国贸易与发展会议:《2019年世界投资报告》。

至1.3万亿美元。一个规模巨大的国内市场对企业组织其各方面活动有重要的影响。比如，一家国际企业很可能以设立国际分部的方式来组织其国际业务活动,巨大的国内市场也会需要一支庞大的经理人队伍,那么,培养全球性的经理人就是一项任重而道远的任务。而海外投资的增长,无疑需要培养更多具有全球化视野及跨文化能力的各类人才。

10.1.4　高层管理者态度的影响

高层管理者对于国际经营的态度决定了人力资源管理实践中所重点关注的问题。如果高层管理者缺乏强有力的国际导向,很可能在制定企业的长期和具体目标时就不会强调国际经营管理的重要性。在这种情况下,经理们只倾向于关注国内的问题,对国内人力资源管理和国际人力资源管理之间的差异等闲视之。缺乏国际市场经验的高层管理人员会假设在国内人力资源管理实践和国际人力资源管理实践之间存在着很大的可移植性。他们不能够识别在国外环境中管理人力资源的差异性,也不考虑这一问题是否出于民族优越感、信息不充足或者缺乏国际性的视野,因此常常在国际经营管理中造成失败和损失。对希望为企业国际化做出贡献的企业人力资源经理来说,他们希望与高层领导人一起培育"国际思维方式"。这一目标要求每一位人力资源经理能够以国际性的视角思考、制定和运用人力资源政策,促进国际导向的企业员工发展。同时,他们也会着力培养一支拥有丰富国际市场经验的国际经理人队伍,以应对海外经营管理的任务。

10.1.5　跨国管理复杂性的影响

在若干不同的国家运营并招募不同国家的员工是影响国际人力资源管理复杂性的根本因素。第一,人力资源管理部门要考虑在国内环境中不必要考虑的因素。比如外派人员必须遵从国际税收政策,承担国际、国内双重纳税义务,因此必须制定平等纳税政策以保证对于任何一项具体的国际任职不存在纳税方面的损失。为此,许多跨国公司聘请资深会计师事务所提供国际纳税方面的咨询。国际人力资源管理部门还必须提供其他复杂的行政性服务,包括协调与处理政策、程序与当地环境的冲突,解决由于不同国家法律和文化所造成的伦理问题;建立和维系与东道国政府的关系从而得到工作许可或其他关键条件;提供培训和辅助性的语言翻译服务等。第二,在国际环境中工作的人力资源经理要为来自若干国家的不同员工群体制定计划,并予以管理,因此他们需要一种更宽广的视野来看待问题。例如,在对待外派人员福利时,应该使所有外派人员都公平享受到国外的服务和驻外奖金,而不论其国籍。第三,许多跨国公司建立了"国际人力资源服务"部门,负责确保外派人员了解住房安排、医疗以及为出国任职所提供待遇的各个方面（生活费用津贴、奖金、纳税等）的管理,为任职中的母国员工和其他国员工提供相应服务,比如任职期间的银行服务、投资、租房、子女的教育问题之类,协调回国访问及任职期满遣返回国等事务。在更为偏远或者缺少良好娱乐条件的任职地,人力资源部门还会开发,甚至自己经营娱乐性项目。第四随着海外经营的日益成熟,人力资源活动的重点会发生变化。例如,随着对母国员工和其他国员工需求的下降,训练有素的当地员工队伍不断壮大,原先投入在诸如外派人员纳税、国际重新安排和入职引导等方面的资源,就要转向对当地员工进行甄选、培训和管理发展等活动上来。随后的发展活动可能会要求建立一个项目,将富于潜质的当地员工送到企业总部,承担发展性的任务。第五,国际人力资源管理需要应对相应的风险,比如外派失败(跨国任职的外派人员未能完成使命就回国)或者在外派任职期间的低绩效。考虑汇率和任职地的因素,每一项驻外失败给母公司造成的直接成本(薪水、培训成本、旅行与重新安排的费用),可能要比国内的薪水与重新安置的费用之和高出3倍。国际市场份额缩减、国际客户关系的损害等间接成本也相当高。另外,恐怖主义造成的国际人力资源管理风险的防范也很重要,人力资源部门有必要在高度动荡的任职地设计紧急撤退程序,使员工免遭政治暴力或恐怖主义的威胁以及流行性病疫的侵害。第六,国际人力资源管理需要考虑外部因素的影响,包括外国政府的类型、经济状况以及该国被普遍接受的商业运作模式。例如,东道国政府可以规定企业的招聘程序,薪酬标准等。政府要求企业遵守劳资关系、税收、健康与安全等方面的指导方针在很大程度上都影响了外国子公司的人力资源管理实践。

10.1.6　其他敏感因素

国际人力资源管理因为跨国家和地区而牵涉到一些敏感问题,比如国际产业关系、商业道德规范,以及风险防范和安全问题等。这些因素都存在复杂的背景,并与各个国家不同的历史来源和政治现状有关,在进行人力资源规划时应该给予足够的重视。

(1) 国际工业关系。工业关系主要体现于工会的作用与影响。由于国家在经济、政治和法律体系上的差异,产生了各国不同的工业关系体系。西方国家的工会结构差异很大,有工业工会、同业工会、联合会和总工会,工会结构的这些差异对西方国家的集体谈判过程产生重要影响。工会与跨国公司是双向的影响关系。一方面,工会在三个方面可能限制跨国公司的战略选择:一是通过影响工资水平使得公司的成本结构不再具有竞争力;二是随意改变雇佣标准从而限制了跨国公司的能力;三是妨碍或阻止跨国公司的国际一体化。

(2) 国际商业道德规范。国际组织都面临这样的挑战,即外派经理到东道国从事经营管理,由于母公司的伦理标准可能与东道国的伦理标准有差异。当跨国公司选择外派人员时,应该将诚实和正直作为评价的首要标准,并且对外派人员的行前培训必须包括外派人员可能遇到的道德两难问题的讨论。在设计培训计划以迎接跨国业务挑战的时候,人力资源部门不仅应该注意到文化相对性的问题,而且要关注道德原则超越民族和文化界限的问题。贿赂和腐败是从事国际企业经营的经理最常碰到的伦理道德问题,需要加以关注。

(3) 非政府组织的冲击。贸易和商业的国际化在民主国家中已经引起了一场激烈的辩论,而且常常在反国际化集会和抗议活动中被表现出来。环保团体如绿色和平组织的活动突出了这些组织国际化的过程,他们趋向于在不同的国家、不同的协调和问责制的机构中有自己的"管理者"。因此有必要扩展国际人力资源管理的重点领域到非政府组织中去,因为21世纪非政府组织的冲击和影响仍将要继续。

(4) 风险防范与安全。传统上,很多国内、国际的人力资源经理已经关注与负责与工厂的安全有关的问题,然而更多的风险和安全问题需要纳入国际人力资源经理的现行责任中。在人力资源管理职能中发展综合的、协调的和专门化的风险管理实践,并对之进行重大投资非常必要。已经有很多跨国公司发展了自己的系统和程序,来回应一些重要事件,如总经理的绑架事件、自然灾害对关键设备或者定期航线影响,或私人飞机失事使跨国公司失去了主要干部等。最近又出现了更多的风险类别,如网络恐怖行动、以具体公司和行业为目标的政治恐怖组织和流行病风险。

10.2 国际人力资源配置战略与规划

国际人力资源配置主要关系到两个方面的内容:一是跨国公司的整体配置战略,二是外派人员的使用。

10.2.1 跨国公司人员配置战略

跨国公司人员配备有四种战略方法:民族中心法、多中心法、国际中心法和地区中心法,每一种方法都反映出总部高层管理者对于国际经营的管理理念。

(1) 民族中心法(Ethnocentric Approach)。民族中心法指跨国公司所有关键岗位都由母国人员担任。这种政策对国际化早期阶段的公司来说很普遍,采取这样的人力资源政策有以下原因:一是缺乏能够胜任的当地人员;二是可以和公司总部保持良好的沟通、合作并有利于公司总部的控制。对于经验丰富的跨国公司来说,民族中心政策对特定的海外市场是非常有效的,有助于缓解涉外活动的高风险性。但是,民族中心法人力资源策略也有以下四个缺点:一是限制了本土人员的发展机会,可能导致企业生产率的降低和较高的人才流失率;二是驻外经理适应东道国环境需要很长时间,在此期间母国人员会做出不当或错误的决策;三是母国人员和东道国人员的待遇差距过大时,东道国人员可能认为不公平;四是对于外派人员来说,关键的国际职位意味着新的地位、权力,以及生活水平的提高,这些改变会影响他们对于当地下属需求的敏感性。

(2) 多中心法(Polycentric Approach)。多中心法是指跨国公司将每一个分公司都看成一个有决策自主权的独立实体。分公司通常由本土员工管理,他们几乎不会在总部任职,母公司人员也很少到国外分公司任职。多中心法雇佣本土员工可以消除语言障碍,避免驻外经理及其家庭的适应问题,还可以避免敏感的政治风险;同时减少大量的文化适应等培训开支;多中心法使雇佣本土员工的费用较少,即使使用额外的一些费用吸引高层次的人才也不会使费用增加太高;多中心法可以避免重要经理人的流失,使子公司的管理保持连续性。但是,多中心人力资源策略也有如下缺点:一是产生母公司和子公司管理人员之间的沟通障碍、语言障碍、国家忠诚度冲突以及一系列的文化差异;二是母公司和东道国管理人员的职业生涯问题。东道国企业的经理很少有机会到国外进行锻炼,也不会获得比所在子公司职位更高的职位。同样,母公司的经理们获得的海外锻炼机会也是有限的。由于总部的职位仅由母公司员工担任,所以核心管理团队和国际子公司接触有限。

时间一长，这种情况必定会阻碍战略决策的制定和资源的分配。当然，在一些情况下东道国政府也要求企业的重要管理职位由本国人担任。相应地，跨国公司也希望东道国子公司成为东道国战略的一部分。当东道国企业很重要时，母公司会设立一些重要职位来帮助其运行。

（3）国际中心法（Geocentric Approach）。国际中心法是在整个跨国公司中选择最佳人选来担任关键职位而不考虑国别。这种方法可以让总部和子公司都可以获得高素质的员工；那些开始不具备开放和适应能力的人到国外工作后还可以积累国际经验，而国际经验是高层管理者成功的必要条件；高素质和流动性的人具有开放的思维和很强的适应能力，那些有着很强潜在能力和晋升愿望的经理可以随时从一个国家调到另一个国家，从而形成内部人才流动机制。和其他策略比较，国际中心法也有它的缺点：一是受到东道国政府政策的影响；二是要花费更多的时间和金钱。当企业想要雇用外籍员工而不雇用本地人时，很多西方国家就要求企业提供大量的文件，而提供这些文件有时会是徒劳无功的。为员工的配偶提供工作许可证也面临着同样的困难；三是逐渐增长的培训费和重置费用，使实现国际中心法耗资巨大；四是为了建立和维持能够实现国际中心法的国际管理团队，大量的母公司、东道国公司以及海外分公司成员都需要派到国外公司进行锻炼。因此，为了成功地实现国际性人员配备策略，企业需要更长的时间和更为集中化的人事控制，这必然降低了海外子公司管理过程的独立性。

（4）地区中心法（Regiocentric Approach）。地区中心法是跨国公司由民族中心法逐步向国际中心法过渡的策略，它用一种限制的方式管理经理，员工可以轮换到其他国家，但是必须是在特定的区域范围内。区域经理可能不会晋升到总部，但是有一定的区域自治权。地区中心法策略可以促进管理人员的沟通交流，无论这些管理人员来自该区域的子公司还是由母公司派遣而来；由于当地子公司由东道国企业自己配备人员所以能够对当地条件做出敏感性反应。地区中心法策略也存在自己的缺点：一是容易产生以区域为基础的联合体，而不是以国家为基础。同时，区域性人事政策还会阻碍公司从国际性的视角看问题；二是虽然从企业整体层面看地区中心法策略可以提高员工的晋升机会，但是它只不过将很多障碍转移到了区域层面。员工可能会晋升到区域总部，但是很少在母公司总部任职。

10.2.2　跨国公司人力资源的来源

发达工业国家跨国企业配备人员的经验表明，他们从三方面来挑选配备跨国企业的人员：一是挑选那些经过本国母公司教育和培训，并且取得经验的本国公民；二是经过东道国子公司的教育和培训，并取得经验的东道国人才；三是从其他国（第三国）选拔跨国人才。因此，跨国公司海外子公司的人员来源有三个渠道：母国人员、其他国人员和东道国人员。如图10-1所示，一般国际企业或跨国企业的高层主管是由母公司派出，中层管理者是从东道国或其他国家中选拔；其他低层管理人员等，尤其是普通职工，则从东道国中配备。当然，没有哪一个国家或哪一个跨国企业由一个统一规定或具体的人员配备比例，一般都根据具体情况来决定。使用三类不同国别人员存在以下的优缺点如见表10-1所示。

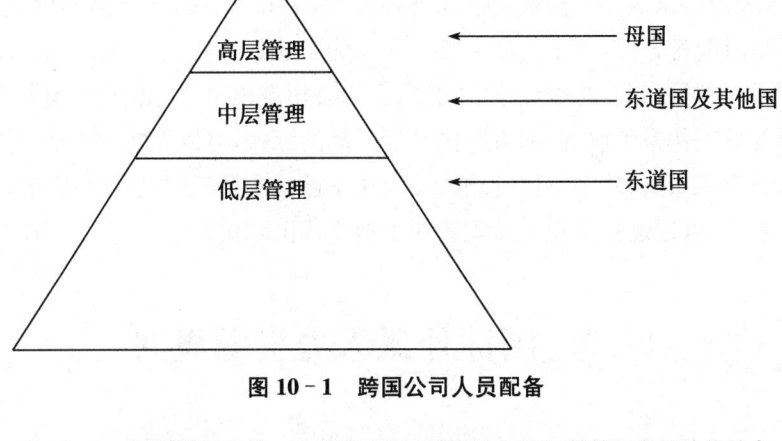

图 10-1 跨国公司人员配备

表 10-1 甄选管理人员——母国人员、其他国人员和东道国人员的优缺点

使用母国人员
优点： • 方便组织控制和协调 • 确保子公司将遵守公司的目标、政策等 • 由于需要特殊的技巧和经验，母国人员是最适合该工作的人选 • 为有前途的经理人员提供获取国际管理经验的锻炼机会 缺点： • 东道国人员的提升机会有限 • 母国人员适应东道国的时间较长 • 母国人员可能对子公司运用来自母公司的错误决策 • 母国人员和东道国人员容易产生薪酬差异
使用其他国人员
优点： • 工资和福利要求比母国人员低 • 其他国人员比母国人员更了解东道国环境 缺点： • 必须考虑到可能的民族仇恨 • 东道国政府可能反对雇用其他国人员 • 其他国人员可能在任职结束后不想返回自己的国家
使用东道国人员
优点： • 消除了语言和其他方面的障碍 • 减少了招聘成本，也不需要工作许可证 • 由于东道国人员在岗时间长，从而增加了管理的连续性 • 政府政策可能强行聘用东道国人员 • 东道国人员看到职业生涯发展潜力，他们的士气会提高 缺点： • 公司总部的控制和协调可能受阻 • 东道国人员在子公司以外职业生涯发展机会有限 • 招聘东道国人员限制了母国人员获得国外经验的机会 • 雇佣东道国人员可能会限制国际化发展

资料来源：Dowling, P J, Festing, M, & Engle, Sr. A D(2013). International human resource management (6th eds). London, Cengage Learning.

总之，跨国公司采用的人员配备战略一般倾向于反映组织的需要。根据高层管理者的态度，跨国公司可以从许多模式中选择一种来配备国际人员，在环境不确定的情况下，也可以选择临时配备方法，而不拘泥于某一个。为了保证企业走出国门的战略意图能够在跨国经营中得到贯彻，在跨国经营的初期，由母公司派出熟悉母公司战略与目标的管理人员到海外开展工作是可取的；随着跨国经营活动的深入，可以保持海外经营单位的高层管理人员由母公司派出，而中下层管理人员则从东道国或第三国进行选拔与配备；待跨国经营活动成熟后，可以逐步实现人员配备的本地化或国际化。

10.3 国际外派人力资源规划

国际外派人力资源规划是指跨国组织为适应内外环境变化及实现企业战略而制定的人力资源系统目标、策略及解决方案。它是国际人力资源管理与开发的依据，决定着国际外派人力资源各项职能活动的方向，也是打通各国际外派人力资源管理模块的桥梁。基于战略的动态国际外派人力资源规划可提升组织人力资源在数量、质量与结构三个方面的战略准备度，帮助组织实现人力资源的平衡，并最终支持企业战略目标的实现。

国际外派人力资源规划是企业整体战略规划的一部分。只有基于战略的、切实可行的国际外派人力资源管理规划，才能使国际外派管理工作有条不紊地开展与进行。

10.3.1 国际外派人力资源规划要点

首先，国际外派人力资源规划必须要符合战略要求，即要有战略牵引性。当企业需要战略传递或文化整合时，作为关键人的国际外派人员的选拔、配置、绩效管理、薪酬福利管理、培训与开发等一系列工作都应当以服务战略达成为首要目标。

其次，在放眼大局的同时，国际外派人力资源规划还必须落脚于具体的问题，即要具有问题导向性。泛泛而谈的规划会在后期执行时产生很大的问题，也会让规划流于形式浮于表面。国际外派人员由于其工作地点具有特殊性，在外派任务的前、中、后阶段都会产生许多具体的问题，规划应围绕着这些问题展开。

再次，国际外派人力资源规划要有系统解决性。人力资源管理的各个模块是相互关联的系统，每个模块间都有密切的联系。那么，国际外派人力资源规划就是在新经营周期开始之前从宏观的角度统筹下一周期内各模块的工作协作内容。只有规划具备了系统解决的功能，之后落实时才能落到实处。

最后，国际外派人力资源规划要有现实操作性。规划一定要具有可行性，否则就是一纸空谈。

10.3.2 国际外派人力资源规划程序

（1）准备阶段。在这一阶段主要是搜集相关信息。这些信息分为外部环境信息和内部环境信息。外部环境信息包括母国和东道国经营环境的信息，比如当地的政治、经济、文化以及法律环境等;以及母国和东道国劳动力市场的供求状况,国家教育政策、薪酬水平等直接影响人力资源供给和需求的信息。内部环境信息包括企业的发展战略、经营规划、生产技术以及产品结构和特点等组织环境的信息;以及公司的组织结构、企业文化、管理风格、人力资源管理模式等直接决定人力资源供给和需求的信息。

（2）分析阶段。制定新的规划要做到知己知彼,人力资源盘点正是知己的过程。这一盘点通常包含4个部分:现有国际外派人员的数量、质量、结构以及储备。可以通过回答以下的问题来进行深入分析:现有外派人员的数量是需要补充还是存在冗员？现有外派人员是否胜任目前的职位,若不胜任,原因是什么？现有外派人员的布局是否合理？准国际外派人员的选拔和培养工作进展如何？

（3）实施阶段。这一阶段主要是根据分析结果,对国际外派人员的后备人员进行储备,一方面应对自然更替;另一方面应付突发变故,以提升人力资源的战略准备度。同时按照每一个人力资源管理模块形成具体规划。

（4）评估阶段。这一阶段主要是对规划的有效性进行评估,找出当中的问题和不足,为今后制定规划提供经验,此外还要根据企业内外部以及母国和东道国各影响因素的变化而适时调整规划,使之动态地满足企业需求。

10.3.2 国际外派的概念及类型

国际人力资源管理和国内人力资源管理之间一个明显的不同,就是员工跨越国界移动到跨国公司国外营运机构的各个不同岗位上,这些员工通常被称为"外派人员",外派人员就是工作并且暂时居住在国外的员工。一些公司更倾向于称呼这类员工为"国际代理人"。从理论上来说,国外机构的母国员工就是外派人员,但是其他国员工和那些离开本国被调到母公司的本国员工也是外派人员。

外派类型可以根据其持续的时间分为短期外派、较长期外派和长期外派。短期外派是指外派时间在三个月以内,通常是为了解决纠纷、项目监督,或发现一个更稳定的外派人之前的权宜之计;较长期的外派是指外派时间在一年以内的外派,涉及与短期外派相类似的活动;长期外派是指外派时间在1—5年,在公司运作中有一个被清晰定义的角色(如某子公司的常务董事)。长期外派也被视为传统移民外派。

除以上标准类型的外派以外,还存在非标准外派的类型。（1）往返外派,指被选派者在母国和位于另一个国家的工作场所之间往返工作,每周或每两周一次。不包括跨边界工作者或每日往返者。通常被外派者的家庭还留在母国。（2）轮转外派,指外派人员在母国休息一段时间后,再从母国到另一个国家的工作所在地工作一小段时间,他们的家庭通常还是在母国。在非标准选派中,跨国公司最不希望增加该外派的人数。（3）契约外派,指适用于拥有完成一项国际工程所需特定技能的员工被指派到该国,并持续时间为6—12个月的情况。研究与开发是使用这种国际项目的一个领域,它适合于与长期合同和重要团队相关的短期合同。契约外派比轮转外派所起的作用略大一些。（4）虚拟选派,指雇员无须搬迁到指派地点,只是以家庭所在地为基地进行管理,对位于别国的分部负国际责任。在这种情况下,管理者非常依赖电话、电子邮件和可视会议等信息交流技术。

10.3.3 国际外派的原因和作用

跨国公司应用各种国际选派形式的组织因素有以下三点：一是职位填充，组织需要为特定的职位类型选择合适的人，可以选择在本地雇佣一个人或者调派一个合适的候选人；二是管理发展，员工可以被派到公司的其他部门去培训和提升，比如我们会看到总部的员工被输送到分公司，或是分公司的员工被输送到母公司或其他分公司，目的在于发展共同的企业价值观；三是组织管理，出于战略控制的需要进行国际选派，能够促进知识转移，其中包括能力、程序和实践的转移，并且可以开发国际市场机会。

国际外派的作用有以下四点：第一，作为一种官僚控制机制，外派者是控制机制的代理人。这种机制的主要作用是通过控制来确保海外子公司与跨国公司保持一致性。某种程度上讲，将外派用于控制反映了民族中心倾向，但是这对于确保子公司战略目标的实现非常重要。第二，外派者是社会化的代理人。外派者作为社会化的代理人的这个角色与企业文化的效用有关，而企业文化是一种非正式的控制系统，外派人员有助于与使本国人员与母国公司共享价值观和转移信仰。第三，国际外派有助于知识分享和能力转移。各种组织单位中的工作人员从事共同的工作实践，从而可以接触到不同的观点和看法，其中还包含了企业文化的元素在里面，这有助于塑造他们的行为和增强他们的归属感。第四，外派者是关系网的创建者。国际外派被视为发展社会资本的一种方式，培养用于非正式控制和交流目的的人际关系。

10.3.4 外派人员的甄选标准与影响因素

甄选对个人和组织是双向选择的过程。一个有发展前景的候选人可能由于个人原因（如家庭）或环境因素（如感觉到难以适应某一特定文化环境）而拒绝外派任务。对那些负责甄选外派人员的人来说，面临的第一个挑战就是确定合适的甄选标准。毫无疑问，专业能力是一个人完成既定目标的重要决定因素，因此技术和管理技能是一个基本标准。第二个是跨文化的适应能力。外派人员是否适应所在的文化环境是决定成功的重要因素。外派人员需要文化交流能力使其融入新环境，其中包括文化移情、适应能力、外交能力、语言能力、乐观态度、感情的稳定和成熟度。同时，外派者的个性、对外国人的态度、对来自不同文化组织的人的交往能力等都是要考虑的因素。第三个是家庭因素。外派者的家庭，尤其是配偶，已经被证实对外派的成功有非常重要的作用。随着任务国的到达，也许配偶会失去工作，同时失去朋友和社会关系网，从而对配偶双方造成一定的压力。另外，家庭因素也可能会导致潜在外派者拒绝国际任务，例如孩子的教育、高龄和生病父母的照顾等因素。第四是国家和文化因素。各个国家对于雇佣和移民的法律程序都有不同规定，因此对于东道国保持随时更新的相关法律咨询是至关重要的。越来越多的跨国企业发现随同配偶在异国的工作能力的欠缺或许会导致外派人员拒绝国际任务。如果一旦接受离境任务，随同配偶工作许可的丧失也许直接导致离境任务的失败。一些地区或国家被认为是困难地区：比如离主要城市或工厂较远的地区，或者有生命危险的战争多发地区,这样,随同家庭成员就成为跨国企业不愿意承担的增加的责任。第五是来自跨国企业本身的因素。包括跨国公司的运行模式、跨国任务的种类和持续性、离境工作中转移的隐性知识的数量等。第六是语言因素。能说地方语言作为进行有效的文化交流,有时,在非英语国家以英语作为工作语言的能力也是对具有潜力的候选人的选择标准。

10.3.5 外派人员的培训

培训与发展是为了提升员工当前和未来的工作能力和技术,以更好地完成组织配置时的任务目的。跨国公司的员工培训与发展主要关注的是外派人员的培训和开发国际团队。

为了在国际竞争中取得成功,作为核心竞争力和竞争优势来源的一个关键部分是人力资源培训与开发。跨国公司的人力资源开发主要关注的是外派人员的培训与管理团队国际领导力的开发。对外派人员的培训有以下几个方面:一是文化意识培训。当员工被选择外派,临行前的培训被认为是保证效率和成功的重要的一步,尤其是在任职国文化与本国文化差异较大的情况下。文化交流培训的主要目标就是去帮助人们处理在新文化中不可预期的事件。一个设计很好的文化意识培训有利于外派人员在异国文化背景下从容应对发生的事。而没有对异国文化的理解,外派人员将面临国际交流的困难。文化培训项目的组成部分因任职国、任职期限、调动目的以及培训项目提供者的不同而不同,一般包括环境和文化介绍、文化吸收、语言培训、敏感性训练、实地实验等。二是初期访问计划。指导外派人员的一个有效的方法是将他们派往东道国做初步的访问。计划周全的海外旅行可以给候选人和配偶一个亲身体验的机会,便于他们判断对驻外任职是否适合和感兴趣。初期访问的目的通常是双重的,既是选择决定的过程也是临行前培训的部分。作为临行前培训项目的一部分,对东道国的访问可以帮助外派人员实现初期的适应;作为选择过程的一部分,候选人会根据到达国家的情况,期望决定合适的住处和学校,这种情况就等于说,"接受初期访问就等于接受任务",因此削减了决定的过程。三是语言培训计划。语言培训是出发前培训项目的重要组成部分。东道国的语言训练主要是加强口语和听力的训练。说外语的能力能够改进外派人员的效率和谈判能力,对于工作绩效和文化适应也很重要。聘用具有语言优势的职员可以产生潜在的外派人员,这是一种解决问题的办法。但是成功与否取决于所有员工是否了解了最新的信息,并能够通过经常性的旁听保持自己的语言技能。跨国公司在需要跨文化沟通的情况下还会考虑到员工对公司语言掌握的程度。跨国公司在世界各地扩张后会采用一种共同的公司语言来促进报告的标准化和其他控制机制的标准化,以加强规范控制。四是实际的帮助。出发前培训的另一个组成部分是向外派人员提供更多的有关子公司东道国的信息。这种实际的帮助可以使外派人员及其家属更好地适应新环境。目前,许多跨国公司利用专家来提供实际帮助,向外派人员及其家庭提供进一步的语言培训。虽然以熟悉当地环境和语言为目的的培训项目通常都由东道国人力资源部门组织,但是非常重要的是,公司人力资源管理人员、派遣部门的经理以及国外人力资源部门之间应保持联络,以确保向外派人员提供实际的帮助。

10.4　外派人员和东道国人员绩效评估规划

10.4.1　外派人员绩效评估的影响因素

外派人员的绩效评估规划需要考虑下列多种因素的影响。这些因素之间不是互相孤立的,它们在国际经理绩效评估方面互相作用。(1)薪酬计划。首先要认识到工资和报酬在绩效管理中的重要性。因为经济利益以及伴随国际任职而来的事业生涯的升迁机遇,是接受国际任职的重要动机,如果这些期望在任职期间没有实现的话,外派人员的动机和承诺就可能下降,从而影响绩效。(2)任务角色。外派人员在国外子公司是否能完成公司交给的特定任务是公司所关心和期望的。这些任务角色包括首席执行官或子公司经理、机构复制者、解决问题者、经营管理者等。(3)公司总部的支持。个人接受国外任务的主要动机也许是从职业生涯或经济上的考虑,但也含有对派出组织的忠诚感和义务感。在东道国不熟悉的环境之下的调整过程会在不同程度上产生一种情感和心理反应。总部向外派人员个人及其家庭提供支持的程度是影响外派人员绩效的重要因素。(4)东道国环境。环境对任何工作都有影响,对外派人员管理来说更为重要。外派人员的绩效应该置于组织环境和国际环境之下加以考虑。外派人员所到的国外公司的所有制类型是重要的因素,企业的发展阶段也同样会影响外派人员的成功率。外派人员监督国外新公司的建立,特别是处于正在发展或新兴的市场中时,遇到的挑战和约束与被派到一个成熟公司环境下会有所不同。(5)文化适应。文化适应的过程可能是外派人员绩效的决定因素。那些外派人员失败的原因与适应的过程密切相关。外派人员和他们的家庭在适应新环境方面有困难的话,必然会影响外派人员的工作绩效。

10.4.2　外派人员的绩效评估规划

外派人员的绩效管理是一个包括目标设定、绩效评估和反馈的过程。这一过程所获得的数据常常被用来作为决定报酬、晋升以及培训开发需要的依据。公司的目标影响个体的任务设定,工作的目标和标准是依此建立和衡量的,因此,不同的公司对外派人员的评估规划有所不同。

(1)绩效标准。在绩效评估中,工作目标常常被转化成绩效评估标准,因此目标的具体性和可测量性非常重要,而且硬目标、软目标和情景目标常常共同被用作绩效标准的基础。硬目标是客观的,可用数量直接测量,比如投资回报率、市场份额等;软目标倾向于以关系或技能为基础,比如领导风格或人际技巧;情景目标则关注绩效发生时的情境因素。

另外,需要考虑几个复杂情况:一是由于东道国政府可能限制利润返回母国和不同种类货币的转换;二是国际货币体系和当地会计方法的差异可能妨碍结果的准确测量;三是如果跨国公司不能允许子公司在财务管理方面自主,而对子公司经理加以控制,那么任何子公司所记录的财务结果并不能总是正确反映对公司整体所取得成绩的贡献。因为这些原因,绩效评估的结果并不总能用来做相关的依据。为了明确区分目标和绩效的期望与前面提及的实际目标,不能使用传统的绩效评估方法,而应该采用新的绩效评估方法。

(2) 评估人。另一个问题是绩效评估由谁来进行。有代表性的是由雇员的直接上级进行评估,这对子公司经理来讲会有问题。他们在距离很远的国家工作,却受总部的主管评估,而这些主管并不能每天看到外派人员在特定情况下的行为表现。因此,对子公司经理而言最好是用子公司的绩效来评估,当然,这样存在这样一个危险,即子公司经理会做出并采用有利于短期绩效却对更长期的公司目标有害的当地战略。对其他外派人员的评估可以是由子公司总经理进行,也可能是由直接的东道国主管进行,具体要根据岗位性质和层次而定。关于驻外绩效评估,东道国经理可能有更清晰的描述并可能考虑情景标准,但是,他们可能有文化偏见,也可能缺少对在跨国情景下对外派人员绩效的衡量方法。

10.4.3 东道国员工的绩效评估

由于文化的不同,对东道国员工进行评估需要十分的慎重。在有些国家,绩效评估可能被看成是不信任,甚至是侮辱的信号。例如,在日本,为了"不丢面子"而避免直接对抗是很重要的,这一惯例也影响绩效评估的方式。日本经理不能直接指出下属在工作中出现的问题或所犯的错误。要避免因文化适应性而产生的尴尬,可以请驻外公司东道国人员帮助设计一套合适的系统来评价当地子公司的工作人员,并听取他们关于如何进行评价的建议。这种对地区性反映的需要,会影响跨国公司在国际范围内各个层次上,有效地执行一个标准化的绩效管理方法的能力。现在跨国公司越来越广泛地使用绩效管理系统,比如使用在线系统进行评估,一般一年一次或二年一次;建立在绩效管理结果上的培训活动也正在增长。

10.5 国际薪酬规划

薪酬是跨国公司的一种主要控制方式,也是一种发展和强化国际化企业文化的机制,反映了在国际环境中进行公司治理的复杂关系。薪酬与绩效存在不可分割的联系,跨国公司的薪酬最终取决于对成本进行衡量的绩效结果,因此科学的绩效管理体系规划对于跨国公司制定公平合理的薪酬具有积极的指导作用,对于制定其他相关的人力资源管理政策也尤为重要。

10.5.1 国际薪酬规划的目标

薪酬规划首先需要了解跨国经营在一定的政治、经济和社会条件下的雇佣和税收法律;了解人力资源环境和雇佣实践;熟悉金融波动和通货膨胀对薪酬的影响;理解为何和何时必须提供特殊的津贴以及在什么国家应该提供何种津贴。对这些当地知识的需求要听取专家的建议。

企业制定国际薪酬规划要达到以下目标:第一,该规划要与跨国公司的总体战略、结构以及企业的需求一致;第二,该规划必须考虑到能将人才吸引到跨国公司最需要的地方并能留住他们。因此,政策必须有竞争性,而且要认识到如出国服务的激励、税收平等以及合理费用的报销等因素的作用;第三,规划中要包含如何以最经济的方式调动外派人员的内容;第四,必须适当考虑行政管理的公平和方便。

10.5.2 国际薪酬的主要构成

国际薪酬非常复杂,因为跨国公司必须满足三类不同人员的要求:母国人员、其他国人员和东道国人员。国际薪酬包括如下主要组成部分。

(1) 基本工资。基本工资有不同的含义。在国内背景下,基本工资代表一定数量的现金薪酬部分,是确定奖金和福利等其他薪酬因素的基准。对于外派人员来说,基本工资是整个薪酬计划、各种报酬和津贴的基本组成部分,许多津贴直接与基本工资挂钩,如出国服务津贴、生活津贴、住房补贴等,还有在职期间的福利和退休养老金。基本工资可以用母国货币或东道国货币支付。无论是母国人员还是其他国人员,基本工资都是其国际薪酬的基础。外派人员的薪酬计划是否有差异要看母国人员或其他国人员的基本工资是以母国标准还是国际标准来支付。

(2) 出国服务奖励/艰苦补贴。母国人员通常会收到一份奖金作为接受出国派遣的奖励,或作为对在派遣过程中所遇到的艰苦条件的补偿。在这些情况下,艰苦的定义、领取奖金的资格、支付的金额和时间等都必须予以规定。如果采用出国服务奖励的话,一般以工资的百分比形式支付,通常为基本工资的5%—40%,并且随着任职、实际艰苦情况、税收情况以及派遣时间的长短而变动。此外,还要考虑到一些差异情形,例如,如果在东道国工作的时间可能比在母国工作的时间长,就要采用差别支付的办法来代替加班费,而这种差别支付通常不会支付给母国人员或其他国人员。

(3) 津贴。公司在制定整体薪酬政策时,津贴问题非常具有挑战性。"生活费津贴"通常最受关注,它涉及对母国和东道国之间支付差额的补偿费用,如用于解决通货膨胀造成的差别。这种津贴通常很难确定,公司可利用一些服务机构来获得国际性的最新生活费津贴的信息。生活费津贴也可以包括对住房和水电气等设施、个人所得税或自己选定项目的支付款项,如"探亲津贴"、子女"教育津贴""搬家费""配偶补助"等。总而言之,跨国公司通常以支付津贴的方式鼓励外派人员接受国际工作的派遣,使外派人员在"总体水平"上达到国内标准。

(4) 福利。与薪酬相比,国际福利的复杂性经常会造成更大的困难。由于各国的福利管理实务之间存在很大的差异,所以很难应对从一国到另一国的养老金计划。养老金计划、医疗费和社会保险费的可转移性也使实际操作十分困难。因此,跨国公司在考虑福利时需要确定很多问题:是否让外派人员享受母国的福利计划,尤其在公司不能从中获得税收减免的情况下;公司是否应该有选择地让外派人员在工作东道国享受福利计划并补足差额部分;外派人员是在母国还是在工作东道国获得社会保险福利等问题。

此外,跨国公司还提供休假和特殊假期。作为外派人员定期休假的一部分,每年的探亲福利中通常包括家庭成员回国的机票费。根据工作东道国的条件,疗养福利也包括为外派人员的家属提供免费的机票去工作东道国附近的疗养地疗养。除了疗养福利以外，公司还要制定应急条款以处理家庭成员的死亡或生病等突发事件。在艰苦地区工作的外派人员经常能获得额外的休假费用和疗养费用。

10.5.3 计算国际薪酬的方法

计算国际薪酬的方法主要有两种：现行费率法（又称为市场费率法）和资金平衡法（又称为累积法）。另外还要考虑到税收的问题。

（一）现行费率法

在此方法下，国际任职的基本工资与工作东道国的工资结构挂钩。跨国公司通常首先从当地的薪酬调查机构获得信息，然后决定是以东道国人员、相同国籍的外派人员，还是所有国家的外派人员为基准作为参考。如果在低工资国家使用现行费率法，跨国公司通常在基本工资之外还提供额外福利和支付。

（二）资金平衡法

资金平衡法的基本目标是使外派人员维持本国的生活标准，并通过经济激励使薪酬计划具有吸引力。此方法将母国人员和其他国人员的基本工资与相对的本国工资结构挂钩。出国者主要会遇到四种花费，它们需要体现在资金平衡法中：商品和服务、住房、收入税、储蓄。若因派遣到工作东道国造成的花费超过在母国的花费，企业和外派人员要共同支付这些费用以确保达到与母国相同的购买力。

（三）税收

税收可能是人力资源管理者和外派人员（母国人员和其他国人员）最为关注的问题，因为它通常会引起排斥心理。没有人喜欢纳税，解决这个问题会花费企业和外派人员很多的时间。跨国公司一般会选择下列许多方法中的一种来处理国际税务事务：税务平衡。企业暂时代扣数额等于母国人员在母国应纳税额的工资，然后支付东道国的全部税务。员工的纳税额不应超过他或她在母国薪酬应纳税额的总额。在这种情形下，如果在外国的纳税额低于母国，超出的部分就成为雇员的额外收入。

 案例分析

华为的全球化人才战略①

2015年10月28日，华为消费者业务宣布，苹果公司前创意总监 Abigail Sarah Brody 正式加盟华为，出任华为消费者业务首席用户体验设计师，领导华为消费者业务用户更面

---

① 张相林、吴新辉：《人力资源战略与规划》，北京：科学出版社，2017。

设计工作。Abigail的引进是华为全球化人才战略中非常重要的一步。从2012年开始，华为特别向怡安翰威特提出开展全球人才洞察项目，希望能够更贴近市场、更贴近区域地了解更多人才信息，解决三大主要问题：① 要找的人才在哪里？② 不同文化环境中如何吸引人才？③ 如何留住不同背景和诉求的人才？华为在全球化发展中所积累的海外人才经验将成为业界学习借鉴的范例。

一、业务转型

华为人才战略的变化首先要从海外业务的变化谈起。2009年，为了进一步提升海外业务，华为开始与怡安翰威特进行大规模合作，以助力其人力资源体系转型，全球化人才战略也随之启动；由于华为的海外业务出现两个变化：一是原有的企业间(B2B)业务从硬件交付转向整体解决方案交付；二是面对终端消费者的零售业务(B2C)增长迅猛，所以华为便提出了全球人才洞察项目的需求，其全球化人才战略也由此进入深化阶段。

与这些变化同步的还有华为进入更为广泛的国家和地区，上到欧美发达国家下到贫困地区，对人才的需求种类也不尽相同。简昭表示华为的海外市场大致可分为三类地区：

第一类地区是经济不发达地区，也是华为最早进入的地区，跟随中国政府对亚非拉的援助项目而进入，这些地区主要依靠海外派遣员工，以他们的勤奋、快速反应、以客户的诉求为第一的服务能力打败了众多国际通信厂商。

第二类地区是中等发达国家或是发展中国家，如东南亚国家和俄罗斯。这些国家的特点是看待外国公司时比较公平，会全方位地衡量所提供的服务，不在意共同的备案。在这里，华为首先需要以自身的海外派遣员工来搭建营销团队，打开当地市场，项目落定后，招聘本地员工持续发展当地业务。例如，东南亚国家有鲜明的习俗和宗教信仰，本地员工会更加如鱼得水，也能让华为的业务在当地持续拓展。

第三类地区是欧美发达国家。这些国家的商业规则和法律法规的壁垒较高。华为起先以运营商业务或企业业务进入，考虑到当地的商业规则、法律法规和文化因素，华为主要采取战略投入，寻找从事研发、实施方面的顶尖人才。在业务上，华为也多会和谷歌等当地厂商合作研发，通过合作进入美国市场。当华为以中国公司的身份进入当地市场时，起先些人会把华为视作入侵者，或是以怀疑的态度看待一家中国公司前来竞争。华为要持续保持国际竞争力，人才战略已经上升到至关重要的位置。"通过全球人才洞察项目的四个模块，即环境（文化环境）、人才库、人力成本和雇主品牌，华为不仅及时获悉了当地的行业趋势，更全面掌握了当地环境、人力成本、人才流动情况等具体信息，为整个公司的全球化人才战略，乃至全球化战略决策的制定提供重要支持。"简昭补充道。

二、人才激励

在华为的人才体系中，既有海外派遣员工，也有本地员工，更有像Abigail这样新引进的高端人才，需要考虑的面非常广。对于中国籍的员工来说，海外派道是晋升的必要路径。艰苦奋斗的企业文化价值观深入人心，员工清楚地知道获得海外派遣的机会，或者说去艰苦地区带来的收益，一是经济上收入丰厚，二是华为在年底的绩效评定中，对于在艰苦地区且业绩突出者是有一定倾斜的，在职业发展上也会有一个大的空间，很好地解决人才激励和企业发展的问题。同时员工还要在市场、研发等体系中轮岗。一般具有海外派遣经验，对于市场和研发都有经验的员工，职业发展路径会比较好。由于海外市场新近出现的业务转型，在吸引和保留当地人才方面，华为也将原有全面薪酬体系的设计应用到外国员工身上。

全面薪酬体系包括固定薪酬、浮动薪酬和长期激励三部分。通常海外企业或外资企业的固定薪酬相对较高，但是像华为这种注重长期激励导向的公司，浮动薪酬的比例较高，即短期激励和长期激励的比例要大于固定薪酬，使整体薪酬水平在市场上颇具竞争力。华为在进入当地市场前，都会先找怡安翰威特充分了解当地的薪酬状况，尤其是竞争企业的薪酬福利，然后为其提供有竞争力的全面薪酬设计。

具体在执行中，海外派遣员工的固定薪酬不因派驻地而改变，浮动薪酬的多少取决于当地市场和业绩情况，另外还有一些补助。若是长期派遣，华为通过补助的方式给予员工回国探亲的便利，艰苦地区或是战乱地区还会有额外的补助。

针对长期激励而设计的华为员工持股计划，以前只是针对中国员工，从2012年开始，海外高端人才也纳入此列，尤其针对像Abigail这样的高端人才，持股计划对于长期激励、吸引、保留人才会起到重要作用。除了全面薪酬设计，华为充分考虑当地高端人才的特殊需求，在提供平台和发展空间的同时，给予组建团队的自由，弹性工作，并且不强求这些人才在非常短的时间内带来很大的业绩提升。因为人们要有一个文化融入和转换的过程，这需要时间。"但是在引进高端人才时，'传帮带'的机制始终保持刚性原则。"简昭说，"华为会让一些中国籍员工跟着专家学习，以此来提升核心能力"。

三、文化相融

简昭说，华为在全球化的进程中，企业文化从未改变过，其核心首先是以客户为中心，艰苦奋斗，其次是"力出一孔，利出一孔"。这主要得益于全球人才洞察项目中"环境"模块的设置，环境模块涵盖了地域文化和公司文化两个方向，即将影响员工留任及努力工作的主要敬业度因素、文化背景的差异和针对文化冲突部分的相关人力资源政策等一同进行综合考量实施，保证了华为文化的全球统性和延续性。"力"意指拧成一股绳去使劲，体现的是华为的工作方式；"利"意指把所有的利益分享给员工，体现的是强绩效和强激励的文化。典型的例子就是任正非本人只持有公司不到1%的股份。有了对利益分配的态度和工作方式的态度，华为才能够应对复杂的局面。

"个人主义"在欧美员工中的情结很深，甚至有时高激励也抵不上员工对休假的渴望。中国员工即使心里不愿意，但是也会以"集体"为重。通过全球人才洞察项目，华为采取的措施如下：一是用高绩效、高激励的方式告诉员工，艰苦奋斗是有回报的。二是华为近些年来在一些国家和地区采取灵活的区域性人才策略，彰显了对不同文化的尊重和融合能力，即使在中国的不同区域也适时进行调整。例如，深圳本部也在做一些调整，包括弹性上班制度、选择工作地点等，保证员工有一定工作与生活的平衡。三是身先士卒。由于海外时差，一些关键会议和投标问题需要等中国总部上班协商。这对不爱加班的本地员工来说会有一定的心理冲击，而分管当地的领导和关键岗员工的敬业会起到带头作用。

"华为近17万的员工中有1万多员工派驻海外，这在中国企业中的规模是巨大的。"简绍说，"任正非的理念是盘子变大，人员的写欧能也要提升。海外拓展对中国企业是一场大考验,而华为所采用的全球人才洞察项目成为其成功实现全球化战略中的重要实践,一些经验和做法值得业界借鉴。"

思考题:
(1) 华为是如何在全球化中推进人才战略的?
(2) 实施国际化人力资源战略规划需要注意那些问题?

参考文献

1. 迈克尔·波特. 竞争战略[M]. 北京:中国财政经济出版社,1989.
2. 戴维·沃尔里奇. 人力资源教程[M]. 北京:北京新华出版社,2000.
3. 迈克尔·波特. 国家竞争优势[M]. 北京:华夏出版社,2002.
4. 韦恩·荣迪,罗伯特. M. 诺埃. 人力资源管理[M]. 葛新权,郑兆红,王斌,等译. 北京:经济科学出版社,2003.
5. 杨东龙主编. 500种最有效的管理工具:战略、组织、人力资源(第1卷)[M]. 北京:中国经济出版社,2001.
6. 赵弘. 企业如何进行战略环境分析[J]. 经济师,2000,2.
7. 周蔚华. 环境分析法及其在出版管理中的应用[J]. 中国出版,1999,6.
8. Andrews, K. The Concept of Corporate Strategy[M]. 3rd ed, Homewood, Dow Jones-Irwin,1993.
9. Henry Mintzberg and James Brian Quinn. Readings in the Strategy Process (3rd Edition)[M]. Prentice Hall, 1998.
10. Henry Mintzberg. "Five Ps for Strategy" in The Strategy Process, pp. 12 – 19, H Mintzberg and JB Quinn eds., 1992, Prentice-Hall International Editions, Englewood Cliffs NJ.
11. 詹姆斯·沃克. 人力资源战略[M]. 北京:中国人民大学出版社,2001.
12. 汤姆·彼得斯. 追求卓越(实践版)[M]. 北京:中信出版社,2008.
13. 孟晨瑜,杜宗棠. 探析餐饮业人力资源管理现状与改进措施——以海底捞品牌对比为例[J]. 国际公关,2019(06):188 – 190.
14. 詹姆斯·N.巴伦,戴维·M.克雷普斯. 战略人力资源—总经理的思考框架. 第1版[M]. 王垒、潘莹欣等译. 北京:清华大学出版社,2005:14 – 31.
15. 杨力,叶晓鸣. 影响人力资源管理适应性的五项因素分析. 中国经贸导刊,2010(08):52.
16. Jeffrey Pfeffer. Competitive Advantage Through People:Unleashing the Power of the Work Force[M]. Harvard Business School Press,1994.
17. 吴坤津,刘善仕. 中国企业家长式人力资源管理的伦理动因、内容结构及影响机制[J]. 中国人力资源开发,2014(15):70 – 74.
18. Farh, J L and B S Cheng. "A Cultural Analysis of Paternalistic Leadership in Chinese Organizations," In Management and Organizations in the Chinese Context[J]. London:Palgrave Macmillan, 2000, 84 – 127.

19. 唐永峰.中国情境下高绩效人力资源实践对工作幸福感的跨层影响[J].市场周刊(理论研究),2018(05):140-141.

20. 胡斌,毛艳华.中国情境下高绩效人力资源实践对工作幸福感的跨层影响[J].管理评论,2017,29(07):163-173.

21. 苏中兴.转型期中国企业的高绩效人力资源管理系统:一个本土化的实证研究[J].南开管理评论,2010,13(04):99-108.

22. 王常鑫.海尔在中国与美国的人力资源管理模式对比研究——基于霍夫斯泰德文化维度理论[J].现代商业,2015(29):84-85.

23. 冯玥,丁福兴.霍夫斯泰德文化维度理论在海尔集团人力资源管理中的运用[J].边疆经济与文化,2019(06):35-36.

24. Arther, J B. The link between business strategy and industrial relations systems in American steel minimills[J]. Industrial and Labor Relations Review, 1992, 45, 488-506.

25. Baird, L, & Meshoulam, I. Managing two fits of strategic human resource management. Academy of Management Review, 1988, 13, 116-128.

26. Bamberger, P. A., & Philips, B. Organizational environment versus business strategy: Parallel versus conflicting influences on HR strategy. Human Resources Management, 1991, 30, 153-182.

27. Bamberger, P. A., & Fiegenbaum, F. A. The role of strategic reference points in explaining the nature and consequences of human resources strategy. Academy of Management Review, 1996, 21, 926-958.

28. Cappelli, P. & Singh, H. Integrating strategic human resource and strategic management. In D. Lewin, O. S. Mitchell, & P. Sherer (Eds.). Research frontiers in IR and HR. (pp. 165-192). Madison, WI: Industrial Relations Research Association, 1996, 165-192.

29. Chakravarthy, B. S. Adaptation: A promising metaphor for strategic management. Academy of Management Review, 1982, 7, 35-44.

30. Dyer & G. W. Holder(Eds.), Human resources management: Evolving roles and responsibilities. Washington, DC: American Society for Personnel Administration, 1-45.

31. Dyer, L. Studying human resource strategy: An approach and an agenda. Industrial Relations, 1984, 23, 153-169.

32. Huselid, M. A., Jackson, S. E., & Schuler, R. S. Technical and strategic human resource management effectiveness as determinates of firm performance. Academy of Management Journal, 1997, 40, 171-188.

33. Lengnick-Hall, C. A. & Lengnick-Hall, M. L. Strategic human resources management: A review of the literature and a proposed typology. Academy of

Management Journal, 1988, 12, 454 – 470.

34. Nadler, D., & Tushman, M. A diagnostic model for organizational behavior. In J. R. Hackman, E. E. Lawler, & L. W. Porter (Eds.), Perspectives of behavior in organizations, 1980, 83 – 100. New York: McGraw-Hill.

35. Schuler, R. S. Personnel and human resource management: Choices and corporate strategy. In R. S. Schuler & S. A. Youngblood (Eds), Readings in personnel and human resource management (3rd ed.) St. Paul, MN: West.

36. Schuler, R. S., & Jackson, S. Linking competitive strategies with human resource management practices. Academy of Management Executive, 1987, 1, 207 – 219.

37. Senge, P. M. The fifth discipline. New York: Doubleday, 1990.

38. Snow, C. C., & Snell, S. A. Staffing as strategy. In Schmitt, W. Borman, & Associates (Eds.), Personnel selection in organizations. San Francisco: Jossey-Bass, 1993, 448 – 479.

39. Taylor, S., Beechler, S., Napier, N. Towards an integrative model of strategic international human resource management. Academy of Management Review, 1996, 26(3), 87 – 110.

40. Teece, D., Pisano, G., & Shuen, A. Dynamic capabilities and strategic management. Strategic Management Journal, 1997, 18, 509 – 533.

41. Wright, P. M., & McMahan, C. G. Theoretical perspectives for strategic human resources management. Journal of Management, 1992, 18, 295 – 319.

42. 彼得·圣吉. 第五项修炼:学习型组织的艺术与实践[M]. 上海:上海三联书店,1994.

43. 克雷曼. 人力资源管理:获取竞争优势的工具(英文版第2版)[M]. 北京:机械工业出版社,2003.

44. 迈克尔·比尔. 管理人力资本[M]. 北京:华夏出版社,1998,15.

45. 樊友平,张才明. 信息技术对人力资源管理模式的影响[J]. 企业经济,2011(08):71 – 73.

46. 李召敏,赵曙明. 关系导向型战略领导、人力资源柔性与组织绩效——基于转型经济下民营企业的实证研究[J]. 外国经济与管理,2016,38(04):73 – 89.

47. 张艳,倪金祥. 构建有效的人力资源战略规划体系[J]. 中国人力资源开发,2008(12):18 – 21.

48. 钟武勇. 战略性人力资源规划理论综述[J]. 企业家天地,2010(01):52 – 55.

49. 赵曙明. 人力资源战略与规划[M]. 北京:中国人民大学出版社,2002.

50. 赵曙明,戴万稳. 人力资源战略规划[M]. 北京:北京师范大学出版社,2009.

51. Combe I A, Rudd J M, Leeflang P S H, et al. Antecedents to strategic flexibility: Management cognition, firm resources and strategic options[J]. European

Journal of Marketing,2012,46(10):1320-1339.

52. Ngo H Y,Loi R,Foley S. Human resource flexibility in foreign subsidiaries:An empirical investigation in Hong Kong[J]. International Journal of Business Studies,2012,20(1):11-26.

53. Gary Hamel and C. k. Prahalad. 竞争大未来[M]. 台湾:台湾智库文化股份有限公司,1995.

54. Gomez-Mejia,L R,Balkin,D B,& Cardy,R L,Managing Human Resource[M]. Prentice-Hall, Inc. ,1998.

55. Lawrence S. Kleiman,Human Resource Management. A Tool for Competitive Advantage[M]. West Publishing Company,1997.

56. Peter Bamberger & Llan Meshoulam. Human Resource Strategy[M]. Sage Publication,2000.

57. Pfeffer,J. Competitive Advantage Though People[M]. Boston:Harvard Business School Press,1994.

58. R. Wayne Mondy,Robert M Noe,Human Resource Mamagement,Prentice Hall Inc. ,1996.

59. R. 韦恩·蒙迪,罗伯特·M. 诺埃. 人力资源管理(第10版)[M]. 北京:人民邮电出版社,2011.

60. 安鸿章. 现代企业人力资源管理(第3版)[M]. 北京:中国劳动社会保障出版社,2014.

61. 姚裕群. 人力资源开发与管理概论[M]. 北京:高等教育出版社,2020.

62. 加里·德斯勒,人力资源管理(第14版)[M]. 北京:中国人民大学出版社,2017.

63. 斯科特. A. 斯耐尔,沙德·S. 莫里斯,乔治·W. 伯兰德. 人力资源管理[M]. 大连:东北财经大学出版社,2017.

64. 孙泽厚,胡浩. 人力资源战略规划[M]. 北京:科学出版社,2018.

65. Armstrong,M & Taylor,S Armstrong's handbook of human resource management practice[M]. Kogan Page Publishers,2020.

66. Azmi,F T. Strategic Human Resource Management:Text and Cases. Cambridge University Press,2019.

67. Bamberger,P A,Biron,M & Meshoulam,I. Human resource strategy:Formulation, implementation and impact[M]. Routledge,2014.

68. Beaven,K. Strategic Human Resource Management:An HR Professional's Toolkit[M]. Kogan Page Publishers,2019.

69. Crawshaw,J,Budhwar,P & Davis,A. (Eds.). Human resource management:Strategic and international perspectives[M]. SAGE Publications Limited,2020.

70. Delery,J E & Roumpi,D Strategic human resource management, human

capital and competitive advantage: is the field going in circles? [M]. Human Resource Management Journal, 2017, 27(1), 1 – 21.

71. Gupta, A. D. Strategic Human Resource Management: Formulating and Implementing HR Strategies for a Competitive Advantage[M]. CRC Press, 2020.

72. Rees, G & Smith, P (Eds.). Strategic human resource management: An international perspective. Sage, 2017.

73. Storey, J, Ulrich, D & Wright, P M. Strategic Human Resource Management: A Research Overview[M]. Routledge, 2019.

74. Warner, M. (Ed.). Human resource management in China revisited[M]. Routledge, 2020.

75. 霍生平. 人力资源战略与规划[M]. 湘潭: 湘潭大学出版社, 2015.

76. 张相林, 吴新辉. 人力资源战略与规划[M]. 北京: 科学出版社, 2017.

77. 陈春花. 激活个体: 互联时代的组织管理新范式[M]. 北京: 机械工业出版社, 2015.

78. 赵永乐, 李海东, 张新岭, 等. 人力资源规划[M]. 北京: 电子工业出版社, 2014.

79. Bird, A & Beechler, S. "Links between business strategy and human resource management strategy in U. S. Based Japanese subsidiaries: a empirical investigation" [J]. Journal of International Business Studies, First Quarter, 1995.

80. C. K. Prahalad and Gary Hamel, "The Core Competence Of the Corporation" [M]. Havard Business Review, 1990.

81. Ghoshal, S. Building competitive advantage through people[M]. MIT Sloan management review, 2002.

82. Jesse Rose. Human Resourse Management[M]. Larsen & Keller, 2017.

83. John Storey. Dave Ulrich and Patrick M. Wright, Strategic Human Resource Management, Routledge[M]. 2019.

84. Armin Trost, Human Resource Strategy, Springer Cham, 2020.

85. Pfeffer, J. Competitive Advantage Through People[M]. Boston: Harvard Business School Press, 1994.

86. W. 布莱恩·阿瑟. 经济中的反馈[J]. 经济社会体制比较. 1998, 6.

87. 加里·哈默, 普拉哈拉德. 竞争大未来[M], 北京: 机械工业出版社, 2020.

88. 孙泽厚, 胡浩. 人力资源战略规划[M]. 北京: 科学出版社, 2018.

89. 宋联可, 杨东涛. 备战: 部署人力资源战略规划[M]. 北京: 机械工业出版社, 2006.

90. 赵曙明. 人力资源战略与规划(第4版)[M]. 北京: 中国人民大学出版社, 2017.

91. Armstrong, M & Taylor, S. Armstrong's handbook of human resource management practice[M]. Kogan Page Publishers, 2020.

92. Azmi, F T. Strategic Human Resource Management: Text and Cases[M].

Cambridge University Press,2019.

93. Mathis & Jackson Human Resource Management-Essential Perspectives[M]. Economic Science Press,2020.

94. Robert L Mathis, John H Jackson. Human Resource Management[M]. Peking University Press,2019.

95. Gary Dessler、Human Resource Management 8th Edition[M]. Tsinghua University Press,2018.

96. Raymond A. Noe John R. Hollenbeck, Patrick M. Wright. Human Resource Management Gaining A Competitive Advantage[M]. China Renmin University Press,2018.

97. Susan E Jackson, Randall S. Schuler. Managing Human Resources Through Strategic Partnerships 8th Edition[M]. Tsinghua University Press,2016.

98. Dave Ulrich. High Performance HR:Six disciplines for the Future of HR[M]. China Electric Power Press,2014.

99. 任康磊.人力资源管理实操[M].北京:人民邮电出版社,2020.

100. 秦志华.人力资源管理[M].北京:中国人民大学出版社,2019.

101. 侯光明.人力资源战略与规划[M].北京:科学出版社,2018.

102. 赵曙明.人力资源战略与规划[M].北京:中国人民大学出版社,2017.

103. 文跃然.人力资源战略与规划[M].上海:复旦大学出版社,2017.

104. 赵永乐,李海东,张新岭,等.人力资源规划[M].北京:电子工业出版社,2014.

105. Dowling, P. J., Festing, M., & Engle, Sr. A. D. (2013). International human resource management (6th eds). London, Cengage Learning.

106. 陈亚宁.基于在华跨国企业的战略国际人力资源管理架构与企业绩效关系研究[J].中外企业家,632(06):100-101.

107. 加里·德斯勒.人力资源管理(14版)[M].北京:中国人民大学出版社,2017.

108. 靳娟.国际企业外派人员管理[M].北京:首都经济贸易出版社,2016.

109. 联合国贸易与发展会议《2019年世界投资报告》.

110. 薛求知,廖勇凯.国际人力资源管理教程:International human resource management[M].上海:复旦大学出版社,2010.

111. 约翰·卡伦,普拉文·帕博蒂阿.国际企业管理(第六版)[M].北京:中国人民大学出版社,2018.

112. 赵曙明,高素英,耿春杰.战略国际人力资源管理与企业绩效关系研究——基于在华跨国企业的经验证据[J].南开管理评论,014(001):28-35.

113. 赵曙明,刘燕,道林·彼得,等.国际人力资源管理(第五版)[M].北京,北京人民大学出版社,2012.

114. 赵曙明,陶向南,周文成.国际人力资源管理[M].北京:北京师范大学出版社,2019.